社会组织
政策法规选编

国家民间组织管理局　编

中国社会出版社
国家一级出版社　全国百佳图书出版单位

图书在版编目（CIP）数据

社会组织政策法规选编/国家民间组织管理局编.
—北京：中国社会出版社. 2015.4

ISBN 978-7-5087-5024-8

Ⅰ.①社… Ⅱ.①国… Ⅲ.①社会组织管理－方针政策－中国 ②社会组织管理－法规－中国 Ⅳ.①C916-012 ②D922.1

中国版本图书馆CIP数据核字（2015）第057863号

书　　名： 社会组织政策法规选编
编　　者： 国家民间组织管理局

出 版 人： 浦善新
终 审 人： 张铁纲
策划编辑： 朱永玲
责任编辑： 朱永玲　杨春岩　　　　**责任校对：** 朱文静

出版发行： 中国社会出版社　　　邮政编码：100032
通联方法： 北京市西城区二龙路甲33号
电　　话： 编辑部：（010）58124828
邮购部：（010）58124828
销售部：（010）58124828
传　真：（010）58124870
网　　址： www.shcbs.com.cn

经　　销： 各地新华书店

印刷装订： 中国电影出版社印刷厂
开　　本： 170mm×240mm　1/16
印　　张： 30.25
字　　数： 465千字
版　　次： 2015年4月第1版
印　　次： 2015年4月第1次印刷
定　　价： 80.00元

《社会组织政策法规选编》
编委会名单

前　言

《社会组织政策法规选编》是一本面向社会组织工作实务和研究领域的工具书。本着简洁、实用的原则，本书收录了截至2014年12月的社会组织管理相关的主要政策法规共116个，分为五个部分，主体内容依社会组织的组织类型，分为社会团体管理、基金会管理和民办非企业单位管理三个部分。不便于归入以上三类且对社会组织有较普遍适用意义的另选编为一部分，为综合部分。另由于社会组织财税方面的政策法规较为系统、专业，并且形成了一定的体系、规模，故另选编为一类，为社会组织财税部分。本书可作为各级社会组织登记管理机关、业务主管单位、社会组织及相关教学、科研机构工作及研究参考用书。

书中若有疏漏不足之处，敬请广大读者批评指正。

编　者

二〇一五年一月

目 录

一、社会团体管理

二、基金会管理

三、民办非企业单位管理

四、社会组织财税

五、综合

一、社会团体管理

社会团体登记管理条例

（中华人民共和国国务院令第250号　1998年10月25日）

第一章　总则

第一条　为了保障公民的结社自由，维护社会团体的合法权益，加强对社会团体的登记管理，促进社会主义物质文明、精神文明建设，制定本条例。

第二条　本条例所称社会团体，是指中国公民自愿组成，为实现会员共同意愿，按照其章程开展活动的非营利性社会组织。

国家机关以外的组织可以作为单位会员加入社会团体。

第三条　成立社会团体，应当经其业务主管单位审查同意，并依照本条例的规定进行登记。

社会团体应当具备法人条件。

下列团体不属于本条例规定登记的范围：

（一）参加中国人民政治协商会议的人民团体；

（二）由国务院机构编制管理机关核定，并经国务院批准免于登记的团体；

（三）机关、团体、企业事业单位内部经本单位批准成立、在本单位内部活动的团体。

第四条　社会团体必须遵守宪法、法律、法规和国家政策，不得反对宪法确定的基本原则，不得危害国家的统一、安全和民族的团结，不得损害国家利益、社会公共利益以及其他组织和公民的合法权益，不得违背社会道德风尚。

社会团体不得从事营利性经营活动。

第五条　国家保护社会团体依照法律、法规及其章程开展活动，任何组织和个人不得非法干涉。

第六条　国务院民政部门和县级以上地方各级人民政府民政部门是本级

人民政府的社会团体登记管理机关（以下简称登记管理机关）。

国务院有关部门和县级以上地方各级人民政府有关部门、国务院或者县级以上地方各级人民政府授权的组织，是有关行业、学科或者业务范围内社会团体的业务主管单位（以下简称业务主管单位）。

法律、行政法规对社会团体的监督管理另有规定的，依照有关法律、行政法规的规定执行。

第二章　管辖

第七条　全国性的社会团体，由国务院的登记管理机关负责登记管理；地方性的社会团体，由所在地人民政府的登记管理机关负责登记管理；跨行政区域的社会团体，由所跨行政区域的共同上一级人民政府的登记管理机关负责登记管理。

第八条　登记管理机关、业务主管单位与其管辖的社会团体的住所不在一地的，可以委托社会团体住所地的登记管理机关、业务主管单位负责委托范围内的监督管理工作。

第三章　成立登记

第九条　申请成立社会团体，应当经其业务主管单位审查同意，由发起人向登记管理机关申请筹备。

第十条　成立社会团体，应当具备下列条件：

（一）有 50 个以上的个人会员或者 30 个以上的单位会员；个人会员、单位会员混合组成的，会员总数不得少于 50 个；

（二）有规范的名称和相应的组织机构；

（三）有固定的住所；

（四）有与其业务活动相适应的专职工作人员；

（五）有合法的资产和经费来源，全国性的社会团体有 10 万元以上活动资金，地方性的社会团体和跨行政区域的社会团体有 3 万元以上活动资金；

（六）有独立承担民事责任的能力。社会团体的名称应当符合法律、法规的规定，不得违背社会道德风尚。社会团体的名称应当与其业务范围、成员分布、活动地域相一致，准确反映其特征。全国性的社会团体的名称冠以“中国”、“全国”、“中华”等字样的，应当按照国家有关规定经过批准，地方性的社会团体的名称不得冠以“中国”、“全国”、“中华”等字样。

第十一条 申请筹备成立社会团体，发起人应当向登记管理机关提交下列文件：

（一）筹备申请书；

（二）业务主管单位的批准文件；

（三）验资报告、场所使用权证明；

（四）发起人和拟任负责人的基本情况、身份证明；

（五）章程草案。

第十二条 登记管理机关应当自收到本条例第十一条所列全部有效文件之日起60日内，作出批准或者不批准筹备的决定；不批准的，应当向发起人说明理由。

第十三条 有下列情形之一的，登记管理机关不予批准筹备：

（一）有根据证明申请筹备的社会团体的宗旨、业务范围不符合本条例第四条的规定的；

（二）在同一行政区域内已有业务范围相同或者相似的社会团体，没有必要成立的；

（三）发起人、拟任负责人正在或者曾经受到剥夺政治权利的刑事处罚，或者不具有完全民事行为能力的；

（四）在申请筹备时弄虚作假的；

（五）有法律、行政法规禁止的其他情形的。

第十四条 筹备成立的社会团体，应当自登记管理机关批准筹备之日起6个月内召开会员大会或者会员代表大会，通过章程，产生执行机构、负责人和法定代表人，并向登记管理机关申请成立登记。筹备期间不得开展筹备以外的活动。

社会团体的法定代表人，不得同时担任其他社会团体的法定代表人。

第十五条 社会团体的章程应当包括下列事项：

（一）名称、住所；

（二）宗旨、业务范围和活动地域；

（三）会员资格及其权利、义务；

（四）民主的组织管理制度，执行机构的产生程序；

（五）负责人的条件和产生、罢免的程序；

（六）资产管理和使用的原则；

（七）章程的修改程序；

（八）终止程序和终止后资产的处理；

（九）应当由章程规定的其他事项。

第十六条 登记管理机关应当自收到完成筹备工作的社会团体的登记申请书及有关文件之日起30日内完成审查工作。对没有本条例第十三条所列情形，且筹备工作符合要求、章程内容完备的社会团体，准予登记，发给《社会团体法人登记证书》。登记事项包括：

（一）名称；

（二）住所；

（三）宗旨、业务范围和活动地域；

（四）法定代表人；

（五）活动资金；

（六）业务主管单位。

对不予登记的，应当将不予登记的决定通知申请人。

第十七条 依照法律规定，自批准成立之日起即具有法人资格的社会团体，应当自批准成立之日起60日内向登记管理机关备案。登记管理机关自收到备案文件之日起30日内发给《社会团体法人登记证书》。

社会团体备案事项，除本条例第十六条所列事项外，还应当包括业务主管单位依法出具的批准文件。

第十八条 社会团体凭《社会团体法人登记证书》申请刻制印章，开立银行账户。社会团体应当将印章式样和银行账号报登记管理机关备案。

第十九条 社会团体成立后拟设立分支机构、代表机构的，应当经业务主管单位审查同意，向登记管理机关提交有关分支机构、代表机构的名称、业务范围、场所和主要负责人等情况的文件，申请登记。

社会团体的分支机构、代表机构是社会团体的组成部分，不具有法人资格，应当按照其所属于的社会团体的章程所规定的宗旨和业务范围，在该社会团体授权的范围内开展活动、发展会员。社会团体的分支机构不得再设立分支机构。

社会团体不得设立地域性的分支机构。

第四章　变更登记、注销登记

第二十条　社会团体的登记事项、备案事项需要变更的，应当自业务主管单位审查同意之日起30日内，向登记管理机关申请变更登记、变更备案（以下统称变更登记）。

社会团体修改章程，应当自业务主管单位审查同意之日起30日内，报登记管理机关核准。

第二十一条　社会团体有下列情形之一的，应当在业务主管单位审查同意后，向登记管理机关申请注销登记、注销备案（以下统称注销登记）：

（一）完成社会团体章程规定的宗旨的；

（二）自行解散的；

（三）分立、合并的；

（四）由于其他原因终止的。

第二十二条　社会团体在办理注销登记前，应当在业务主管单位及其他有关机关的指导下，成立清算组织，完成清算工作。清算期间，社会团体不得开展清算以外的活动。

第二十三条　社会团体应当自清算结束之日起15日内向登记管理机关办理注销登记。办理注销登记，应当提交法定代表人签署的注销登记申请书、业务主管单位的审查文件和清算报告书。

登记管理机关准予注销登记的，发给注销证明文件，收缴该社会团体的登记证书、印章和财务凭证。

第二十四条　社会团体撤销其所属分支机构、代表机构的，经业务主管单位审查同意后，办理注销手续。

社会团体注销的，其所属分支机构、代表机构同时注销。

第二十五条　社会团体处分注销后的剩余财产，按照国家有关规定办理。

第二十六条　社会团体成立、注销或者变更名称、住所、法定代表人，由登记管理机关予以公告。

第五章　监督管理

第二十七条　登记管理机关履行下列监督管理职责：

（一）负责社会团体的成立、变更、注销的登记或者备案；

（二）对社会团体实施年度检查；

（三）对社会团体违反本条例的问题进行监督检查，对社会团体违反本条例的行为给予行政处罚。

第二十八条　业务主管单位履行下列监督管理职责：

（一）负责社会团体筹备申请、成立登记、变更登记、注销登记前的审查；

（二）监督、指导社会团体遵守宪法、法律、法规和国家政策，依据其章程开展活动；

（三）负责社会团体年度检查的初审；

（四）协助登记管理机关和其他有关部门查处社会团体的违法行为；

（五）会同有关机关指导社会团体的清算事宜。

业务主管单位履行前款规定的职责，不得向社会团体收取费用。

第二十九条　社会团体的资产来源必须合法，任何单位和个人不得侵占、私分或者挪用社会团体的资产。

社会团体的经费，以及开展章程规定的活动按照国家有关规定所取得的合法收入，必须用于章程规定的业务活动，不得在会员中分配。

社会团体接受捐赠、资助，必须符合章程规定的宗旨和业务范围，必须根据与捐赠人、资助人约定的期限、方式和合法用途使用。社会团体应当向业务主管单位报告接受、使用捐赠、资助的有关情况，并应当将有关情况以适当方式向社会公布。

社会团体专职工作人员的工资和保险福利待遇，参照国家对事业单位的有关规定执行。

第三十条　社会团体必须执行国家规定的财务管理制度，接受财政部门的监督；资产来源属于国家拨款或者社会捐赠、资助的，还应当接受审计机关的监督。

社会团体在换届或者更换法定代表人之前，登记管理机关、业务主管单位应当组织对其进行财务审计。

第三十一条　社会团体应当于每年 3 月 31 日前向业务主管单位报送上一年度的工作报告，经业务主管单位初审同意后，于 5 月 31 日前报送登记管理机关，接受年度检查。工作报告的内容包括：本社会团体遵守法律法规和国家政策的情况、依照本条例履行登记手续的情况、按照章程开展活动的情况、人员和机构变动的情况以及财务管理的情况。

对于依照本条例第十七条的规定发给《社会团体法人登记证书》的社会团体，登记管理机关对其应当简化年度检查的内容。

第六章　罚则

第三十二条　社会团体在申请登记时弄虚作假，骗取登记的，或者自取得《社会团体法人登记证书》之日起 1 年未开展活动的，由登记管理机关予以撤销登记。

第三十三条　社会团体有下列情形之一的，由登记管理机关给予警告，责令改正，可以限期停止活动，并可以责令撤换直接负责的主管人员；情节严重的，予以撤销登记；构成犯罪的，依法追究刑事责任：

（一）涂改、出租、出借《社会团体法人登记证书》，或者出租、出借社会团体印章的；

（二）超出章程规定的宗旨和业务范围进行活动的；

（三）拒不接受或者不按照规定接受监督检查的；

（四）不按照规定办理变更登记的；

（五）擅自设立分支机构、代表机构，或者对分支机构、代表机构疏于管理，造成严重后果的；

（六）从事营利性的经营活动的；

（七）侵占、私分、挪用社会团体资产或者所接受的捐赠、资助的；

（八）违反国家有关规定收取费用、筹集资金或者接受、使用捐赠、资助的。

前款规定的行为有违法经营额或者违法所得的，予以没收，可以并处违法经营额 1 倍以上 3 倍以下或者违法所得 3 倍以上 5 倍以下的罚款。

第三十四条　社会团体的活动违反其他法律、法规的，由有关国家机关依法处理；有关国家机关认为应当撤销登记的，由登记管理机关撤销登记。

第三十五条 未经批准，擅自开展社会团体筹备活动，或者未经登记，擅自以社会团体名义进行活动，以及被撤销登记的社会团体继续以社会团体名义进行活动的，由登记管理机关予以取缔，没收非法财产；构成犯罪的，依法追究刑事责任；尚不构成犯罪的，依法给予治安管理处罚。

第三十六条 社会团体被责令限期停止活动的，由登记管理机关封存《社会团体法人登记证书》、印章和财务凭证。社会团体被撤销登记的，由登记管理机关收缴《社会团体法人登记证书》和印章。

第三十七条 登记管理机关、业务主管单位的工作人员滥用职权、徇私舞弊、玩忽职守构成犯罪的，依法追究刑事责任；尚不构成犯罪的，依法给予行政处分。

第七章 附则

第三十八条 《社会团体法人登记证书》的式样由国务院民政部门制定。

对社会团体进行年度检查不得收取费用。

第三十九条 本条例施行前已经成立的社会团体，应当自本条例施行之日起 1 年内依照本条例有关规定申请重新登记。

第四十条 本条例自发布之日起施行。1989 年 10 月 25 日国务院发布的《社会团体登记管理条例》同时废止。

外国商会管理暂行规定

（中华人民共和国国务院令第 36 号　1989 年 6 月 14 日）

第一条　为了促进国际贸易和经济技术交往，加强对外国商会的管理，保障其合法权益，制定本规定。

第二条　外国商会是指外国在中国境内的商业机构及人员依照本规定在中国境内成立，不从事任何商业活动的非营利性团体。外国商会的活动应当以促进其会员同中国发展贸易和经济技术交往为宗旨，为其会员在研究和讨论促进国际贸易和经济技术交往方面提供便利。

第三条　外国商会必须遵守中华人民共和国法律、法规的规定，不得损害中国的国家安全和社会公共利益。

第四条　成立外国商会，应当具备下列条件：

（一）有反映其会员共同意志的章程；

（二）有一定数量的发起会员和负责人；

（三）有固定的办公地点；

（四）有合法的经费来源。

第五条　外国商会应当按照国别成立，可以有团体会员和个人会员。团体会员是以商业机构名义加入的会员。商业机构是指外国公司、企业以及其他经济组织依法在中国境内设立的代表机构和分支机构。个人会员是商业机构和外商投资企业的非中国籍任职人员以本人名义加入的会员。

第六条　外国商会的名称应当冠其本国国名加上“中国”二字。

第七条　成立外国商会，应当通过中国国际商会提出书面申请，由其报送中华人民共和国对外经济贸易部（以下简称审查机关）审查。审查机关应当在收到全部申请书件之日起 60 天内完成审查，对于符合本规定第四条规定条件的，签发审查同意的证件；对于不符合前述条件的，退回申请。如有特殊情况，不能在规定期限内完成审查的，审查机关应当说明理由。

第八条 成立外国商会的书面申请，应当由外国商会主要筹办人签署，并附具下列文件：

（一）外国商会章程一式五份。章程应当包括下列内容：

1. 名称和地址；

2. 组织机构；

3. 会长、副会长以及常务干事的姓名、身份；

4. 会员的入会手续及会员的权利和义务；

5. 活动内容；

6. 财务情况。

（二）发起会员名册一式五份。团体会员和个人会员，应当分别列册。团体会员名册应当分别载明商业机构的名称、地址、业务范围和负责人姓名；个人会员名册应当分别载明本人所属商业机构或者外商投资企业、职务、本人简历或者在中国境内从事商业活动的简历。

（三）外国商会会长、副会长以及常务干事的姓名及其简历一式五份。

第九条 成立外国商会的申请经审查机关审查同意后，应当持审查同意的证件，依照本规定和有关法律、法规的规定，向中华人民共和国民政部（以下简称登记管理机关）办理登记。外国商会经核准登记并签发登记证书，即为成立。

第十条 外国商会应当在其办公地点设置会计账簿。会员缴纳的会费及按照外国商会章程规定取得的其他经费，应当用于该外国商会章程规定的各项开支，不得以任何名义付给会员或者汇出中国境外。

第十一条 外国商会应当于每年 1 月通过中国国际商会向审查机关、登记管理机关提交上一年度的活动情况报告。中国国际商会应当为外国商会开展活动和联系中国有关主管机关提供咨询和服务。

第十二条 外国商会需要修改其章程、更换会长、副会长以及常务干事或者改变办公地址时，应当依照本规定第七条、第八条和第九条规定的程序经审查同意，并办理变更登记。

第十三条 外国商会应当接受中国有关主管机关的监督。外国商会违反本规定的，登记管理机关有权予以警告、罚款、限期停止活动、撤销登记、明令取缔的处罚。

第十四条 外国商会解散，应当持该外国商会会长签署的申请注销登记报告和清理债务完结的证明，向登记管理机关办理注销登记，并报审查机关备案。外国商会自缴回登记证书之日起，即应停止活动。

第十五条 本规定自 1989 年 7 月 1 日起施行。

台湾同胞投资企业协会管理暂行办法

（国台发〔2003〕第 1 号　2003 年 3 月 20 日）

第一条　为了保障台湾同胞投资企业协会（以下简称台资企业协会）的合法权益，促进海峡两岸经济交流与合作，规范管理，依据《中华人民共和国台湾同胞投资保护法》和《社会团体登记管理条例》，制定本办法。

第二条　台资企业协会是指以在祖国大陆登记注册的台湾同胞投资企业（以下简称台资企业）为主体，依法自愿组成的社会团体。

第三条　台资企业协会必须遵守国家宪法、法律、法规，不得危害国家的统一、安全和民族团结，不得损害国家利益、社会公共利益及公民合法权益。

第四条　国家依法保护台资企业协会及其会员的合法权益，以及按照章程所进行的合法活动。

第五条　台资企业协会以服务会员、推动海峡两岸经济交流与合作为宗旨。主要业务范围是：

（一）开展会员间的联谊和交流活动；

（二）为会员提供国家有关法律、法规以及经济信息等方面的咨询服务；

（三）沟通会员与当地政府及有关部门的联系，反映会员有关生产经营等方面的意见、建议和要求，维护会员的合法权益；

（四）促进当地与台湾地区之间的经济交流与合作；

（五）举办社会公益活动；

（六）帮助会员解决工作和生活中的有关困难。

第六条　国务院台湾事务办公室和有关地方人民政府台湾事务部门是台资企业协会的业务主管单位。有关地方人民政府台湾事务部门和民政部门负责本行政区域内台资企业协会的业务指导和登记管理工作。

第七条　台资企业协会分单位会员和个人会员，以单位会员为主体。

单位会员是登记注册地台资企业以本企业名义加入的会员。

个人会员是在登记注册地台资企业从业的台湾同胞以本人名义加入的会员，以及台资企业协会注册地为协会服务的有关人员以适当名义加入的会员。

第八条 成立台资企业协会，应当具备下列条件：

（一）台资企业比较集中的地区；

（二）有50个以上的发起会员，其中单位会员不得少于30个；

（三）有固定的办公地点；

（四）有适应开展业务活动所需要的专职工作人员；

（五）有合法的经费来源；

（六）法律、法规、规章规定的其他条件。

第九条 成立台资企业协会，应当经业务主管单位审查同意，依照有关规定进行登记，并按照程序报国务院台湾事务办公室备案。

第十条 所在地人民政府台湾事务部门履行业务主管单位的职责，为台资企业协会提供服务和帮助。

（一）指导台资企业协会依法开展章程规定的各项活动；

（二）协助台资企业协会联系当地政府及有关部门，安排相关活动；

（三）协助台资企业协会组织有关重要经贸交流活动、重大会务活动；

（四）协助台资企业协会组织有关法律和经济业务等培训；

（五）为台资企业协会举办社会公益活动提供帮助；

（六）为台资企业协会业务活动中遇到的问题，以及会员在生产经营和生活中遇到的困难提供帮助；

（七）提供其他必要的帮助。

第十一条 台资企业协会会长由台商担任。会长、副会长应具备下列条件：

（一）遵守一个中国原则，拥护国家统一，愿意为促进两岸经济交流与合作积极努力；

（二）台商本人投资企业有一定规模，具有一定经济实力；

（三）个人素质较好，在当地台商中有一定威望；

（四）热心协会工作，有较强工作能力；

（五）身体健康，能够坚持正常工作；

（六）未在其他社会团体担任法定代表人；

（七）具有完全民事行为能力。

第十二条 为了便于台资企业协会联系政府有关部门，更好地为会员提供服务，所在地人民政府台湾事务部门相关负责人可接受台资企业协会聘请担任相应职务。受聘人员由台资企业协会按章程规定程序产生，不领取台资企业协会的报酬。

第十三条 台资企业协会聘用一般工作人员，应当按照国家有关规定办理。

第十四条 台资企业协会接待台湾地区重要团组和人士来访，应事先向所在地业务主管单位报备。

台资企业协会举办成立、换届、庆典等重要活动，应报业务主管单位批准。

台资企业协会举办跨地区的活动，应由业务主管单位报上级业务主管单位批准。

第十五条 台资企业协会不得加入外国商会及境外社团组织。

台资企业协会依照章程独立自主开展活动，与其他任何组织没有隶属关系，不得接受任何组织和个人委托从事与章程规定不符的活动。

第十六条 台资企业协会收取会费、接受捐赠和资助必须符合章程规定的宗旨与业务范围，并应当向业务主管单位和登记管理机关报告接受和使用会费、捐赠与资助的有关情况，同时应当将有关情况以适当方式向社会公布。

第十七条 台资企业协会依法开展业务活动做出突出成绩的，业务主管单位和登记管理机关以适当方式予以鼓励和表彰。

第十八条 本办法施行前已经成立的台资企业协会，如与本办法规定不符的，应当自本办法施行之日起六个月内依照本办法有关规定自行修正。

第十九条 本办法没有规定的，依照《社会团体登记管理条例》和国家有关规定执行。

第二十条 本办法由国务院台湾事务办公室负责解释。

第二十一条 本办法自 2003 年 4 月 20 日起施行。

民政部关于在社团清理整顿工作中对校友会问题处理的通知

（民社函〔1992〕120号　1992年4月21日）

各省、自治区、直辖市民政厅(局)，各计划单列市民政局：

在对校友会进行清理整顿和复查登记中,各地一般都能按照国办发[1992]32号文件和国家教委(86)教政字009号文件精神，从严掌握。但也存在一些问题，需要进一步明确。为此，经与国家教委协商，现作如下通知：

一、关于全国性校友会的登记问题

各级各类学校一般不宜成立校友会，更不宜倡导、组织成立全国性校友会。少数历史悠久、有一定国际声誉的学校，以前经过合法程序已批准成立的全国性校友会，如果在最近几年的活动中没有出现国办发［1990］32号文件中所列举的不当行为，可经国家教委审查同意后，到民政部办理复查登记手续。

今后，若有情况特殊，需申请成立全国性校友会的，均应先由国家教委出具审查同意文件后，再到民政部办理核准登记手续。

二、关于外省院校在本省成立校友会的问题

各类外省学校一般不宜在本省(自治区、直辖市)成立校友会。各地今后凡遇有外省(自治区、直辖市)学校申请在本省(自治区、直辖市)成立校友会的，一般不予核准登记。外省学校如情况特殊确需在本省(自治区、直辖市)成立校友会的，应先经外省(自治区、直辖市)教育行政部门审查同意后，再到民政部门办理核准登记手续。

三、关于本省院校在当地成立校友会的问题

本省院校在当地成立校友会，也应根据上述精神，在复查登记中从严掌握。

社会团体印章管理规定

（中华人民共和国民政部、公安部令第 1 号　1993 年 10 月 18 日）

为了保障社会团体的合法权益，加强对社会团体印章的管理，根据《社会团体登记管理条例》和《国务院关于国家行政机关和企业、事业单位印章的规定》（国发〔1993〕21 号），现对社会团体印章的规格、制发和管理办法规定如下：

一、印章的规格、式样和制发

（一）社会团体的印章为圆形。

（二）全国性社会团体的印章，直径 4.5 厘米，中央刊五角星，五角星外刊社会团体的名称，自左而右环行，由社团登记管理机关出具证明，经该社团总部所在地的公安机关办理准刻手续后，由社团登记管理机关制发。

（三）地方性社会团体的印章，直径 4.2 厘米，中央刊五角星，五角星外刊社会团体名称，自左而右环行。由地方社团登记管理机关出具证明，经该社团总部所在地的公安机关办理准刻手续后，由地方社团登记管理机关制发。

（四）社会团体的办事机构和分支机构印章的尺寸式样及制发与其总部印章相同。

社会团体办事机构和分支机构印章名称前应冠其总部名称，前段自左而右环行，后段可以自左而右横行。

（五）社会团体主办的具有法人资格的实体单位按其登记注册或批准的名称刻制印章。

二、印章的名称、文字、字体和质料

（一）印章所刊名称，应为社会团体的法定名称。印章所刊名称字数过多，不易刻印清晰时，可以适当采用通用的简称。

（二）民族自治地方社会团体的印章，应当并列刊汉文和当地通用的民族文字。

（三）有国际交往的社会团体印章，需标有英文名称的，应当并列刊汉文和英文。

（四）印章印文中的汉字，使用宋体字并应用国务院公布实行的简化字。

（五）印章质料，由制发机关自定。

三、专用印章的制发

（一）钢印直径最大不得超过 4.2 厘米，最小不得小于 3.5 厘米，中央刊五角星，五角星外刊社会团体名称，自左而右环行，经社团登记管理机关和公安机关批准后刻制。

（二）其他专用章，在名称、式样上应与正式印章有所区别，经社团登记管理机关和公安机关批准后刻制。

四、印章的管理和缴销

（一）社会团体的印章经社团登记管理机关和有关业务主管部门备案后，方可启用。

（二）对社会团体非法刻制印章的，由公安机关视其情节轻重，对其直接责任者予以 500 元以下罚款或警告；造成严重后果的，对其主管负责人或直接责任人追究法律责任。

（三）社会团体应建立健全印章管理制度，印章应有专人保管，对于违反规定使用印章造成严重后果的追究保管人和责任人的行政或法律责任。

（四）社会团体变更需要更换印章时，应到社团登记管理机关交回原印章，重新提出申请，经核准后，刻制新的印章。

（五）社会团体办理注销登记，应将全部印章交回社团登记管理机关封存。

（六）社会团体被撤销，由社团登记管理机关收缴其印章。

（七）社会团体印章丢失，经声明作废后，可按本规定程序申请重新刻制。

（八）对于收缴和社会团体交回的印章，由社团登记管理机关登记造册。定期销毁，并将销毁印章的名册送公安机关备案。

五、本规定自发布之日起施行

1991 年 1 月 12 日发布的《社会团体印章管理的暂行规定》同时废止。

社会团体章程示范文本

说　明

一、根据1998年10月25日国务院颁布的《社会团体登记管理条例》和国家有关政策制订此章程范本。

二、此章程范本，旨在为社会团体制订章程时提供依据，规范社会团体行为。

三、社会团体制订章程，原则上应包括此章程范本所涉及的内容，并可根据实际情况作适当的补充。

四、社会团体据此范本制订的章程，须报社团登记管理机关核准方能生效。社团登记管理机关将以核准后的章程为据进行监督管理。

第一章　总则

第一条　本团体的名称（包括英文译名、缩写）

（社团的名称应当符合法律、法规的规定，不得违背社会道德风尚。社团的名称应当与其业务范围、成员分布、活动地域相一致，准确反映其特征。全国性的社会团体冠以“中国”、“全国”、“中华”等字样的，应当按照国家有关规定经过批准；地方性的社会团体应冠以本行政区域名称，不得冠以“中国”、“全国”、“中华”等字样。社会团体的名称，不得使用已由社团登记管理机关明令撤销或取缔的社会团体的名称）

第二条　本团体的性质（其中必须载明：组成的人员或单位；学术性、联合性、专业性或行业性；全国性或地方性；自愿结成；非营利性社会组织）

第三条　本团体的宗旨（其中必须载明：遵守宪法、法律、法规和国家政策，遵守社会道德风尚）

第四条　本团体接受业务主管单位、社团登记管理机关的业务指导和监督管理（必须载明具体的业务主管单位和社团登记管理机关）

第五条　本团体的住所（载明 × 省 × 市）

第二章　业务范围

第六条　本团体的业务范围（必须具体、明确）

（一）×××××××××××××；

（二）×××××××××××××；

（三）×××××××××××××；

（四）×××××××××××××；

（五）×××××××××××××；

（六）×××××××××××××；

（七）×××××××××××××；

（八）×××××××××××××；

（九）×××××××××××××。

第三章　会员

第七条　本团体的会员种类（单位会员、个人会员）

第八条　申请加入本团体的会员，必须具备下列条件：

（一）拥护本团体的章程；

（二）有加入本团体的意愿；

（三）在本团体的业务（行业、学科）领域内具有一定的影响；

（　）××××××××××××。

第九条　会员入会的程序是：

（一）提交入会申请书；

（二）经理事会讨论通过；

（三）××××××××××××；

（　）由理事会或理事会授权的机构发给会员证。

第十条　会员享有下列权利：

（一）本团体的选举权、被选举权和表决权；

（二）参加本团体的活动；

（三）获得本团体服务的优先权；

（四）对本团体工作的批评建议权和监督权；

（五）入会自愿、退会自由；

（　）××××××××××××。

第十一条　会员履行下列义务：

（一）执行本团体的决议；

（二）维护本团体合法权益；

（三）完成本团体交办的工作；

（四）按规定交纳会费；

（五）向本团体反映情况，提供有关资料；

（　）××××××××××××。

第十二条　会员退会应书面通知本团体，并交回会员证。

会员如果1年不交纳会费或不参加本团体活动的，视为自动退会。

第十三条　会员如有严重违反本章程的行为，经理事会或常务理事会表决通过，予以除名。

第四章　组织机构和负责人产生、罢免

第十四条　本团体的最高权力机构是会员大会（或会员代表大会），会员大会（或会员代表大会）的职权是：

（一）制定和修改章程；

（二）选举和罢免理事；

（三）审议理事会的工作报告和财务报告；

（四）决定终止事宜；

（　）××××××××××××；

（　）决定其他重大事宜。

第十五条　会员大会（或会员代表大会）须有 2/3 以上的会员（或会员代表）出席方能召开，其决议须经到会会员（或会员代表）半数以上表决通过方能生效。

第十六条　会员大会（或会员代表大会）每届 × 年（会员大会或会员代表大会每届最长不超过 5 年）。因特殊情况需提前或延期换届的，须由理事会表决通过，报业务主管单位审查并经社团登记管理机关批准同意。但延期换届最长不超过 1 年。

第十七条　理事会是会员大会（或会员代表大会）的执行机构，在闭会期间领导本团体开展日常工作，对会员大会（或会员代表大会）负责。

第十八条　理事会的职权是：

（一）执行会员大会（或会员代表大会）的决议；

（二）选举和罢免理事长（会长）、副理事长（副会长）、秘书长；

（三）筹备召开会员大会（或会员代表大会）；

（四）向会员大会（或会员代表大会）报告工作和财务状况；

（五）决定会员的吸收或除名；

（六）决定设立办事机构、分支机构、代表机构和实体机构；

（七）决定副秘书长、各机构主要负责人的聘任；

（八）领导本团体各机构开展工作；

（九）制定内部管理制度；

（　）××××××××××××；

（　）决定其他重大事项。

第十九条　理事会须有2/3以上理事出席方能召开，其决议须经到会理事2/3以上表决通过方能生效。

第二十条　理事会每年至少召开一次会议；情况特殊的，也可采用通讯形式召开。

第二十一条　本团体设立常务理事会（理事人数较多时，可设立常务理事会）。常务理事会由理事会选举产生，在理事会闭会期间行使第十八条第一、三、五、六、七、八、九项的职权，对理事会负责（常务理事人数不超过理事人数的1/3）。

第二十二条　常务理事会须有2/3以上常务理事出席方能召开，其决议须经到会常务理事2/3以上表决通过方能生效。

第二十三条　常务理事会至少半年召开一次会议；情况特殊的也可采用通讯形式召开。

第二十四条　本团体的理事长（会长）、副理事长（副会长）、秘书长必须具备下列条件：

（一）坚持党的路线、方针、政策、政治素质好；

（二）在本团体业务领域内有较大影响；

（三）理事长（会长）、副理事长（副会长）、秘书长最高任职年龄不超过70周岁，秘书长为专职；

（四）身体健康，能坚持正常工作；

（五）未受过剥夺政治权利的刑事处罚的；

（六）具有完全民事行为能力；

（　）×××××××××××××。

第二十五条　本团体理事长（会长）、副理事长（副会长）、秘书长如超过最高任职年龄的，须经理事会表决通过，报业务主管单位审查并社团登记管理机关批准同意后，方可任职。

第二十六条　本团体理事长（会长）、副理事长（副会长）、秘书长任期×年［正理事长（会长）、副理事长（副会长）、秘书长任期最长不得超过两届］。因特殊情况需延长任期的，须经会员大会（或会员代表大会）2/3以上会员（或会员代表）表决通过，报业务主管单位审查并经社团登记管理机关批准同意后方可任职。

第二十七条 本团体理事长（会长）为本团体法定代表人［社团法定代表人一般应由理事长（会长）担任。如因特殊情况需由副理事长（副会长）或秘书长担任法定代表人，应报业务主管单位审查并经社团登记管理机关批准同意后，方可担任，并在章程中写明］。

本团体法定代表人不兼任其他团体的法定代表人。

第二十八条 本团体理事长（会长）行使下列职权：

（一）召集和主持理事会（或常务理事会）；

（二）检查会员大会（或会员代表大会）、理事会（或常务理事会）决议的落实情况；

（三）代表本团体签署有关重要文件；

（ ）××××××××××××××。

第二十九条 本团体秘书长行使下列职权：

（一）主持办事机构开展日常工作，组织实施年度工作计划；

（二）协调各分支机构、代表机构、实体机构开展工作；

（三）提名副秘书长以及各办事机构、分支机构、代表机构和实体机构主要负责人，交理事会或常务理事会决定；

（四）决定办事机构、代表机构、实体机构专职工作人员的聘用；

（ ）××××××××××××××；

（ ）处理其他日常事务。

第五章 资产管理、使用原则

第三十条 本团体经费来源：

（一）会费；

（二）捐赠；

（三）政府资助；

（四）在核准的业务范围内开展活动或服务的收入；

（五）利息；

（ ）××××××××××××××；

（ ）其他合法收入。

第三十一条 本团体按照国家有关规定收取会员会费。

第三十二条 本团体经费必须用于本章程规定的业务范围和事业的发展，不得在会员中分配。

第三十三条 本团体建立严格的财务管理制度，保证会计资料合法、真实、准确、完整。

第三十四条 本团体配备具有专业资格的会计人员。会计不得兼任出纳。会计人员必须进行会计核算，实行会计监督。会计人员调动工作或离职时，必须与接管人员办清交接手续。

第三十五条 本团体的资产管理必须执行国家规定的财务管理制度，接受会员大会（或会员代表大会）和财政部门的监督。资产来源属于国家拨款或者社会捐赠、资助的，必须接受审计机关的监督，并将有关情况以适当方式向社会公布。

第三十六条 本团体换届或更换法定代表人之前必须接受社团登记管理机关和业务主管单位组织的财务审计。

第三十七条 本团体的资产，任何单位、个人不得侵占、私分和挪用。

第三十八条 本团体专职工作人员的工资和保险、福利待遇，参照国家对事业单位的有关规定执行。

第六章 章程的修改程序

第三十九条 对本团体章程的修改，须经理事会表决通过后报会员大会（或会员代表大会）审议。

第四十条 本团体修改的章程，须在会员大会（或会员代表大会）通过后 15 日内，经业务主管单位审查同意，并报社团登记管理机关核准后生效。

第七章 终止程序及终止后的财产处理

第四十一条 本团体完成宗旨或自行解散或由于分立、合并等原因需要注销的，由理事会或常务理事会提出终止动议。

第四十二条 本团体终止动议须经会员大会（或会员代表大会）表决通过，并报业务主管单位审查同意。

第四十三条 本团体终止前，须在业务主管单位及有关机关指导下成立清算组织，清理债权债务，处理善后事宜。清算期间，不开展清算以外的活动。

第四十四条 本团体经社团登记管理机关办理注销登记手续后即为终止。

第四十五条 本团体终止后的剩余财产，在业务主管单位和社团登记管理机关的监督下，按照国家有关规定，用于发展与本团体宗旨相关的事业。

第八章 附则

第四十六条 本章程经 × 年 × 月 × 日会员大会（或会员代表大会）表决通过。

第四十七条 本章程的解释权属本团体的理事会。

第四十八条 本章程自社团登记管理机关核准之日起生效。

国务院办公厅关于部门领导同志不兼任社会团体领导职务问题的通知

（国办发〔1994〕59号　1994年4月13日）

国务院各部委、各直属机构：

社会团体是民间性质的社会组织。全国性社会团体一经民政部登记注册，便具有独立法人地位。目前，部门领导同志兼任全国性社会团体领导职务的数量较多，且呈增加趋势。为了贯彻政（政府）社（社会团体）分开的原则，加快政府职能的转变，更好地发挥社会团体的独立作用，同时，为有利于各部门领导同志集中精力做好所担负的行政领导工作，经国务院批准，现就部门领导同志不兼任社会团体领导职务问题通知如下：

一、国务院各部委、各办事机构、各直属机构的领导同志今后不再兼任社会团体领导职务，已兼任社会团体领导职务的，要依照该社会团体章程规定程序，辞去所兼职务。特殊情况确需兼任的，要报经国务院批准。

二、根据《社会团体登记管理条例》的规定，社会团体登记管理机关和业务主管部门要加强对社会团体的日常管理和业务指导，使之健康发展。

本通知内容由民政部负责解释。

民政部关于对《国务院办公厅关于部门领导同志不兼任社会团体领导职务问题的通知》有关内容解释的通知

（民社函〔1994〕127号　1994年5月27日）

国务院各部委、直属机构、办事机构：

1994年4月13日国务院办公厅发出了《国务院办公厅关于部门领导同志不兼任社会团体领导职务问题的通知》（国办发〔1994〕59号）之后，各部门、各地方不断询问，现将有关内容作如下解释：

一、国务院各部委、各办事机构、各直属机构的领导同志是指上述部门现任的正副部长、正副主任、正副行长、正副署长、正副局长。

二、社会团体的领导职务是指社团的正副理事长（会长）、秘书长。

三、部门领导人因特殊情况确需兼任社会团体领导职务的，由部门直接向国务院写出专题报告，并附上该领导人的简历。

四、部门领导人现已担任社会团体领导职务的，应于《通知》发出一年内退出，由社会团体到民政部办理备案或变更登记手续。

五、各地方政府可参照《通知》精神，根据本地实际情况，自行决定。

中共中央办公厅 国务院办公厅关于党政机关领导干部不兼任社会团体领导职务的通知

（中办发〔1998〕17号　1998年7月2日）

各省、自治区、直辖市党委和人民政府，中央和国家机关各部委，军委总政治部，各人民团体：

《国务院办公厅关于部门领导同志不兼任社会团体领导职务问题的通知》（国办发〔1994〕59号）下发后，国务院各部委、各直属机构认真贯彻执行文件精神，已有一批部门领导干部按规定辞去了兼任的社会团体领导职务。实践证明，部门领导干部不兼任社会团体领导职务的做法有利于这些同志集中精力做好所担负的领导工作，也有利于实行政社分开。目前，在党政机关还有相当数量的县（处）级以上党政领导干部在社会团体中兼任领导职务。为了适应我国政治体制改革和经济体制改革以及机构改革工作的需要，加快政府职能的转变，发挥社会团体应有的社会中介组织作用，经党中央、国务院领导同志同意，现就党政机关领导干部兼任社会团体领导职务问题通知如下：

一、县及县以上各级党的机关、人大机关、行政机关、政协机关、审判机关、检察机关及所属部门的在职县（处）级以上领导干部，不得兼任社会团体（包括境外社会团体）领导职务（含社会团体分支机构负责人）。

二、因特殊情况确需兼任社会团体领导职务的，必须按干部管理权限进行审批，并按照所在社团的章程履行规定程序后，再到相应的社会团体登记管理机关办理有关手续。

未经批准已经兼任社会团体领导职务的，应从本通知下发之日起半年内辞去所兼任的社会团体领导职务；已经批准兼任社会团体领导职务并确需继续兼任的，应按上述规定重新办理审批手续。

三、社会团体领导职务是指社会团体的会长（理事长、主席）、副会长（副理事长、副主席）、秘书长，分会会长（主任委员）、副会长（副主任委员），不包括名誉职务、常务理事、理事。

四、各省、自治区、直辖市应按照本通知精神制定本地区的实施办法；军队领导干部兼任社会团体领导职务问题，由中国人民解放军总政治部按照本通知精神制定相应规定。

具有行政管理职能的事业单位及人民团体参照本通知执行。

五、本通知由中央组织部、民政部负责解释。

民政部关于对《中共中央办公厅、国务院办公厅关于党政机关领导干部不兼任社会团体领导职务的通知》有关问题的解释

（民社函〔1998〕224号　1998年11月3日）

各省、自治区、直辖市民政厅（局），各副省级城市民政局：

中共中央办公厅、国务院办公厅《关于党政机关领导干部不兼任社会团体领导职务的通知》（中办发〔1998〕17号，以下简称《通知》）下发以后，不少地方民政部门和社会团体及有关部门来电询问有关领导干部兼职的具体问题。为了认真贯彻执行《通知》精神，经商中组部取得一致意见，现就领导干部兼职审批工作中的有关问题作如下解释：

一、坚持党政机关领导干部不得在社会团体中兼任领导职务的原则。对因特殊情况确需兼任社会团体领导职务的，应由社会团体业务主管单位征得干部所在单位同意，并经本人所在单位组织、人事部门审核后，由干部主管部门按规定程序报批。

经批准兼职的推荐人选，应按所在社团章程履行规定的程序后，再到相应的社团登记管理机关办理手续。

兼任社会团体领导职务的人员，不得领取社会团体的任何报酬。

二、党政领导干部因特殊情况确需兼任社会团体领导职务的，应按以下原则掌握：其社会团体必须是在国家、地区、行业和社会政治生活中起着重要作用，在中介组织中有一定影响，且主要领导职务一时没有合适人选担任的社团组织，而不是一般的民间性社会团体；在确定社会团体的作用和性质后，确因工作需要，领导干部本人又无其他社会兼职、且所兼任的职务与本职业务相关的，根据实际情况可以批准兼职。

三、领导职务由中央或地方党委管理的团体，其领导干部如兼任其他社

会团体的领导职务，参照《通知》精神执行。

四、《通知》适用范围，包括担任现职的副县（处）长以上领导干部，以及按照中共中央、国务院有关规定，经组织部门正式任命的副县（处）级以上非领导职务的人员。

五、《通知》中所指人大机关的领导干部是指正副委员长、正副主任、正副秘书长及人大办事机构和工作机构（仅指法制工作委员会）的副县（处）级以上领导干部；政协机关的领导干部是指正副主席、正副秘书长及政协全国委员会办公厅和各级地方政协办事机构的副县（处）级以上领导干部。

六、全国人大、全国政协专职常委兼任社会团体领导职务，需按《通知》规定审批。地方各级人大、政协专职常委的兼职，由各地根据实际工作需要研究确定。

七、现已退出领导岗位，尚未办理离退休手续的人员，兼任社会团体领导职务按《通知》规定审批。

八、国家各金融机构中属于中央管理的干部兼任社会团体领导职务按《通知》规定审批，其他干部兼职由各单位按《通知》规定精神自行掌握。

九、中央、国家机关司（局）长兼任社会团体领导职务，由有关部委按照干部管理权限审批。

十、党政机关在职副县（处）级以上领导干部兼任社会团体名誉职务、常务理事、理事，可不报批。

十一、县级党政机关所属各部门领导干部兼任社会团体领导职务的问题，参照《通知》精神，由各省、自治区、直辖市在制定本地区的实施办法中予以明确。

十二、《通知》规定不适用于企业及没有行政管理职能的事业单位。

民政部关于重新确认社会团体业务主管单位的通知

（民发〔2000〕41号　2000年2月23日）

各省、自治区、直辖市人民政府，中央和国家机关各部委，军委总政治部，各人民团体：

为了贯彻执行《中共中央办公厅、国务院办公厅关于进一步加强民间组织管理工作的通知》（中办发〔1999〕34号）精神，进一步明确社会团体登记管理机关与业务主管单位的管理职责，建立和完善社会团体双重管理体制，使社会团体更好地发挥积极作用，经中共中央、国务院领导同志同意，现就重新确认社会团体业务主管单位的有关问题通知如下：

一、社会团体业务主管单位的管理职责

社会团体业务主管单位的职能应能涵盖所属社会团体的业务范围，并能够对主管的社会团体进行业务指导。各业务主管单位必须对其所主管社会团体负责，按照中共中央、国务院文件和有关法规的规定切实履行管理职责。各业务主管单位应建立相应的管理机构，选派政治强、作风正、素质好的同志具体从事社团管理工作。业务主管单位对其所主管社会团体在其业务主管单位未做新的调整之前，必须负责到底，决不能撒手不管。

社会团体业务主管单位的管理职责：

（一）负责社会团体筹备申请、成立登记、变更登记、注销登记前的审查；

（二）负责社会团体的思想政治工作、党的建设、财务和人事管理、研讨活动、对外交往、接受境外捐赠资助；

（三）监督、指导社会团体遵守宪法、法律、法规和国家政策，依据其章程开展活动；

（四）负责社会团体年度检查的初审；

（五）负责协助登记管理机关和其他有关部门查处社会团体的违法行为；

（六）会同有关机关指导社会团体的清算事宜。

二、社会团体的业务主管单位是指：

（一）国务院组成部委、国务院直属机构、国务院办事机构及地方县级以上人民政府的相应部门和机构；

（二）中共中央各工作部门、代管单位及地方县级以上党委的相应部门和单位；

（三）全国人大常委会办公厅、全国政协办公厅、最高人民法院、最高人民检察院及地方县级以上上述机关的相应部门；

（四）经中共中央、国务院或地方县级以上党委、人民政府授权作为社会团体业务主管单位的组织。

（五）军队系统的社会团体的业务主管单位的问题由总政治部明确。

三、经中共中央、国务院或地方县级以上党委、人民政府授权作为社会团体业务主管单位的组织，应具备以下条件：

（一）能够全面履行社会团体业务主管单位职责的组织；

（二）中央或地方机构编制管理机关“定职能、定机构、定编制”的组织；

（三）有具体机构和人员从事社会团体管理工作的组织；

（四）经中共中央、国务院或地方县级以上党委、人民政府履行过授权程序的组织。

同时具备以上条件的组织，方可作为社会团体的业务主管单位。

四、授权下列组织为全国性社会团体的业务主管单位：

中国社会科学院、国务院发展研究中心、中国地震局、中国气象局、中国证券监督管理委员会、中国保险监督管理委员会、中央党校、中央文献研究室、中央党史研究室、中央编译局、外文局、中华全国总工会、中国共产主义青年团、中华全国妇女联合会、中国文学艺术界联合会、中国作家协会、中国科学技术协会、中华全国归国华侨联合会、中华全国新闻工作者协会、中国人民对外友好协会、中国残疾人联合会、中国职工思想政治工作研究会。

地方县级以上党委、各级人民政府可参照以上意见，根据当地实际情况，对符合第三项第三款条件的组织予以授权。

民政部关于成立以人名命名的社会团体问题的通知

（民发〔2000〕168 号　2000 年 7 月 21 日）

各省、自治区、直辖市民政厅（局），各计划单列市民政局，新疆生产建设兵团民政局：

最近，我部接到地方民政厅关于成立以人名命名社团问题的请示。经研究，并报经中共中央办公厅同意，现通知如下：

一、社会团体名称通常具有表明其活动地域、宗旨和性质的作用，如无特殊需要，一般不以人名命名；

二、以人名命名社会团体，目前只限于确实需要的科技、教育、卫生、文化艺术领域内，对我国和世界作出了巨大贡献、享有盛誉的杰出人物；

三、社会团体一般不以已故或健在的党和国家领导人以及政治活动家的名字命名。

四、地方民政部门在审批以人名命名的社会团体时应多方征求意见，从严把关。凡涉及以党和国家领导人或政治活动家命名的社会团体，应报民政部，经民政部审核同意后，地方民政部门按程序办理登记手续。

特此通知。

中共中央组织部关于加强社会团体党的建设工作的意见

（中组发〔2000〕10号　2000年7月21日）

为了加强党对社会团体的领导，促进社会团体健康发展，现就加强社会团体（不包括《社会团体登记管理条例》规定免于登记的社会团体和特定社会团体，下同）党的建设工作提出以下意见：

一、充分认识加强社会团体党的建设工作的重要性

改革开放以来，我国的社会团体迅速发展，在政治、经济、文化建设中发挥着越来越广泛的作用。社会团体是党的工作和群众工作的重要阵地。加强社会团体党的建设工作，有利于党的路线、方针、政策在社会团体的贯彻落实，有利于在新形势下扩大党的工作的覆盖面和影响力、渗透力，有利于保证社会团体的健康发展。目前，社会团体管理工作比较薄弱，社会团体党的建设工作也存在一些亟待解决的问题。主要是：绝大多数社会团体没有建立党的基层组织，尤其是有些已具备建立党组织条件的社会团体没有及时建立党的基层组织，在这些社会团体中工作的党员长期不能参加党的组织生活；一些已经建立党组织的社会团体，对党员的教育、管理和监督工作比较薄弱，党员未能充分发挥先锋模范作用；社会团体党组织的设置形式不够完善，难以担负起对社会团体的活动进行有效监督的职责；一些业务主管单位党组织对所属社会团体党的建设和思想政治工作疏于管理，有的甚至不闻不问。对此，各级党委一定要高度重视，采取有力措施，尽快改变社会团体党的建设工作薄弱的状况。

二、建立健全社会团体党的组织，理顺党组织的隶属关系

凡按国务院《社会团体登记管理条例》要求，经政府社会团体登记管理机关核准登记的社会团体，其常设办事机构专职人员（包括长期聘用人员，下同）中有正式党员3人以上的，都应及时建立党的基层组织；正式党员不足 3 人的，可与同一业务主管单位所属的其他社会团体或其他邻近单位建立联合党支部，或将党员组织关系转入其业务主管单位或挂靠单位的党组织，参加党的活动。对暂不具备建立党组织条件的社会团体，上级党组织可向社会团体选派、输送、推荐符合条件的党员，为社会团体单独建立党组织创造条件；或指派党的建设工作联络员，负责社会团体的思想政治工作，做好党员的教育、管理和发展工作及党组织的建立工作。

社会团体党组织的设置形式，根据党员人数和工作需要按照有关规定确定。

社会团体党组织负责人应当认真贯彻执行党和国家的方针、政策，善于做思想政治工作和群众工作，坚持正确的政治方向。社会团体党组织负责人一般应由社会团体行政负责人中的党员担任，按有关规定选举产生。

在社会团体举行会员大会、理事会或其他重要活动期间，应根据工作需要成立社会团体临时党组织。社会团体临时党组织由业务主管单位或挂靠单位党组织批准成立，其设置形式按照有关规定确定。社会团体临时党组织的领导成员，一般应由社会团体领导成员中的党员担任。

社会团体党组织（包括临时党组织）原则上隶属于其业务主管单位党组织。业务主管单位党组织负责社会团体党组织的建立，并领导其工作；业务主管单位党组织领导确有困难的，可商社会团体挂靠单位等有关党组织负责社会团体党组织的建立，并领导其工作。

社会团体党组织工作机构的设置和党务工作人员的配备，由社会团体根据工作需要确定。规模较大、党员人数较多的社会团体，根据工作需要，可设置精干的党组织工作机构或配备专职党务工作人员。社会团体党组织的活动经费要有保证。

三、明确社会团体党组织的主要职责

社会团体党组织应全面贯彻执行党章规定的党的基层组织的基本任务，其主要职责是：

（一）宣传和贯彻党的路线、方针、政策，执行上级党组织和本组织的决议、决定。监督社会团体遵守国家法律、法规，坚持正确的政治方向。

（二）支持社会团体及其负责人按照社会团体章程开展工作。

（三）加强党组织自身建设，做好党员的教育管理工作和发展党员工作，发挥党员的先锋模范作用。

（四）领导精神文明建设和思想政治工作。

（五）做好统一战线工作。

社会团体党组织必须自觉接受上级党组织的领导，定期汇报工作。如发现社会团体的活动违反党的方针、政策和国家的法律、法规，应及时向上级党组织或有关部门报告。

社会团体在重要活动期间成立的临时党组织发挥政治核心作用，参与社会团体重大问题的决策，制止和纠正违反党的路线、方针、政策和党中央决定的活动，保证社会团体的活动严格遵守国家法律、法规。活动结束以后，要向主管部门党组织报告有关情况。

四、做好社会团体党员的教育管理工作

社会团体已经建立党组织的，其常设办事机构专职人员中的党员，应将组织关系转入社会团体党组织，参加社会团体党的组织生活。

社会团体党组织要结合社会团体业务活动，加强对党员的教育管理工作。党员教育应体现社会团体的特点，贴近党员的实际。要加强理想信念教育，引导党员用马克思列宁主义、毛泽东思想、邓小平理论武装头脑，坚定建设有中国特色社会主义的信念，自觉地贯彻执行党的路线、方针、政策，与党中央保持高度一致。要加强马克思主义唯物论和无神论教育，大力提倡科学精神，自觉抵制各种非无产阶级思想的侵蚀，坚持用马克思主义的世界观和方法论指导社会团体的活动。要进行增强党性，发挥党员作用的教育，引导党员自觉遵守党的纪律，执行党的决定，并以自己的模范带头作用，影响和团结社会团体其他成员做好各项工作。要进行法制教育，引导党员增强法制观念，坚持依法办事、遵纪守法，自觉维护安定团结的政治局面。

机关、企业、事业等单位党组织要对本单位加入社会团体的党员进行登记并切实加强教育管理工作，经常了解党员在社会团体中的情况，发现问题，及时解决。

社会团体会员中的党员要定期向所在单位党组织汇报参加社会团体活动的情况，自觉接受党组织的管理和监督。社会团体领导成员中的党员，凡经常参加社会团体活动的，除应在所在单位参加党的组织生活外，还应参加社会团体党组织的活动，接受社会团体党组织的管理和监督。

五、加强对社会团体党的建设工作的领导

各级党委要把社会团体党的工作作为党的建设工作的重要组成部分，列入议事日程，切实加强领导。各级党委组织部门和各级政府民政部门以及社会团体业务主管单位党组织要通力合作，共同做好社会团体党的建设工作。

党委组织部门要指导有关部门和单位党组织做好社会团体党组织的建立工作；指导有关部门和单位党组织加强对社会团体党组织的领导；对社会团体党的建设工作进行调查研究，总结、推广典型经验，及时解决突出问题。

民政部门党组织应要求有关职能机构在社会团体成立、变更的登记中，督促具备条件的社会团体建立党组织；对社会团体实施年度检查时，把社会团体党组织的设置情况作为检查的一项内容，发现问题，会同有关部门及时解决。

社会团体业务主管单位和挂靠单位党组织要切实做好所领导社会团体党的建设工作，指导和帮助具备建立党组织条件的社会团体及时建立党的组织；根据社会团体的变化，适时调整社会团体党组织的设置；选好配强社会团体党组织负责人，并做好党组织负责人的教育和培训工作；监督指导社会团体党组织认真履行其职责。

民政部办公厅关于民主党派能否作为社会团体业务主管单位问题的复函

（民办函〔2000〕150号 2000年8月24日）

辽宁省民政厅：

你厅《关于民主党派能否作为社会团体业务主管单位问题的请示》（辽民民函〔2000〕73号）收悉，现答复如下：

1998年10月25日国务院颁布的《社会团体登记管理条例》，明确规定“国务院有关部门和县级以上地方各级人民政府有关部门、国务院或者县级以上地方各级人民政府授权的组织，是有关行业、学科或者业务范围内社会团体的业务主管单位”。为了贯彻落实这一规定，经中共中央、国务院领导同志同意，民政部下发了《关于重新确认社会团体业务主管单位的通知》（民发〔2000〕41号，以下简称《通知》），对社会团体业务主管单位的管理职责、哪些部门或单位是社会团体的业务主管单位、经中共中央、国务院或地方县级以上党委、人民政府授权作为社会团体业务主管单位应具备的条件等都做了明确的规定，并授权一些组织为全国性社会团体的业务主管单位，要求地方县级以上党委、人民政府在授权一些组织作为社会团体的业务主管单位时参照执行。鉴于《通知》未授权民主党派作为全国性社会团体的业务主管单位，各地也不宜授权民主党派作为社会团体的业务主管单位。

民政部关于对部分团体免予社团登记有关问题的通知

（民发〔2000〕256号　2000年12月5日）

各省、自治区、直辖市人民政府，中央和国家机关各部委，各人民团体：

为了认真贯彻《社会团体登记管理条例》（以下简称《条例》），经党中央、国务院领导同志同意，现就部分社团不登记和可以免予登记的有关问题通知如下：

一、参加中国人民政治协商会议的人民团体不进行社团登记。参加中国人民政治协商会议的人民团体有：中华全国总工会、中国共产主义青年团、中华全国妇女联合会、中国科学技术协会、中华全国归国华侨联合会、中华全国台湾同胞联谊会、中华全国青年联合会、中华全国工商业联合会。

二、经国务院批准可以免予登记的社会团体有：中国文学艺术界联合会、中国作家协会、中华全国新闻工作者协会、中国人民对外友好协会、中国人民外交学会、中国国际贸易促进会、中国残疾人联合会、宋庆龄基金会、中国法学会、中国红十字总会、中国职工思想政治工作研究会、欧美同学会、黄埔军校同学会、中华职业教育社。

三、上述可以免予登记的团体，如果愿意按《条例》规定到社会团体登记管理机关进行登记和参加年检的，可按照《条例》和有关规定办理登记手续。如果不愿到社会团体登记管理机关进行登记，社会团体登记管理机关在这次社团清理整顿中不再更换新的社会团体法人证书。已经领取社会团体法人证书和已刻制的印章等应退回社会团体登记管理机关。

四、除了国务院批准可以免予登记的社团之外，其他全国性社团和省级及其以下地方性社团都应该按照《条例》的规定履行登记手续。

民政部关于对部分社团免予社团登记的通知

（民发〔2000〕257号　2000年12月5日）

中国文联、中国作协：

经中共中央、国务院领导同志同意，现就部分社团可以免予社团登记的有关问题通知如下：

一、中国文联所属的11个文艺家协会可以免予社团登记，即：中国戏曲家协会、中国电影家协会、中国音乐家协会、中国美术家协会、中国曲艺家协会、中国舞蹈家协会、中国民间文艺家协会、中国摄影家协会、中国书法家协会、中国杂技家协会、中国电视家协会。

二、省、自治区、直辖市文联、作协可以免予社团登记。

三、上述可以免予登记的社团，凡愿意按《社会团体登记管理条例》规定到社会团体登记管理机关进行登记和参加年检的，可按照有关规定办理登记手续。如果不愿到社会团体登记管理机关进行登记，社会团体登记管理机关在这次社团清理整顿中不再更换新的社会团体法人证书。已经领取社会团体法人证书和已刻制的印章等应退回社会团体登记管理机关。

四、除上述国务院批准可以免予登记的社会团体外，省级文联所属文艺家协会和省级以下各级文联以及所属文艺家协会都应该按照《社会团体登记管理条例》的规定履行登记手续。

民政部 人事部关于全国性社会团体专职工作人员人事管理问题的通知

（民发〔2000〕263号 2000年12月17日）

中央和国家机关各部委，解放军总政治部，各人民团体：

为了贯彻落实《中共中央办公厅、国务院办公厅关于进一步加强民间组织管理工作的通知》（中办发〔1999〕34号）精神，制定和完善社会团体的人事管理政策，充分发挥社会团体在社会主义物质文明和精神文明建设中的积极作用，现就全国性社会团体专职工作人员的人事管理问题通知如下：

一、全国性社会团体专职工作人员人事管理工作，是一项政策性强、涉及面广的工作，业务主管单位必须予以高度重视，认真加强管理。民政部、人事部要对社会团体专职工作人员的人事管理工作进行指导、监督、检查，使社会团体的人事管理工作逐步走向法制化、规范化的轨道。

二、全国性社会团体专职工作人员，其档案管理、档案工资、社会保险、职称评定、住房公积金、婚姻状况证明、出国政审证明等人事管理工作，参照国家对事业单位的有关规定执行，由人事部全国人才流动中心或人事部、民政部共同指定的有人事代理权的机构代理。

三、设有人事管理部门或设有专兼职人事管理干部的全国性社会团体，以及专职工作人员的人事管理工作已由业务主管单位人事部门统一管理的全国性社会团体，其人事管理工作可仍按现行管理办法进行。

四、全国性社会团体从离、退休人员中聘任的社会团体专职工作人员，其人事管理工作由被聘人员原单位人事部门负责，具体管理工作依照国家有关规定进行。原单位要创造便利条件，支持这些人员在社会团体的工作。

五、人事部人才流动中心或人事部、民政部共同指定的人事代理权的机构要以高度负责的精神，做好全国性社会团体专职工作人员的人事代理工作，并定期向民政部、人事部和全国性社会团体业务主管单位通报有关情况。

六、全国性社会团体业务主管单位要将本通知的内容及时传达至所属社会团体。全国性社会团体需要办理人事代理的，接本通知后，到人事部人才流动中心或人事部、民政部共同指定的有人事代理权的机构办理对专职工作人员进行人事管理的代理手续。

民政部关于进一步做好“老乡会”“校友会”“战友会”等社团组织管理工作的通知

（民发〔2002〕59 号　2002 年 3 月 27 日）

各省、自治区、直辖市民政厅局，新疆生产建设兵团民政局：

改革开放以来，各地的“老乡会”、“校友会”、“战友会”等社会团体（以下简称“三会”组织），在党委、政府的领导下，开展了一些有益的工作，为社会主义精神文明和物质文明建设做出了贡献。但少数“三会”组织也存在着一些不容忽视的问题，有的以联谊、聚会为名，搞“轮流作东”，挥霍浪费；有的搞小圈子，编织关系网，甚至利用“会”的名义向党委、政府提出一些不合理要求，干扰党政机关的正常工作。为了进一步做好对“三会”组织的管理工作，现就有关问题通知如下：

一、严格对“三会”组织的登记审批工作。依据《社会团体登记管理条例》，并根据《中共中央办公厅、国务院办公厅关于加强社会团体和民办非企业单位管理工作的通知》（中办发 [1996]22 号）和《中共中央办公厅国务院办公厅关于进一步加强民间组织管理工作的通知》（中办发 [1999]34 号）的规定，今后，对申请成立“老乡会”、“战友会”的，一律不予审批；对申请成立“校友会”（包括“同学会”等类似组织）的，要从严掌握。县（市）、地（市）成立“校友会”，必须先经省级民政部门审核同意后，按程序办理登记手续。

二、加强对“三会”组织的正面引导，做好监管工作。要积极引导“三会”组织严格在法律法规许可的范围内开展活动，努力为社会主义物质文明和精神文明建设服务。要依据法律法规加强对“三会”组织开展活动的监管工作；严格执行年检制度，对不符合条件的要责令改正，对逾期仍未改正的，不予通过年检，并依法做出处理。要与有关部门密切配合，加大对非法“三会”组织非法活动的查处和打击力度。

三、接此通知后，各级民政部门要在党委、政府的领导下，对现有的“三会”组织进行一次专项检查。对不符合条件的，要依法注销登记。具体检查方案由省级民政部门根据本通知精神制定。专项检查工作在 2002 年 12 月底以前完成，并将检查情况书面报告民政部。

关于授权中国红十字会总会作为中国红十字基金会业务主管单位的通知

（民函〔2002〕138号　2002年8月12日）

中国红十字会总会：

经国务院批准，授权你会作为中国红十字基金会的业务主管单位。请你会接到通知后，尽快明确具体负责的工作部门并函告我部，同时敦促中国红十字基金会尽快到我部办理相关手续。

特此通知。

民政部办公厅关于异地商会登记有关问题的意见

（民办函〔2003〕16号　2003年1月27日）

各省、自治区、直辖市民政厅（局），各计划单列市民政局，新疆生产建设兵团民政局：

自2001年以来，部分省市按照在杭州召开的全国民间组织管理工作会议确定的原则，认真、稳妥地进行了异地商会登记试点工作，从总的情况看，试点工作进展良好。异地商会的发展对开展省际间经济合作，加强对异地经商人员的管理起到了积极的作用。但有的地方也反映出一些问题，如有的异地商会与业务主管单位、原籍地有关部门的关系有待理顺；省级异地商会违反规定向基层发展组织等等。针对异地商会发展中存在的问题，经研究，提出以下意见：

一、异地商会的登记工作应坚持“登记在省、试点先行”的政策。登记在省，即只能由省、自治区、直辖市民政部门登记省际投资企业组织的协会、商会，地、县级不得建立异地商会。省级异地商会不设地域性分会。异地商会由单位会员组成，不吸收个人会员。违反上述规定的，要予以纠正。

二、异地商会登记应本着“试点先行”的原则，条件具备的省、自治区、直辖市可先行试点，尚不具备条件的省、自治区、直辖市可以不进行试点。

三、进行试点工作的省、自治区、直辖市要进一步理顺与业务主管单位等方面的关系，加强对异地商会的监督管理，促使其规范建设，健康发展。

民政部关于印发《关于加强农村专业经济协会培育发展和登记管理工作的指导意见》的通知

（民发〔2003〕148号　2003年10月29日）

各省、自治区、直辖市民政厅（局），各计划单列市民政局，新疆生产建设兵团民政局：

近年来，随着我国社会主义市场经济的建立和不断完善，农村改革的逐步深入，作为农民进入市场重要组织形式的农村专业经济协会应运而生。农村专业经济协会这一组织形式对繁荣农村经济、增加农民收入、全面建设小康社会，发挥了重要作用。为了深入贯彻落实党的十六届三中全会和《中共中央、国务院关于做好农业和农村工作的意见》（中发〔2003〕3号）的精神，促进农民专业经济组织健康发展，充分发挥农村专业经济协会的作用，加强农村专业经济协会培育发展和登记管理，根据《社会团体登记管理条例》有关规定，在深入调查研究和反复征求各地意见的基础上，民政部制定了《关于加强农村专业经济协会培育发展和登记管理工作的指导意见》（以下简称《意见》），现印发你们。请认真贯彻落实《意见》的有关精神，加强领导，统筹规划，切实做好当地农村专业经济协会培育发展和登记管理工作。

关于加强农村专业经济协会培育发展和登记管理工作的指导意见

为深入贯彻落实党的十六届三中全会和《中共中央、国务院关于做好农业和农村工作的意见》（中发〔2003〕3号）的精神，充分发挥农村专业经济协会的作用，促进农村经济发展，增加农民收入，实现全面建设小康社会的战略目标，现就加强农村专业经济协会培育发展和登记管理工作提出以下意见：

一、充分认识农村专业经济协会培育发展和登记管理工作的重要意义

近几年，我国广大农村出现了一种新型的农民自愿组成的互助合作性组织——农村专业经济协会。这类协会采取会员制的方式，吸收从事同一专业的农民作为会员，由协会提供产、供、销过程中的服务，组织会员在产前、产中、产后等环节上进行合作。它集科技推广、技术服务、信息提供、农产品产供销服务为一体，以市场为导向，进行专业化生产、一体化经营。这种新型的农民互助合作组织一出现就显示了强大的生命力，受到了广大农民的普遍欢迎和当地党政领导的高度重视。实践证明，这类组织有利于农业结构调整和农业市场化、产业化的发展；有利于农业科技成果的示范推广和农产品、农业技术的对外交流；有利于引导农民合法经营、勤劳致富，提高农民的科技、文化素质；有利于提高农民进入市场的组织化程度，实现小生产与大市场的对接，提高经济效益，抵御市场风险；有利于加快农村城镇化进程和我国现代化建设步伐。农村专业经济协会的产生和发展，是我国民间组织在基层出现的新生事物，如何及时对其进行培育发展和规范管理，是民政部门面临的一项新的课题，也是十分重要的任务。各级民政部门要从贯彻落实党的“十六大”精神、践行“三个代表”重要思想的高度，充分认识发展农村专业经济协会的重要意义，坚持培育发展和监督管理并重的方针，大胆探索，采取切实可行的措施，促进农村专业经济协会健康有序发展，使农村专业经济协会成为深化农村改革，解决“三农”问题的有效组织形式，充分发挥其在我国农村物质文明、精神文明和政治文明建设中的作用。

二、简化农村专业经济协会登记的条件和程序

目前，各地农村专业经济协会还处于探索发展阶段，尚不够成熟。大部分协会人员少、规模小、注册资金不足。对农村专业经济协会的登记管理工作应本着与时俱进、求实创新的精神，在不违背《社会团体登记管理条例》基本精神的基础上，可以适当放宽登记条件，简化登记程序。

（一）登记范围：县（市、区）、乡（镇）、村三级区域内，在农业、林业、牧业、渔业、水利、科技等领域服务于种植、养殖、生产、加工、销售等方面的各类农村专业经济协会。

（二）业务主管单位和登记管理机关：县（市、区）区域内农村专业经济协会的业务主管单位为相应的县级人民政府有关部门；乡（镇）、村区域内农村专业经济协会的业务主管单位为相应的县级人民政府有关部门或县级人民政府委托的乡（镇）人民政府。以上农村专业经济协会的登记管理机关均为县级民政部门。

（三）登记条件：县（市、区）、乡（镇）、村区域内农村专业经济协会注册资金应不低于2000元，有规范的名称、固定的场所、一定数量的会员、相应的组织机构、与其业务活动相适应的专职或兼职人员，并能独立承担民事责任。

（四）登记程序：对农村专业经济协会的登记可以适当简化程序。具备成立条件，并经业务主管单位审查同意，可直接向登记管理机关申请注册登记。对乡（镇）、村区域内的协会可免于公告。

在执行上述规定的过程中，各省（自治区、直辖市）民政部门可以根据当地的实际情况制定补充规定。要明确登记范围，区分不同组织的性质，坚持社会团体的非营利性目的，对公司、合作社等企业性组织不宜作为农村专业经济协会进行登记，要鼓励农村专业经济协会在核准的业务范围内开展活动或服务，取得收入，根据民政部、国家工商局《关于社会团体开展经营活动有关问题的通知》（民社发〔1995〕14号）的规定兴办经济实体。要注意规范农村专业经济协会的名称，以产品特征、技术特征或生产方式、流通方式命名。要坚持登记管理机关和业务主管单位双重负责的管理体制，发挥民政部门的职能作用。

三、加强对农村专业经济协会的培育

农村专业经济协会是农村经济体制改革中产生的新事物，各级民政部门应统一思想，提高认识，加强领导，积极协调当地有关部门，结合本地实际，制定切实可行的政策，加大对农村专业经济协会的培育力度，有组织、有计划地做好培育发展工作。按照边发展、边规范、边登记的原则，做到成熟一个、登记一个、规范一个。要集中精力培育和发展一批适应市场经济需要，对当地经济发展有影响的农村专业经济协会。对组织机构健全、活动规范、作用明显的农村专业经济协会要认真总结经验，抓好典型宣传工作，发挥其示范作用，推进农村专业经济协会整体水平的提高。要支持农村专业经济协会建立以章程为核心的内部管理制度，建立健全自律机制、民主决策机制，实行民主管理，做到民办、民管、民受益。要加强调查研究，注意发现和研究新问题，总结新经验，促进我国农村专业经济协会健康有序地发展。

民政部关于国务院授权中国法学会作为社会团体业务主管单位的通知

（民发〔2007〕43号　2007年3月22日）

司法部、中国法学会：

依据《社会团体登记管理条例》，国务院已授权中国法学会作为社会团体业务主管单位。请司法部与中国法学会加强合作，按照各自职责分工，协商处理好有关社团的移交事宜。中国法学会已组建并开展活动的研究会应当依法到民政部注册登记。中国法学会承担社团业务主管单位职责后，应当明确专门机构和人员，切实加强对社会团体的监督管理工作。

国务院办公厅关于加快推进行业协会商会改革和发展的若干意见

（国办发〔2007〕36号　2007年5月13日）

各省、自治区、直辖市人民政府，国务院各部委、各直属机构：

改革开放以来，我国行业协会、商会（以下统称行业协会）发展较快，在提供政策咨询、加强行业自律、促进行业发展、维护企业合法权益等方面发挥了重要作用。但是，由于相关法律法规不健全，政策措施不配套，管理体制不完善，行业协会还存在着结构不合理、作用不突出、行为不规范等问题。党的十六届三中全会指出，要按市场化原则规范和发展各类行业协会等自律性组织；十六届六中全会进一步强调，要坚持培育发展和管理监督并重，完善培育扶持和依法管理社会组织的政策，发挥各类社会组织提供服务、反映诉求、规范行为的作用，为经济社会发展服务。为加快推进行业协会的改革和发展，更好地适应新形势的需要，经国务院同意，现提出以下意见：

一、行业协会改革发展的指导思想和总体要求

（一）指导思想。以邓小平理论和“三个代表”重要思想为指导，全面贯彻落实科学发展观，按照完善社会主义市场经济体制的总体要求，采取理顺关系、优化结构，改进监管、强化自律，完善政策、加强建设等措施，加快推进行业协会的改革和发展，逐步建立体制完善、结构合理、行为规范、法制健全的行业协会体系，充分发挥行业协会在经济建设和社会发展中的重要作用。

（二）总体要求。一是坚持市场化方向。通过健全体制机制和完善政策，创造良好的发展环境，优化结构和布局，提高行业协会素质，增强服务能力。二是坚持政会分开。理顺政府与行业协会之间的关系，明确界定行业协会职能，改进和规范管理方式。三是坚持统筹协调。做到培育发展与规范管理并重，行业协会改革与政府职能转变相协调。四是坚持依法监管。加快行业协会立法步伐，健全规章制度，实现依法设立、民主管理、行为规范、自律发展。

二、积极拓展行业协会的职能

（三）充分发挥桥梁和纽带作用。各级人民政府及其部门要进一步转变职能，把适宜于行业协会行使的职能委托或转移给行业协会。在出台涉及行业发展的重大政策措施前，应主动听取和征求有关行业协会的意见和建议。行业协会要努力适应新形势的要求，改进工作方式，深入开展行业调查研究，积极向政府及其部门反映行业、会员诉求，提出行业发展和立法等方面的意见和建议，积极参与相关法律法规、宏观调控和产业政策的研究、制定，参与制订修订行业标准和行业发展规划、行业准入条件，完善行业管理，促进行业发展。

（四）加强行业自律。行政执法与行业自律相结合，是完善市场监管体制的重要内容。行业协会担负着实施行业自律的重要职责，要围绕规范市场秩序，健全各项自律性管理制度，制订并组织实施行业职业道德准则，大力推动行业诚信建设，建立完善行业自律性管理约束机制，规范会员行为，协调会员关系，维护公平竞争的市场环境。

（五）切实履行好服务企业的宗旨。行业协会代表本行业企业的利益，必须切实为企业服务。行业协会根据授权进行行业统计，掌握国内外行业发展动态，收集、发布行业信息；依照有关规定创办报刊和网站，开展法律、政策、技术、管理、市场等咨询服务；组织人才、技术、管理、法规等培训，帮助会员企业提高素质、增强创新能力、改善经营管理；参与行业资质认证、新技术和新产品鉴定及推广、事故认定等相关工作；受政府委托承办或根据市场和行业发展需要举办交易会、展览会等，为企业开拓市场创造条件。

（六）积极帮助企业开拓国际市场。行业协会要借鉴国外先进做法，在维护国内产业利益和支持企业参与国际竞争等方面充分发挥作用。要积极组织国内企业尤其是中小企业联合行动，开拓国外市场；建设行业公共服务平台，开展国内外经济技术交流与合作，联系相关国际组织，指导、规范和监督会员企业的对外交往活动；主动参与协调对外贸易争议，积极组织会员企业做好反倾销、反补贴和保障措施的应诉、申诉等相关工作，维护正常的进出口经营秩序。

三、大力推进行业协会的体制机制改革

（七）实行政会分开。行业协会要严格依照法律法规和章程独立自主地开展活动，切实解决行政化倾向严重以及依赖政府等问题。要从职能、机构、工作人员、财务等方面与政府及其部门、企事业单位彻底分开，目前尚合署办公的要限期分开。现职公务员不得在行业协会兼任领导职务，确需兼任的要严格按有关规定审批。行业协会使用的国有资产，要明确产权归属，按照有关规定划归行业协会使用和管理。建立政府购买行业协会服务的制度，对行业协会受政府委托开展业务活动或提供的服务，政府应支付相应的费用，所需资金纳入预算管理。

（八）改革和完善监管方式。要按照政会分开、分类管理、健全自律机制的原则，加强和改进行业协会登记管理工作。登记管理机关、业务主管单位和相关职能部门要加强沟通、密切配合，简化和规范管理内容和方式，逐步建立健全科学、规范、有效的监管体制，为行业协会创造公平、公正的发展环境。选择若干城市和全国性的行业协会，开展行业协会管理体制改革试点。条件成熟时，调整和改革行业协会间的代管关系。对根据法律法规授权履行特殊职能的注册会计师、注册资产评估师、律师等行业协会，有关部门要依法加强监督和指导。

（九）调整、优化结构和布局。积极推进行业协会的重组和改造，加快建立评估机制和优胜劣汰的退出机制。建立行业协会综合评价体系，定期跟踪评估，对诚信守法、严格自律、作用突出的要予以表彰。行业协会之间可通过适度竞争提高服务质量。在具有产业、产品和市场优势的经济发达地区和城市，可以将地方性的行业协会依法重组或改造为区域性的行业协会。全国性的行业协会可将总部设在产业集中、便于开展服务的地区和城市。积极创造条件，培育一批按市场化原则规范运作，在行业中具有广泛代表性，与国际接轨的行业协会。

四、加强行业协会的自身建设和规范管理

（十）健全法人治理结构。行业协会要建立和完善以章程为核心的内部管理制度，健全会员大会（会员代表大会）、理事会（常务理事会）制度，认真执行换届选举制度，实行民主管理，建立健全党的基层组织，充分发挥党组织的监督保障作用。理事会成员要严格按照民主程序选举产生，会长（理事

长）应由理事会提出人选，通过会员大会（会员代表大会）以无记名投票方式选举产生，并逐步实行差额选举。鼓励选举企业家担任会长（理事长）。秘书长可通过选举、聘任或向社会公开招聘等方式产生。

（十一）深化劳动人事制度改革。行业协会要全面实行劳动合同制度，保障工作人员合法权益。建立健全岗位管理制度，完善激励机制，吸引优秀人才，优化人员的年龄、知识结构。加强专业人才队伍建设，行业协会及其分支机构、代表机构要配备专职工作人员，并参照国家有关规定，对符合条件的工作人员进行职称评定。

（十二）规范收费行为。会费收取标准和办法，由行业协会自主确定，经会员大会（会员代表大会）半数以上代表同意后方能生效。行业协会不得从事以营利为目的的经营活动，依法所得不得在会员中分配、不得投入会员企业进行营利。未按照规定履行批准程序，不得针对企业举办全国性或行业性的评比活动，经批准举办的评比活动不得收取费用。行业协会举办展览会、交易会、研讨会、培训等活动可以实行有偿服务，收费应符合国家有关规定，并公开收费依据、标准和收支情况；对依法或经授权强制实施具有垄断性质的仲裁、认证、检验、鉴定以及资格考试等活动的收费，应执行行政事业性收费的有关规定。

（十三）加强财务管理。行业协会要建立健全财务管理、财务核算制度，设立专门的财务人员，并对所属分支机构、代表机构的财务实行统一管理。建立行业协会资产管理制度，并按有关规定接受监督检查。

（十四）加强对外交流管理。行业协会要建立和完善各项对外交流管理制度，在对外交往中遵守法律法规和纪律，维护国家利益。

五、完善促进行业协会发展的政策措施

（十五）落实社会保障制度。行业协会工作人员应按照国家有关规定和属地管理原则，参加当地养老、医疗、失业、工伤和生育等社会保险，履行缴费义务，享受相应的社会保障待遇。

（十六）完善税收政策。财政等部门要根据税制和行业协会改革进展情况，适时研究制定税收优惠政策，鼓励、支持协会加快发展。

（十七）建立健全法律法规体系。有关部门要总结经验，并借鉴发达国家的有益做法，做好立法调研和法律法规起草工作，将行业协会发展纳入法制化轨道。

（十八）加强和改进工作指导。各地区、各有关部门要积极采取措施，指导行业协会开展行业服务、自律、协调等工作。发展改革委要会同民政部等部门，抓紧制订配套措施，地方各级人民政府要结合实际制订具体的实施办法。

民政部 中国科协关于推进科技类学术团体创新发展试点工作的通知

（民发〔2007〕68号 2007年5月16日）

中国科协所属全国学会：

为深入贯彻党的十六届六中全会和全国科技大会精神，积极探索科技类学术团体（以下简称学会）发展规律，促进学会的健康有序发展，充分发挥学会在构建社会主义和谐社会、建设创新型国家中的积极作用，民政部、中国科协就共同开展全国学会创新发展试点工作，提出如下意见：

一、充分认识推进学会创新发展的重要意义

当前，我国正处在建设创新型国家、构建社会主义和谐社会的重要历史时期。学会作为科技工作者参与学术活动、开展学术交流的重要组织形态，集中了各学科领域的众多专家、学者和科技工作者，智力密集，人才荟萃，是国家创新体系的重要组成部分。学会的组织建设和活动状况，及其在经济社会发展中的作用发挥情况，很大程度上影响着广大科技工作者为建设创新型国家服务的积极性和创造性，影响着科技界参与自主创新的质量和水平。进一步推动学会发展，发挥学会作为党和政府团结、联系广大科技工作者的桥梁纽带作用，引导学会积极为我国经济社会发展服务，是完善社会管理体制、整合社会管理资源、提高社会管理水平的重要方面，是落实科教兴国战略和人才强国战略、深化科技体制改革、促进科技事业健康发展的客观需要，是激发广大科技工作者的创新精神、培养高水平创新人才、增强自主创新能力、推动科学技术事业发展的重要途径。

近年来，在我国各项改革不断深化的背景下，学会管理体制、运行机制的改革取得积极进展，多数学会在推动科技创新、开展学术交流、促进科学普及、为科技工作者服务、畅通党和政府与科技界的沟通渠道等方面发挥着日益明显的作用。但是，学会的整体发展仍不能满足时代发展和社会需求，学会作为国家创新体系重要力量的作用未能充分展现，学会的凝聚力、服务能力仍需加强。进一步加强学会自身建设，规范学会管理，提高学会对会员的凝聚力和服务能力，增强学会的持续发展活力，是适应我国经济社会发展和科技事业发展新形势的必然要求。抓住良好机遇，加大改革力度，完善政策措施，引导、推动学会规范发展，是当前社会组织发展与管理工作中的一项紧迫任务，也是广大科技工作者的迫切愿望。

二、明确学会创新发展试点工作的指导思想和工作目标

推进学会创新发展试点工作，以邓小平理论和“三个代表”重要思想为指导，以科学发展观为统领，坚持培育发展与监督管理并重，按照学会为经济社会发展服务、为提高全民科学素质服务、为科技工作者服务的基本定位，把促进学会发展与增强社会服务功能结合起来，加强学会组织建设、制度建设、学术建设、能力建设，循序渐进，以点带面，分类指导，因会制宜，围绕制约学会发展中存在的主要问题，积极探寻学术性社会团体发展规律和改革的有效途径。

通过学会创新发展试点工作，培育扶持一批内部管理规范、学术质量优良、服务效应明显、发展能力强劲、社会信誉良好的示范性学会，引领和推动各类学术性社会团体向自主、自立、自强、自律方向发展，初步建立学术性社会团体规范发展的政策框架，形成适应市场经济体制，符合社会发展规律，满足政府、社会和会员需求的学术性社会团体发展格局。

三、以改革的精神，探索学会创新发展的方向

学会创新发展试点工作，主要围绕以下五个方面展开：

（一）完善内部治理结构。以章程为核心，落实会员（代表）大会、理事会、常务理事会等会议制度；合理控制理事会（常务理事会）规模，健全理事会（常务理事会）民主议事、民主决策规则，防止行政化倾向；有条件的社团探索配备监事或建立监事会。

（二）强化会员主体地位。确立以会员为本的理念，完善以会员为主体的组织体制，落实会员权利和义务；建立会员参与机制，落实会员代表、理事、常务理事、负责人民主选举制度，探索差额选举、竞选、直选等选举方式；强化会员服务，落实会籍管理，建立会员数据库和信息管理系统，拓宽会员服务的渠道、内容和措施。

（三）创新组织机构建设。强化学会独立法人意识，从体制上推动学会自主活动、自我发展、自我约束；科学合理设置分支机构，改进和加强分支机构管理，探索分支机构负责人在民主选举的基础上由理事会聘任，做到动态管理、考核评估、优胜劣汰；探索以竞争和流动为核心的动态人事管理，推动工作人员公开社会招聘，尝试秘书长竞聘上岗，建立健全学会人事、财务及资产、档案、印章等内部规章制度，提高办公自动化、信息化水平，建立志愿者登记注册制度，推进学会办事机构规范化建设和工作人员职业化建设。

（四）规范各类服务活动。自觉接受登记管理机关和业务主管单位的管理监督，严格依照章程开展活动；坚持不以营利为目的，加强会费收支管理，规范经营活动和收费行为，杜绝借开展活动敛财等不良行为；规范对外交流合作活动，实行重大事项通报，探索财务收支、接受捐赠、社会服务等信息公开制度。

（五）增强社会服务功能。为学术建设服务，加强和改进学术交流，完善同行认可、社团认可机制，倡导学术道德自律，繁荣学术，促进学科发展和人才培养；为科技进步服务，鼓励学会发挥自身优势，搭建科技咨询和科普平台，探索开展科技中介服务活动，努力承接科技研究课题、技术攻关项目，积极从事技术转让、技术开发、技术咨询、技术服务，充分利用国家优惠政策，拓宽经费来源渠道，壮大科技服务实力；为经济社会发展服务，有条件的学会应努力承接决策咨询、科技评价、科技人员评价等政府职能，积极参与公益活动，服务新农村建设，为和谐社会建设贡献力量。

四、加大扶持力度，保证试点工作取得成效

学会创新发展的试点工作，由民政部、中国科协共同组织、指导和监督。在改革试点的推进过程中，民政部作为登记管理机关，主要负责在相关政策上给予支持和指导。中国科协作为业务主管单位，负责拟订改革试点工作的具体方案，并对试点学会给予具体组织、指导和监督，酌情给予一定资金扶持。在学会开展试点过程中，民政部、中国科协将共同加强学会规范发展的政策研究，加大宣传力度，协调有关方面出台扶持政策，为试点的顺利推进创造良好条件。

学会创新发展试点单位的遴选，按照明确要求、自愿申请、动态评估、择优支持、追踪问效的原则，由学会提出申请，在专家评审的基础上确定。

学会可以根据自身的实际情况，选择全面改革试点或者专项改革试点。试点实行定期检查评估，不合格者将被停止资助，取消试点资格。

民政部、中国科协鼓励中国科协所属其他全国学会依照本通知精神，在遵循国家法律法规和学会章程的前提下，积极稳妥地推进相关改革工作。

民政部关于社会团体登记管理有关问题的通知

（民函〔2007〕263 号　2007 年 9 月 12 日）

各全国性社会团体业务主管单位：

近年来，各全国性社会团体业务主管单位加强管理，改善服务，推动了社会团体健康发展。但我部在登记审核、年度检查和执法监督过程中也发现部分社会团体存在一些突出问题。为改进和加强社会团体登记管理有关工作，现通知如下：

一、规范社会团体章程的修订及核准。社会团体确需对章程进行修改、调整的，应在报会员大会（会员代表大会）审议前，书面征求业务主管单位和登记管理机关意见。章程修改经会员大会（会员代表大会）审议通过后，社会团体应按照《社会团体登记管理条例》规定，及时报登记管理机关核准。社会团体修改章程未履行规定程序的，登记管理机关不予受理章程核准。未经核准的章程，不作为社会团体开展活动的依据，社会团体不应擅自发布。

二、加强社会团体民主程序的监督。社会团体会员大会（会员代表大会）、理事会（常务理事会）的召开，领导成员的任期都应遵照章程规定。社会团体会员大会（会员代表大会）因特殊情况需提前或延期进行换届的，应事先以书面形式报业务主管单位和登记管理机关批准同意，社会团体应当在批准期限内完成换届。

三、健全社会团体负责人备案制度。社会团体负责人备案，按照“一届一备、变更必备”的原则进行。社会团体换届产生新一届理事长（会长）、副理事长（副会长）、秘书长后，无论是否发生人员、职务变动，均应按照相关规定，及时到登记管理机关办理负责人变更备案手续。其中属于党政领导干部届满后继续兼任的，需事先根据《关于审批中央管理的干部兼任社会团体领导职务有关问题的通知》（组通字〔1999〕55 号）精神，重新按照干部管理权限履行审批手续。

四、认真审核社会团体负责人任职资格和条件。社会团体应按照《国务院办公厅转发民政部关于清理整顿社会团体意见的通知》(国办发〔1997〕11号)等文件精神和章程规定，执行社会团体负责人的年龄、任期(届)资格条件。确因特殊原因，需要突破任职资格和条件提名负责人人选的，换届选举前应以书面形式报业务主管单位和登记管理机关批准同意。届内达到最高任职年龄的社会团体负责人，一般应退出领导职位，可以改任名誉职务。根据《国务院办公厅关于加快推进行业协会商会改革和发展的若干意见》(国办发〔2007〕36号)精神，行业协会、商会负责人未经审批不得由现职公务员担任，并一般不再批准超龄、超届任职。

五、规范社会团体法定代表人任职。社会团体法定代表人须由章程明确的负责人担任，同时不得兼任其他社会团体法定代表人。拟任人选如果已担任其他社会团体法定代表人的，应事先解除已经担任的法定代表人职务。法定代表人人选不是章程明确的负责人的，或者同时担任其他社会团体法定代表人的，登记管理机关不予受理法定代表人变更登记。

六、加强社会团体会费标准的备案管理。社会团体制订、修改会费标准，应按照《民政部、财政部关于调整社会团体会费政策等有关问题的通知》(民发〔2003〕95号)、《民政部、财政部关于进一步明确社会团体会费政策的通知》(民发〔2006〕123号)要求，经会员大会(会员代表大会)审议通过后，向业务主管单位、登记管理机关和财政部门备案。制定或修改会费标准时，违反合理性原则，或者未履行规定程序的，登记管理机关不予备案。社会团体不得依未经合法程序制订和备案的标准收取会费，或者超标准收取会费。

七、社会团体如有违反上述要求的，登记管理机关将视情况按基本合格或不合格确定年度检查结论。情节严重的，按照《社会团体登记管理条例》规定进行处罚。请业务主管单位进一步重视社会团体规范化建设，引导社会团体以章程为核心，建立健全法人治理结构和民主管理制度，提高自律性和诚信度，逐步形成自我管理、自我发展、自我约束的运行机制，为构建和谐社会贡献力量。

民政部 国家发展改革委 监察部 财政部 国家税务总局 国务院纠风办关于规范社会团体收费行为有关问题的通知

（民发〔2007〕167号 2007年11月21日）

各省、自治区、直辖市民政厅（局）、发展改革委、物价局、监察厅（局）、财政厅（局）、国家税务局、地方税务局、纠风办，新疆生产建设兵团民政局、发展改革委、监察局、财政局、纠风办：

为规范社会团体收费行为，促进社会团体健康有序发展，现就有关问题通知如下：

一、社会团体的收费主要包括：社会团体会费、行政事业性收费、经营服务性收费、捐赠收入等。

二、社会团体收取会费，应当严格按照民政部、财政部《关于调整社会团体会费政策等有关问题的通知》（民发〔2003〕95号）和民政部、财政部《关于进一步明确社会团体会费政策的通知》（民发〔2006〕123号）的规定执行，社会团体会费标准的制定或修改须经会员大会（会员代表大会）讨论，其决议须经到会会员（或会员代表）半数以上表决通过方能生效。不得采用除会员大会（会员代表大会）以外任何其他形式制定或修改会费标准，会员大会（会员代表大会）不得采用通讯表决方式。

会费收取应该使用财政部或省、自治区、直辖市财政部门印（监）制的社会团体会费收据。除会费以外，其他收费行为均不得使用社会团体会费收据。全国性社会团体会费收据可直接到民政部购领、结报，由民政部统一到财政部购领、结报、核销；地方社会团体会费收据购领办法，由所在地省级财政、民政主管部门确定。

三、社会团体依据法律、行政法规规定，履行或代行政府职能时收取的费用应作为行政事业性收费管理。设立收费项目应该按照财务隶属关系分别报国务院和省（自治区、直辖市）人民政府的财政部门会同价格主管部门批准；制定和调整收费标准，应当按照隶属关系分别报国务院和省（自治区、直辖市）人民政府价格主管部门会同财政部门批准。其中涉及企业的行政事业性收费项目和标准，必须按隶属关系分别报财政部、发展改革委或省、自治区、直辖市人民政府审批，重要的报国务院审批。收费时应按规定到指定价格主管部门办理《收费许可证》，按财务隶属关系到国务院和省（自治区、直辖市）人民政府的财政部门购领和使用统一印制的收费票据。收费收入按国务院和省（自治区、直辖市）人民政府财政部门的规定缴入国库或财政专户，支出通过部门预算统筹安排。

四、社会团体收取经营服务性收费应依照财政部、国家计委《关于事业单位和社会团体有关收费管理问题的通知》（财规〔2000〕47号）的有关规定执行。社会团体收取不具有强制性、垄断性的经营服务性收费，应当遵循自愿、公平、公开的原则，不得强制服务和强制收费，不得转包或委托与社会团体负责人有直接利益关系的企业、事业单位实施。收费标准应向社会公示。

五、社会团体开展的各类收费业务必须符合章程规定的业务范围，履行章程规定的程序。收费所得除了用于组织管理、开展业务活动的必要成本及与组织有关的其他合理支出外，必须全部用于章程规定的非营利性事业，盈余不得在社会团体成员间分配。社会团体的各项收费，除税收法律、行政法规及规章和财政部、国家税务总局规定不予征税的，应到指定税务主管部门购领和使用相关税务发票，依法纳税。

六、社会团体接受社会各界捐赠要坚持自愿和无偿的原则，禁止强行或者变相摊派。接受捐赠的社会团体必须与捐赠人订立捐赠合同，并向捐赠人出具合法有效的公益性单位接受捐赠统一收据。捐赠所得必须用于合同约定的用途，并向捐赠人公开捐赠资金使用情况。捐赠合同约定的用途应当符合社会团体章程规定的业务范围。代行政府职能的社会团体以政府名义接受的非定向捐赠货币收入，必须按照《财政部关于加强政府非税收入管理的通知》（财综〔2004〕53号）规定，作为政府非税收入，全额上缴国库或财政专户，实行“收支两条线”管理。

七、全国性和省级社会团体举办评比达标表彰项目，应当严格参照章程规定，经会员大会（会员代表大会）通过，并经有关部门批准。其他社会团体一律不得举办评比达标表彰活动。社会团体举办的各类评比达标表彰活动一般应在会员范围内开展，必须坚持谁举办、谁出钱的原则，不得以此向会员收取任何费用或变相收取费用，或在事后组织要求参与对象出钱出物的活动；不得面向基层政府举办，不得超出登记的活动地域、活动领域和业务范围举办项目；不得以营利为目的，将活动委托营利机构主办或承办。

八、社会团体应当建立独立的财务制度，严格执行《民间非营利组织会计制度》，不得将社会团体经费与业务主管单位及所属单位经费混管，不得将社会团体收入作为业务主管单位行政经费或业务经费开支，不得用于弥补行政经费不足或发放行政机关工作人员各项补贴，不得借业务主管单位的登记、验证、年检等行政行为搭车收费。

社会团体不得向其所属分支机构、代表机构、办事机构收取或变相收取管理费用。

九、各级民政、财政、价格、税务、监察、纠风等有关部门应当按照职责分工，加强对社会团体各类收费的管理，建立日常监督检查和定期抽查制度，并依据有关规定对违规行为进行查处。

十、各社会团体应当严格按照国家有关规定，依法开展相关业务，规范各类收费行为，建立健全财务制度，并自觉接受民政、财政、价格、税务、监察、纠风等部门的监督检查。

国家发展改革委 国务院纠风办 民政部 工商总局 中编办 人民银行 国资委 法制办 财政部关于印发《规范行业协会、市场中介组织服务和收费行为专项治理工作的实施意见》的通知

（发改产业〔2008〕2351号 2008年8月29日）

国务院各有关部门，各省、自治区、直辖市发展改革委、经贸委（经委）、纠风办、民政厅（局）、工商局、编办、中国人民银行各分行、国资委、法制办、财政厅（局），新疆生产建设兵团发展改革委及相关部门：

为贯彻落实第十七届中央纪委第二次全会和全国纠风工作会议精神，切实做好规范行业协会、市场中介组织服务和收费行为专项治理工作，根据中央纪委《关于中央和国家机关贯彻落实2008年反腐倡廉工作任务的分工意见》（中纪发〔2008〕5号）的要求，我们制定了《关于规范行业协会、市场中介组织服务和收费行为专项治理工作的实施意见》，现印发给你们，请结合实际，认真贯彻执行。

关于规范行业协会、市场中介组织服务和收费行为专项治理工作的实施意见

为落实第十七届中央纪委第二次全会提出的“规范行业协会、市场中介组织服务和收费行为”的专项治理工作任务，按照2008年国务院第一次廉政

工作会议和全国纠风工作会议的部署，根据中央纪委《关于中央和国家机关贯彻落实2008年反腐倡廉工作任务的分工意见》（中纪发[2008]5号）的要求，现提出如下实施意见：

一、指导思想、基本原则和总体目标

（一）指导思想。以邓小平理论和“三个代表”重要思想为指导，全面贯彻党的十七大精神，深入落实科学发展观，按照“依法行政、加强监管、严格自律、规范发展”的方针，集中整治当前行业协会和市场中介组织存在的突出问题，加快健全规范发展的长效机制，推动服务型政府建设，促进行业协会和市场中介组织健康发展，为构建社会主义和谐社会服务。

（二）基本原则。

坚持谁主管谁负责，充分发挥登记管理机关、业务主管单位和职能部门的监管作用。

坚持突出重点、分类指导，针对行业协会和市场中介组织不同类别和属性，以解决突出问题为切入点，务求集中整治见实效。

坚持标本兼治、纠建并举，一边抓突出问题的解决，一边抓规范发展，完善监管体制，加强自律机制建设，健全政策法规体系。

坚持市场化发展方向，推进政府与行业协会和市场中介组织分开，创造公平发展环境，增强行业协会和市场中介组织服务能力。

（三）总体目标。用一年左右时间，解决行业协会和市场中介组织服务和收费行为不规范、损害企业和群众利益等突出问题，使服务质量明显提高，会员满意度和社会公信力明显增强；用两到三年的时间，理顺政府与行业协会和市场中介组织关系，政策法规比较健全、监管体制比较完善、自律机制得到加强，行业协会和市场中介组织规范发展长效机制基本建立。

二、规范工作范围

专项治理规范工作的范围是：在民政部门登记的行业协会（包括：商会、同业公会、联合会等社团组织）；在工商等部门注册的经济鉴证类社会中介机构等与群众利益密切相关的市场中介组织。

三、规范工作主要任务及分工

（一）集中整治行业协会和市场中介组织下列四类问题：

一是行业协会违法违规强制入会、摊派会费、强行服务，未按照规定履行批准程序举办评比达标表彰活动，或者违反有关规定提供展览会、交易会、研讨会、培训、出国考察等方面服务的，以及违规设立“小金库”、乱收乱支的。（国务院纠风办、民政部等负责，排在前面的部门负牵头责任，下同）

二是行业协会违反民政部等六部门《关于规范社会团体收费行为有关问题的通知》（民发〔2007〕167号）规定，依靠代行行政管理职能或凭借垄断地位擅自设立收费项目、扩大收费范围、提高收费标准、增加企业和社会负担的。（国家发展改革委牵头）

三是经济鉴证类社会中介机构违法出具认定报告或出具虚假认定报告，借机谋取不正当利益的；市场中介组织提供虚假信息、搞恶性竞争，违反商业道德、严重侵害企业和群众利益的。（工商总局牵头）

四是社会中介机构在依法或接受委托授权实施认证、检验、鉴定以及举办资格考试等，不执行国家收费政策规定的；依据委托、授权的行政职能，或与行政机关、行使行政职能的事业单位、行业组织联合下发文件或协议，强制或变相强制委托人购买指定产品或接受指定服务并收费的；以及对委托人进行价格欺诈的。（国家发展改革委牵头）

（二）集中规范下列政府行政行为：

一是坚决纠正将特定行业协会和市场中介组织的服务作为行政许可的前置条件，进行指定服务；坚决纠正干预行业协会和市场中介组织依法自主开展活动等行为。（国务院纠风办牵头）

二是严肃查处政府部门把行业协会和市场中介组织作为自己的“小金库”，利用其资金或借用其账户滥发福利，以及公务人员在行业协会和市场中介组织无偿占用财物、报销个人费用等问题。（财政部牵头）

（三）重点健全以下长效机制：

根据党中央、国务院关于规范发展行业协会和市场中介组织的精神，按照《国务院办公厅关于加快推进行业协会商会改革和发展的若干意见》（国办发〔2007〕36号）等文件的要求，着力做好以下工作：

一是加强自律机制建设。健全行业协会和市场中介组织法人治理结构，完善内部管理制度（民政部、工商总局分别牵头）；加快建立行业协会评估和优胜劣汰的退出机制（民政部、国家发展改革委负责）；建立健全行业协会和市场中介组织财务管理、财务核算和资产管理制度（财政部、民政部、工商总局负责)。

二是加快推进政府与行业协会、市场中介组织分开。进一步把应该由行业协会和市场中介组织行使的职能交给行业协会和市场中介组织;行业协会和市场中介组织要从职能、机构、工作人员、财务等方面与政府及其部门彻底分开。(国务院纠风办、中编办、国家发展改革委等负责)

三是完善监管体制。加强和改进行业协会和市场中介组织登记管理工作,简化和规范管理内容和方式,加强日常监管,严厉打击非法组织(民政部、工商总局分别牵头);开展行业协会管理体制改革试点,探索逐步建立健全科学、规范、有效的监管体制(国家发展改革委牵头);调整和完善行业协会间的代管关系。(国资委牵头)

四是健全政策制度和法规体系。建立政府购买行业协会和市场中介组织服务的制度(财政部、国家发展改革委负责);根据税制和行业协会改革进展情况,适时完善相关税收政策(财政部牵头);健全行业协会和市场中介组织法律法规体系。(国家发展改革委、民政部、工商总局、法制办等负责)

四、实施步骤

规范行业协会、市场中介组织服务和收费行为专项治理工作从本意见下发后开始,分为以下三个阶段:

第一阶段,调查研究、制定方案(2008 年 9 月底前)。根据本意见的要求,各地区、各有关部门要组织对本地区、本部门行业协会和市场中介组织的服务和收费行为、对非法干预行业协会和市场中介组织活动等行政行为进行一次全面系统的调查,找准问题症结和工作的切入点,制定集中整治和长效机制建设工作方案,进行总体部署。

第二阶段,自查自纠、集中整治(2008 年 10 月至 12 月)。各地区、各有关部门组织开展本地区、本部门的自查自纠和集中整治,明确自查自纠和集中整治的程序和处理方式,对发现的问题区分情况,有的责成自纠整改,有的由有关职能部门依法纠正处理。

第三阶段,建章立制、规范管理(自 2009 年 1 月起)。在推进集中整治的同时,国务院各牵头部门和各地方政府要在各自职权范围内,加快组织制订行业协会和市场中介组织方面的政策制度和法规,推动行业协会和市场中介组织规范发展。

以上三个阶段，每完成一个阶段，国务院各有关部门和各省、自治区、直辖市发展改革部门都要组织将情况汇总报送国家发展改革委，国家发展改革委将会同国务院纠风办等部门及时进行总结，向中央纪委和国务院提交专项治理工作报告。

五、工作要求

规范行业协会、市场中介组织服务和收费行为专项治理工作涉及面广、政策性强、工作要求高、责任重大。各地区、各有关部门要进一步增强政治意识、大局意识和责任意识，把专项治理工作列入重要议事日程，严格落实责任制，保证各项措施落到实处，坚决防止走过场、搞形式主义，务求专项治理工作目标的实现。

（一）加强组织领导。国家发展改革委、国务院纠风办要做好统筹协调、政策指导、监督检查以及信息和情况通报等总体组织工作；民政部、工商总局、中编办、人民银行、国资委、法制办、财政部等牵头部门，要针对各自承担的牵头任务，及时组织制定配套的实施办法，指导专项治理各项工作的深入推进。各地区、各有关部门要建立相应工作机制，加强对专项治理工作的组织领导和政策指导，保障专项治理工作的顺利进行。

（二）明确责任分工。专项治理工作采取自上而下、条块结合、各负其责的方式进行。各地区及有关部门要做好统筹安排，抓好各项措施的落实，加强上下沟通协调。国务院各有关部门既要对本部门及本部门主管的行业协会和市场中介组织存在的问题进行集中整治，也要对本系统的专项治理工作进行指导。各行业协会和市场中介组织要按照要求和部署，搞好自查自纠，整改有关问题，加强自身建设。

（三）加强监督检查。国家发展改革委、国务院纠风办等部门要定期组织开展普遍检查和重点抽查，各地区、各有关部门要切实加强对规范行业协会、市场中介组织服务和收费行为专项治理工作的监督检查，充分发挥群众民主评议、新闻媒体和社会公众的监督作用。严肃查处违规违法案件，对典型案件进行公开曝光，确保专项治理工作顺利推进。

民政部关于全国性社会团体应用网上办公平台办理登记、备案工作有关问题的通知

（民函〔2009〕103 号　2009 年 4 月 17 日）

各全国性社会团体业务主管单位：

为进一步规范全国性社会团体的登记管理工作，提高办事效率，民政部正式启用社会组织网上办公平台。现就全国性社会团体应用网上办公平台办理登记、备案工作有关要求通知如下：

一、社会团体成立、变更和注销登记、负责人备案、章程核准、分支机构成立、变更和注销登记、办事机构备案等所有涉及登记、备案的事项均须通过网上办公平台向登记管理机关申报。

二、网上申报时，社会团体登录中国社会组织网（http：//www.chinanpo.gov.cn），点击页面右侧“网上办公”中需要办理的业务名称，进入网上办事大厅，输入用户名和密码（与“年检填报”的用户名和密码相同）后登录系统，按要求填报相关事项。

三、社会团体网上填报事项完成并提交后，由登记管理机关进行网上预审。

四、网上预审通过后，社会团体须按照网上办公平台提示要求打印填报内容，然后将打印好的纸质材料报业务主管单位审查，通过后再报登记管理机关审查。

五、社会团体章程如与示范文本差别较大，可不必履行网上填报手续，但应提前与登记管理机关沟通，申请通过电子邮件方式进行预审。

六、网上办公平台的具体操作流程已发布在中国社会组织网，请登录后点击“办事指南”查看。

七、在民政部登记注册的基金会、民办非企业单位参照上述要求执行。

民政部关于国务院授权全国工商联作为全国性社会团体业务主管单位有关问题的通知

（民发〔2009〕78号　2009年6月10日）

全国工商联：

根据国务院领导同志批示精神，现就你单位作为全国性社会团体业务主管单位有关问题通知如下：

一、同意授权全国工商联作为全国性社会团体业务主管单位。

二、全国工商联作为业务主管单位成立全国性社会团体，应按照《社会团体登记管理条例》规定的条件和程序履行登记手续；涉及相关行业主管部门职能的，应事先充分征求有关部门意见。

三、全国工商联应切实履行业务主管单位职责，加强对社会团体的管理。对全国工商联以前自行设立的行业商会（同业公会、协会），要在国务院授权其作为全国性社会团体业务主管单位后2年内，依照前款规定办理登记手续；逾期未依法登记的，不得再以社团名义开展活动。

四、国务院授权全国工商联作为社会团体业务主管单位后，各地是否授权地方工商联作为社会团体业务主管单位，由地方人民政府决定。

民政部关于国务院授权中国红十字总会作为全国性社会团体业务主管单位有关问题的通知

（民发〔2009〕160号　2009年11月13日）

中国红十字总会：

根据国务院领导同志批示精神，现就你单位作为全国性社会团体业务主管单位有关问题通知如下：

一、同意授权中国红十字总会作为全国性社会团体业务主管单位。

二、中国红十字总会主管的社会团体，名称应冠以“红十字”字样。

三、中国红十字总会主管的社会团体，业务范围涉及有关部门职能的，应在筹备成立登记时征求他们的意见。

四、中国红十字总会应切实履行业务主管单位职责，加强对社会团体的管理。

五、国务院授权中国红十字总会作为社会团体业务主管单位后，各地是否授权红十字会作为社会团体业务主管单位，由地方人民政府决定。

六、地方红十字会应履行登记手续，登记后取得社会团体法人资格。鉴于红十字会的特殊性，地方红十字会相应登记手续可予简化。

民政部办公厅关于地方工商联作为社会团体业务主管单位有关问题的补充通知

（民办函〔2011〕143 号　2011 年 5 月 5 日）

各省、自治区、直辖市民政厅（局），计划单列市民政局，新疆生产建设兵团民政局：

国务院授权全国工商联作为全国性社会团体业务主管单位后，我部陆续收到一些地方民政部门关于工商联主管的社会团体登记管理的请示。为规范有关工作，更好地发挥工商联在行业协会商会改革发展中的作用，现就工商联作为社会团体业务主管单位有关问题补充通知如下：

一、授权工商联作为社会团体业务主管单位，不涉及现有行业协会商会管理体制的调整。已经由政府有关部门作为业务主管单位的行业协会商会，仍然由原部门负责管理。

二、行业协会商会，主要依据行业分类标准设置，不以所有制划分，也不存在非公有制经济领域行业协会商会的分类。按照《国务院办公厅关于加快推进行业协会商会改革和发展的若干意见》（国办函〔2007〕36 号）的要求，我部鼓励各地结合实际，制定培育扶持跨所有制、面向全体行业协会商会发展的政策。

三、异地商会的业务主管单位，由各地根据实际确定。相关的业务主管单位，要严格按照法规和政策的规定履行职责，不得跨地域管理本地在外地设立的异地商会。条件成熟的地方，可在地市一级进行异地商会登记的探索。

四、根据国务院办公厅有关文件精神，各地不得擅自组建“总商会”和在对内、对外经济活动中使用“总商会”的名称。

民政部关于印发《关于规范社会团体开展合作活动若干问题的规定》的通知

（民发〔2012〕166号　2012年9月27日）

各省、自治区、直辖市民政厅（局），各计划单列市民政局，新疆生产建设兵团民政局：

根据《社会团体登记管理条例》等有关法规和政策规定，我部制定了《关于规范社会团体开展合作活动若干问题的规定》，现印发给你们，请遵照执行。

关于规范社会团体开展合作活动若干问题的规定

第一条　为了进一步加强社会团体行为规范，维护社会团体正常活动秩序，规范社会团体开展合作活动，保护社会团体合法权益，制定本规定。

第二条　社会团体开展合作活动，是指社会团体作为独立法人与其他民事主体联合开展业务活动的行为。

第三条　社会团体开展合作活动，应当遵守相关法律法规和政策规定，符合章程规定的宗旨和业务范围，自觉接受登记管理机关、行业主管部门、有关职能部门的监督检查和社会监督。

第四条　社会团体开展合作活动，应当履行内部民主议事程序，根据章程规定和合作事项重要程度，分别提交会员大会（会员代表大会）、理事会（常务理事会）、会长办公会等讨论决定。

第五条　社会团体开展合作活动，应当签订书面合作协议，明确各方权利、义务，并切实履行职责。

第六条　社会团体开展合作活动，应当对合作方的资质、能力、信用等进行甄别考察，对合作协议内容认真审核，对合作项目全程监督。

第七条 社会团体开展合作活动，涉及使用本组织名称、标志的，应当在合作前对合作方进行必要的调查了解，并对合作内容做好风险评估。

社会团体同意合作方使用本组织名称、标志的，应当与对方签订授权使用协议，明确各方权利、义务和法律责任。

社会团体以“主办单位”“协办单位”“支持单位”“参与单位”“指导单位”等方式开展合作活动的，应当切实履行相关职责，加强对活动全程监管，不得以挂名方式参与合作。

社会团体将自身业务活动委托其他组织承办或者协办的，应当加强对所开展活动的主导和监督，不得向承办方或者协办方以任何形式收取费用。

第八条 社会团体不得将自身开展的经营服务性活动转包或者委托与社会团体负责人、分支机构负责人有直接利益关系的个人或者组织实施。

第九条 社会团体合作举办经济实体，应当经理事会研究讨论后提请会员大会（会员代表大会）表决通过，其经营范围应当与社会团体章程规定的宗旨和业务范围相适应。

社会团体应当在资产、机构、人员等方面与所举办经济实体分开，不得利用所举办经济实体向会员或者服务对象强制服务、强制收费。

社会团体和所举办经济实体之间发生经济往来，应当按照等价交换的原则收取价款、支付费用。

社会团体应当加强对所举办经济实体财务情况的监督，并定期向会员大会（会员代表大会）、理事会报告相关情况。

第十条 未经社会团体授权或者批准，社会团体分支机构（代表机构）、专项基金管理机构不得与其他民事主体开展合作活动。经授权或者批准开展合作活动的，应当使用冠有所属社会团体名称的规范全称。

社会团体不得将其分支机构（代表机构）、专项基金管理机构委托其他组织运营。

社会团体不得向其分支机构（代表机构）、专项基金管理机构收取或者变相收取管理费用。

第十一条 社会团体与境外组织或者个人进行合作，应当遵守有关法律法规和外事管理规定。

第十二条 社会团体应当加强合作活动的财务管理，严格按照《中华人民共和国会计法》等法律法规以及《民间非营利组织会计制度》等规定，如实进行会计核算，将全部收支纳入单位法定账册。

第十三条 社会团体开展合作活动，还应当遵守以下规定：

（一）不得超出章程规定的宗旨和业务范围开展活动；

（二）不得以任何形式或者名义强制其他组织或者个人参加，不得强制收取相关费用；

（三）未经批准，不得举办评比达标表彰活动；

（四）与党政机关或者其他组织举办合作项目，应当事先征得合作方同意；

（五）利用党政机关领导干部个人名义进行宣传，应当征得本人同意。

第十四条 社会团体在接受年度检查时，应当向登记管理机关报告上一年度开展合作活动的情况。

民政部关于开展行业协会行业自律与诚信创建活动的通知

（民函〔2013〕111号　2013年3月28日）

各省、自治区、直辖市民政厅（局），各计划单列市民政局，新疆生产建设兵团民政局，各全国性行业协会：

推进行业协会行业自律与诚信建设，是提高行业协会社会公信力的重要举措；是加强和改进行业协会管理的有效途径；是发挥行业协会职能作用，促进社会主义市场经济健康发展的重要手段。为贯彻党的十八大精神，落实国务院机构改革和职能转变方案，民政部决定在全国范围开展行业协会行业自律与诚信创建活动。现就有关事项通知如下：

一、指导思想

以邓小平理论、“三个代表”重要思想、科学发展观为指导，通过开展行业协会行业自律与诚信创建活动，切实加强行业协会自身建设，提高行业协会规范化运作水平，建立健全行业协会行业自律与诚信工作体系，推动现代社会组织体制的构建，充分发挥行业协会在推进市场监管体系建设、完善社会主义市场经济体制和全面建成小康社会中的积极作用。

二、活动内容

（一）健全自律规约。广大行业协会要根据行业发展要求，制定行规行约并组织实施，行规行约的制定应召开会员（代表）大会进行审议；依据有关法律法规和政策，按照协会章程制定相应质量规范和服务标准，规范行业产品和服务质量，维护公平竞争的市场秩序；结合行业特点，探索建立社会评价、失信惩戒和“黑名单”等行业信用管理制度，研究制定行业职业道德准则，规范从业人员的职业行为，增强各类市场主体的诚信和守法意识；积极协调同行业会员企业之间的经营行为，协调会员企业与其他经济组织之间的关系，维护会员利益。鼓励行业协会设立专门自律与诚信工作机构，创新工作方式，完善工作手段。全国性行业协会要在活动中发挥带头作用，探索建立健全与国民经济行业发展相适应、覆盖全面、运行有效、作用明显的行业自律与诚信建设体系。

（二）推进信息公开。各地要积极引导行业协会主动向社会公开登记证书、章程、组织机构设置、负责人及理事会成员名单等信息；主动向会员公开重大活动情况、财务收支情况、出国（境）考察情况、接受捐赠和资助情况、年度工作报告等信息，增加透明度和社会公信力。行业协会可以将有关信息在新闻媒体、协会网站等进行公开，自觉接受社会和会员的查询、监督。行业协会公开的信息资料要做到真实、准确、完整，不能有虚假记载、误导性陈述或者重大遗漏。鼓励行业协会不断丰富信息公开内容，扩大信息公开范围，创新信息公开方式。

（三）开展诚信服务。各地要积极推动行业协会根据自身能力，为会员、行业、社会提供形式多样、内容丰富的服务活动，重点围绕服务内容、服务方式、服务对象和收费标准等进行公开承诺；要向社会承诺做到不强制入会、不摊派会费、不强行服务，不搞乱评比、乱培训、乱表彰和设立“小金库”，不超出章程规定的业务范围开展活动；积极履行社会责任，探索发布年度社会责任报告。引导行业协会积极培育诚信服务品牌，拓展诚信服务内容，创新诚信服务方式，不断提升诚信服务能力。

（四）加强规范化建设。各地要在活动开展过程中着力推进行业协会在职能、机构、人员、财务等方面与行政机关脱钩，逐步实现行业协会自我运作、自聘人员、自理会务。行业协会要有固定的办公场所和与开展业务活动相适应的资产、经费来源和专职工作人员。健全会员（代表）大会、理事会（常务理事会）、监事会制度，完善内部组织架构，科学合理设置理事会规模、负责人数量。以章程为核心，建立健全换届选举、议事决策、人事管理、财务管理、机构管理等内部管理制度。行业协会依法所得不能在会员中分配、不能投入会员企业进行营利。制定或修改会费标准，要通过会员（代表）大会以无记名投票方式表决通过。开展合作活动，要履行内部民主程序，根据合作事项重要程度，分别提交会员（代表）大会、理事会、会长办公会研究决定。要在活动开展过程中，不断提高专职工作人员的素质能力，增强服务水平。

三、几点要求

（一）加强组织领导。民政部把组织行业协会开展行业自律与诚信创建活动情况列入民政重点工作综合评估项目内容。各地要提高思想认识，加强组织领导，落实工作责任。各级民政部门要保证有专人负责此项活动，加强工作指导。要积极争取相关部门支持，通过转移职能、购买服务等方式，为行业协会行业自律与诚信创建创造良好条件和环境，推动活动取得实效。

（二）加大宣传力度。民政部将与中央媒体合作，集中开展系列宣传活动。同时，还将在《中国社会报》、《中国社会组织》杂志及网站开辟专栏，为行业协会提供宣传展示平台。各地要在活动开展过程中，积极培育、树立一批先进典型，及时总结推广创新做法和经验，探索建立行业协会行业自律与诚信创建长效机制。要利用广播、电视、报刊、网站等新闻媒体，进行广泛的宣传活动，提升行业协会社会形象。

（三）建立激励机制。对于活动中表现突出的行业协会，民政部将在执行中央财政支持社会组织参与社会服务项目和评选全国先进社会组织时予以优先考虑。各地要积极探索，研究制定不同形式的激励措施和办法，提高行业协会参与行业自律与诚信创建活动的积极性。

（四）加强督促检查。要将行业协会行业自律与诚信创建活动纳入年度检查内容和等级评估指标体系。要加强检查监督，对社会各界反映问题较多、信誉度不好的行业协会，进行重点检查和约谈，并限期整改。各地要在年底前对活动开展情况进行阶段性总结，将有关情况及下一步工作计划报部民间组织管理局。

各地在开展行业协会行业自律与诚信创建活动中遇到新的情况和问题，应当及时上报，以便研究解决。

民政部关于贯彻落实国务院取消全国性社会团体分支机构、代表机构登记行政审批项目的决定有关问题的通知

（民发〔2014〕38号　2014年2月26日）

各全国性社会团体：

2013年11月8日，《国务院关于取消和下放一批行政审批项目的决定》（国发〔2013〕44号）（以下简称《决定》）取消了民政部对全国性社会团体分支机构、代表机构设立登记、变更登记和注销登记的行政审批项目。为贯彻落实《决定》的要求，深入推进社会团体登记管理制度改革，切实转变政府职能，进一步激发社会团体活力，更好地发挥其在经济社会发展中的积极作用，现就有关事项通知如下。

一、自《决定》发布之日起，我部不再受理全国性社会团体分支机构（包括专项基金管理机构）、代表机构的设立、变更、注销登记的申请，不再换发上述机构的登记证书，不再出具分支机构、代表机构刻制印章的证明。

二、全国性社会团体根据本团体章程规定的宗旨和业务范围，可以自行决定分支机构、代表机构的设立、变更和终止。前述决定应当经理事会或者常务理事会讨论通过，制作会议纪要，妥善保存原始资料。

三、社会团体的分支机构、代表机构是社会团体的组成部分，不具有法人资格，不得另行制订章程，在社会团体授权的范围内开展活动、发展会员，法律责任由设立该分支机构、代表机构的社会团体承担。

四、社会团体不得设立地域性分支机构，不得在分支机构、代表机构下再设立分支机构、代表机构。

五、社会团体的分支机构、代表机构名称不得以各类法人组织的名称命名，不得在名称中使用“中国”、“中华”、“全国”、“国家”等字样，开展活

动应当使用冠有所属社会团体名称的规范全称。

六、社会团体应当建立健全管理制度，切实加强对其分支机构、代表机构的监督管理。社会团体应当将分支机构、代表机构的财务、账户纳入社会团体统一管理，不得以设立分支机构、代表机构的名义收取或变相收取管理费、赞助费等，不得将上述机构委托其他组织运营，确保分支机构、代表机构依法办事，按章程开展活动。

七、社会团体应当在年度工作报告中将其分支机构、代表机构的名称、负责人、住所、设立程序、开展活动等有关情况报送业务主管单位和登记管理机关（直接登记的社会团体报送登记管理机关），接受年度检查，不得弄虚作假。同时，应当将上述信息及时向社会公开，自觉接受社会监督。

取消行政审批后出现的新情况、新问题，请及时向我部反映。我部将根据工作需要，协调有关部门另行制定有关后续服务管理措施。

中共中央组织部关于规范退（离）休领导干部在社会团体兼职问题的通知

（中组发〔2014〕11号　2014年6月25日）

各省、自治区、直辖市党委组织部，中央和国家机关各部委、各人民团体组织人事部门，新疆生产建设兵团党组织部，各中管金融企业党委，部分国有重要骨干企业党组（党委），部分高等学校党委：

当前，领导干部退（离）休后在各类社会团体兼职，或参与成立新的社会团体的情况有所增多。大多数退（离）休领导干部热心参与社会公益事业，积极发挥个人业务专长和经验优势，不求回报，无私奉献，为促进社会团体健康有序发展、推动和谐社会建设作出了贡献。但也有一些退（离）休领导干部以兼职为名，利用个人影响找地方、部门和企事业单位要钱要车要办公场所，甚至领取较高薪酬，造成了不好的社会影响，干部群众对此多有反映。为认真贯彻执行中央八项规定和从严管理干部的精神，对退（离）休领导干部在社会团体兼职行为要进一步从严规范，引导和发挥好他们的作用。经中央批准，现就有关问题通知如下。

一、退（离）休领导干部在社会团体兼任职务（包括领导职务和名誉职务、常务理事、理事等），须按干部管理权限审批或备案后方可兼职。确因工作需要，本人又无其他兼职，且所兼职社会团体的业务与原工作业务或特长相关的，经批准可兼任1个社会团体职务；任期届满拟连任的，必须重新履行有关审批手续，兼职不超过两届；兼职的任职年龄界限为70周岁。

除工作特殊需要外，不得兼任社会团体法定代表人，不得牵头成立新的社会团体或兼任境外社会团体职务。

二、经批准兼任社会团体职务的，兼职期间要发挥好政治把关、经验指导、业务传授等方面的作用，促进社会团体健康有序发展。不得利用个人影响要求党政机关、企事业单位提供办公用房、车辆、资金等；不得以社会团体名义违规从事营利性活动；不得强行要求入会或违规收费、摊派、强制服务、干预会员单位生产经营活动等。

三、兼职不得领取社会团体的薪酬、奖金、津贴等报酬和获取其他额外利益，也不得领取各种名目的补贴等，确属需要的工作经费，要从严控制，不得超过规定标准和实际支出。

四、兼职期间的履职情况、是否取酬和报销有关工作费用等，干部本人应每年年底以书面形式报所在单位党委（党组）。对领取报酬，或履行职责不当的，干部所在单位应责令其辞去社会团体职务。兼职期间违规领取的报酬，应按中央纪委有关规定执行。

五、中央管理的干部退（离）休后兼任社会团体职务，须由干部所在单位党委（党组）审批并报中央组织部备案同意后方可兼职。确需由中央管理的干部兼任职务的社会团体，必须在国家、地区、行业和经济、政治、社会生活中起重要作用，在国内外有一定影响。

备案报告应在社会团体召开有关会议进行选举或决定任命前30日报中央组织部，需说明以下情况：（1）社会团体的基本情况，包括登记事项、宗旨、业务范围和成立时间等内容。（2）领导干部原任职务，兼职的理由，是否兼任法定代表人；本人是否已在其他社会团体中兼职；社会团体召开有关会议进行选举或决定任命的时间。兼职须由社会团体出具邀请函；所兼职的社会团体有业务主管单位的，须有业务主管单位的书面意见。（3）如领导干部已兼任社会团体职务，任期届满拟连任的，需说明干部本人已兼职的时间和任期；如领导干部属新兼任社会团体会长（理事长）职务，需说明原任会长（理事长）不再担任的原因。（4）附拟兼职干部的《干部任免审批表》和社会团体现任领导干部名单一式三份，社会团体章程和社会团体登记证书副本复印件各一份。

六、各地区各部门各单位要根据本通知精神制定相应的管理和审批办法，并对退（离）休领导干部在社会团体兼职情况进行摸底和清理规范。凡未经批准在社会团体兼任职务的，符合规定的，须在本通知下发后半年内履行有关审批手续；不符合规定的，应由本人在半年内辞去所兼任的职务。经批准已在社会团体兼任职务的，应对兼职任期、年龄、履职情况以及是否取酬等情况进行审核并予以规范。

七、本通知适用于各级各类党政机关退（离）休干部。国有企事业单位退（离）休领导人员，参照本通知有关规定执行。

八、本通知自发布之日起施行。以往规定与本通知不一致的，按照本通知执行。

请各地区各部门各单位于2015年1月前将清理规范工作总结报送中央组织部，并填写《中央管理的干部退（离）休后在社会团体兼职有关情况统计表》《中央管理的干部退（离）休后在社会团体兼职有关情况统计汇总表》《规范退（离）休领导干部在社会团体兼职有关情况统计表》。

附件：1. 中央管理的干部退（离）休后在社会团体兼职有关情况统计表（略）

2. 中央管理的干部退（离）休后在社会团体兼职有关情况统计汇总表（表一、表二）（略）

3. 规范退（离）休领导干部在社会团体兼职有关情况统计表（表一、表二）（略）

中共中央组织部

2014年6月25日

民政部 财政部关于取消社会团体会费标准备案规范会费管理的通知

（民发〔2014〕166号　2014年7月25日）

各省、自治区、直辖市民政厅（局）、财政厅（局），各计划单列市民政局、财政局，新疆生产建设兵团民政局、财务局：

为切实转变政府职能，简政放权，推进社会团体依法自治，激发社会团体活力，现就社会团体会费有关事项通知如下：

一、自《通知》发布之日起，社会团体通过的会费标准，不再报送业务主管单位、社会团体登记管理机关和财政部门备案。

二、经社会团体登记管理机关批准成立的社会团体，可以向个人会员和单位会员收取会费。

三、社会团体可以依据章程规定的业务范围、工作成本等因素，合理制定会费标准。

会费标准的额度应当明确，不得具有浮动性。

四、社会团体制定或者修改会费标准，应当召开会员大会或者会员代表大会，应当有2/3以上会员或者会员代表出席，并经出席会员或者会员代表1/2以上表决通过，表决采取无记名投票方式进行。

除会员大会或者会员代表大会以外，不得采取任何其他形式制定或者修改会费标准。

五、社会团体应当自通过会费标准决议之日起30日内，将决议向全体会员公开。

六、社会团体会费应当主要用于为会员提供服务以及按照该社会团体宗旨开展的各项业务活动等支出。

社会团体应当每年向会员公布会费收支情况，定期接受会员大会或者会员代表大会的审查，并在社会团体年检时填报会费收支情况。

七、社会团体收取会费，应当按照规定使用财政部和省（自治区、直辖市）财政部门印（监）制的社会团体会费收据。除会费以外，其他收入不得使用社会团体会费收据。

八、社会团体会费标准的制定、修改，以及会费收取、使用和管理不符合本通知规定的，社会团体登记管理机关可以依据《社会团体登记管理条例》的有关规定，给予相应处罚。

社会团体登记管理机关和财政部门应当对社会团体会费的收支情况进行监督检查，发现问题，及时处理。

九、社会团体收取会费不符合本通知第三条、第四条、第六条规定的，社会团体会员有权拒绝缴纳，并可以向有关部门举报。

《民政部 财政部关于调整社会团体会费政策等有关问题的通知》（民发〔2003〕95号）、《民政部 财政部关于进一步明确社会团体会费政策的通知》（民发〔2006〕123号）自本通知印发之日起同时废止。

民政部 中央编办 发展改革委 工业和信息化部 商务部 人民银行 工商总局 全国工商联 关于推进行业协会商会诚信自律建设工作的意见

（民发〔2014〕225 号 2014 年 10 月 31 日）

各省、自治区、直辖市及新疆生产建设兵团民政厅（局）、编办、发展改革委、工业和信息化主管部门、商务厅（局）、工商局、工商联，中国人民银行上海总部，各分行、营业管理部，各省会（首府）城市中心支行，各副省级城市中心支行，各全国性行业协会商会：

行业协会商会诚信自律建设，对于加强和改进行业协会商会管理，提高行业协会商会公信力，推进行业自律体系和社会信用体系建设，促进社会主义市场经济健康发展具有重要意义。为贯彻落实国务院《关于促进市场公平竞争维护市场正常秩序的若干意见》（国发〔2014〕20 号）和《社会信用体系建设规划纲要（2014—2020 年）》（国发〔2014〕21 号）精神，现就推进行业协会商会诚信自律建设工作提出以下意见。

一、支持行业协会商会参与行业信用建设

（一）建立健全会员企业信用档案。行业协会商会可以根据自身实际情况，研究制定会员企业信用信息收集标准，建立行业内部信用信息收集渠道，建立健全会员企业信用档案，依法收集、记录和整理会员企业在生产、经营中产生的有关信用信息。有条件的行业协会商会可以收集会员企业交易伙伴的信用信息，建立会员企业交易伙伴信用信息数据库，帮助会员企业减少生产和经营风险。

（二）积极开展会员企业信用评价。支持行业协会商会根据各自行业特点，加强与有资质的第三方信用服务机构合作，依法开展行业信用评价工作。信用评价工作要以服务会员企业、促进行业自律、提高行业信用水平为宗旨，遵循会员企业自愿参加的原则。行业协会商会要优化评价指标体系，完善评价操作流程，提升行业信用评价效率，评价方法、标准、结果等应当公开发布并提供查询服务。要依托新闻媒体、内部刊物和协会网站，积极宣传推广信用评价结果，提高诚信会员企业在政府、市场与社会中的接受度和知名度。

（三）加强会员企业信用信息共享和应用。行业协会商会要主动与行业主管部门、国家统一信用信息平台、征信机构以及有上下游产业关系的行业组织进行对接，建立信用信息交换共享机制，为会员企业提供多层次、全方位的信用信息服务。行业协会商会提供的会员企业信用信息，征信机构可予以记载。行业协会商会要加强会员企业信用信息的应用，将会员企业信用信息作为评先评优、市场拓展、行业扶持和奖励等工作的重要参考，加强与商业银行、保险机构等金融机构的合作，帮助信用良好的会员企业获取更多的业务优惠、便利和市场机会。

（四）帮助会员企业提高信用管理能力。行业协会商会可以通过举办培训班、研讨会等方式，加强会员企业信用管理专业知识培训，使会员企业了解、掌握企业信用管理知识，增强信用风险防范能力。可以协助会员企业建立客户档案、开展客户诚信评价，建立科学的信用管理流程和信用风险管理制度，提升会员企业综合竞争力，形成有效的信用风险防范机制。

二、推动行业协会商会建立健全行业自律机制

（五）健全行业自律规约。行业协会商会要根据行业发展要求，研究制定自律规约，积极规范会员企业生产和经营行为，引导本行业的经营者依法竞争，自觉维护市场竞争秩序，充分发挥市场监管中的自律作用。制定自律规约要体现公平公正、诚实信用和正当竞争的原则，不得含有排除、限制竞争的内容，要广泛征求行业企业和有关部门的意见建议，经过专家研究论证，并召开会员（代表）大会审议通过后颁布实施。对于没有制定自律规约的行业协会商会，要抓紧研究制定符合本行业特点的自律规约；已经制定或实施自律规约的行业协会商会，要认真总结经验，不断改进完善，使之更符合实际，针对性更强。行业协会商会要加强自律规约的执行与监督，对违反自律规约的，按照情节轻重，实行警告、行业内通报批评、公开谴责、取消会员资格、向有关部门通报等惩戒措施。推动行业协会商会建立的行业性约束和惩戒机制与政府、市场、社会形成的约束和惩戒机制相衔接，形成联动效应。

（六）制定行业职业道德准则。行业协会商会要按照社会主义核心价值观要求，研究制定行业职业道德准则，规范从业人员职业行为，全面提高从业人员的思想道德素质、科学文化素质和技术业务素质，培育从业人员的职业道德和职业精神，营造诚信执业良好氛围。加大行业职业道德准则宣传力度，推动行业从业人员严格遵守行业职业道德准则。对于违背行业职业道德准则的从业人员，探索建立行业惩戒机制。推动会员企业履行社会责任，探索建立与国际标准相一致、符合行业特点的社会责任指标和评价体系，发布行业社会责任报告，提升行业社会责任绩效。

（七）规范行业发展秩序。支持行业协会商会开展标准化工作。鼓励行业协会商会制定发布本行业的产品和服务标准，积极参与制定国家标准、行业规划和政策法规，不断提高行业产品和服务的质量。行业协会商会要发挥专业调解作用，积极协调会员企业之间、会员企业与其他经济组织之间关系，维护会员和行业整体利益。支持行业协会商会代表会员企业开展反倾销、反补贴、保障措施的调查、申诉、应诉工作，参与协调贸易争议。

三、加强行业协会商会自身建设

（八）完善法人治理。行业协会商会要以章程为核心，建立健全现代法人治理结构和运行机制。要把诚信自律建设内容纳入行业协会商会章程，提高行业协会商会依法自治水平。落实民主选举、差额选举制度，扩大直选范围。建立健全会员（代表）大会、理事会和监事会（监事）制度。完善人事、财务、档案、资产、活动管理、机构管理等各项内部管理制度。行业协会商会负责人和理事会成员要严格按照民主程序选举产生。鼓励选举企业家担任理事长（会长）。探索实行行业协会商会理事长（会长）轮值制。秘书长可以通过选举、聘任或向社会公开招聘等方式产生。

（九）实行信息公开。行业协会商会要主动向会员公开年度工作报告、财务工作报告、会费收支情况以及经理事会研究认为有必要向会员公开的其他信息；向社会公开登记事项、章程、组织机构、接受捐赠、承接政府转移职能以及政府购买服务事项等信息，增加透明度和公信力。行业协会商会要依托统一的信息平台或者自身官方网站进行信息公开，自觉接受会员、新闻媒体和社会公众监督。鼓励广大行业协会商会不断丰富信息公开内容，扩大信息公开范围，创新信息公开方式。

（十）推行诚信承诺。行业协会商会成立登记后，应签署诚信承诺书，并向社会公开诚信承诺书内容。要重点围绕服务内容、服务方式、服务对象和收费标准等进行公开承诺，做到不强制入会，不强行服务，不搞乱评比、乱培训、乱表彰，不超出章程规定的业务范围开展活动。鼓励行业协会商会积极培育诚信服务品牌，增强诚信服务意识，拓展诚信服务内容，创新诚信服务方式，不断提升诚信服务能力。

四、完善保障措施

（十一）加强组织领导。各地要将行业协会商会诚信自律建设与社会组织管理制度改革结合起来，作为一项重要工作纳入议事日程。各级民政、机构编制、发展改革、工业和信息化、商务、金融、工商、工商联等部门和单位要按照本意见的要求，切实加强组织领导，明确职责分工，落实工作责任，形成工作合力。鼓励行业协会商会设立专门的诚信自律工作机构。全国性行业协会商会要发挥带头作用，探索建立健全与国民经济行业发展相适应、覆盖全面、运行有效、作用明显的诚信自律建设体系。

（十二）建立奖惩机制。各级民政部门要会同有关部门依托全国社会组织法人单位信息资源库建设，收集、整合行业协会商会各类信用信息，建立行业协会商会信用档案。对诚信自律良好的行业协会商会，在年度检查、等级评估、税收优惠、职能转移、购买服务等事项中，实行优先办理、简化程序和重点支持等激励政策。对存在多次失信或者严重失信并造成严重后果的，纳入“黑名单”进行管理，采取取消税收减免资格、降低评估等级、限制参与承接政府转移职能和购买服务项目等措施，加大惩戒力度。通过信用奖惩机制，使守信者处处受益、失信者寸步难行。

（十三）做好宣传引导。组织行业协会商会深入开展以诚信自律创建为主题的教育活动，引导行业协会商会将诚信自律建设作为自觉追求和普遍行动。充分发挥电视、广播、报纸、网络等媒体的宣传引导作用，树立行业协会商会诚信自律典型，使广大行业协会商会学有榜样、赶有目标。建立行业协会商会失信行为的舆情监测机制，及时回应社会关切。

民政部 财政部关于加强社会组织反腐倡廉工作的意见

（民发〔2014〕227号 2014年11月6日）

各省、自治区、直辖市民政厅（局）、财政厅（局），新疆生产建设兵团民政局、财政局：

社会组织是党和政府联系人民群众的桥梁和纽带，是国家治理体系和治理能力现代化的有机组成部分。社会组织反腐倡廉工作，既是改革社会组织管理制度、促进社会组织健康有序发展的必然要求，又是加强和创新社会治理、建立健全覆盖全社会的惩治和预防腐败体系的重要内容。为深入贯彻落实党的十八大，十八届二中、三中、四中全会精神和国务院第二次廉政工作会议要求，现就加强社会组织反腐倡廉工作提出以下意见。

一、健全社会组织民主机制

社会组织要以章程为核心，建立健全现代法人治理结构和运行机制。落实民主选举、差额选举制度，扩大直选范围。规范社会组织民主议事、民主决策的范围、程序和方法。涉及社会组织人、财、物等重大事项的决策，要经过民主程序，不得由个人专断。进行改选换届的会员（代表）大会、理事会须有符合法定人数的会员（代表）、理事出席方能召开，不得以通讯方式召开。会员（代表）大会、理事会民主决议事项，不得以鼓掌方式进行表决。鼓励选举企业家担任行业协会商会理事长（会长）。探索实行行业协会商会理事长（会长）轮值制。社会组织要设立监事会或者监事，建立健全内部监督约束机制。推进社会组织诚信建设，建立社会组织信用体系，提高社会组织自治自律水平。

二、加强社会组织财务管理

社会组织要按照《中华人民共和国会计法》和《民间非营利组织会计制度》（财会〔2004〕7号）等规定，严格财务管理。社会组织财务收支必须全部纳入单位法定账户，不得使用其他单位或个人的银行账户进行账务往来，不得账外建账，不得设立“小金库”。社会组织分支（代表）机构不得开设银行基本账户。以社会组织分支（代表）机构名义举办的会议、展览、培训等各类活动所发生的经费往来，必须纳入社会组织法定账户统一管理，不得进入其他单位或个人账户。社会组织不得将自身经费收支与行政机关及企事业单位经费收支混管，不得将收入用于弥补行政经费不足或发放行政机关工作人员各项补贴。社会组织对承接政府职能转移和政府购买服务的经费，要专款专用，不得违规使用。社会组织各项收入除用于组织管理成本和其他合理支出外，应当全部用于章程规定的非营利性事业，盈余不得分配。社会组织财务人员应持证上岗，会计不得兼任出纳，社会组织负责人直系亲属不得担任会计、出纳。社会组织应定期向会员（代表）大会、理事会报告财务收支情况，自觉接受监督。

三、规范社会组织商业行为

社会组织开展经营服务性收费项目，不得转包或者委托与社会组织负责人、分支（代表）机构负责人有直接利益关系的企事业单位或其他组织实施。社会组织应当在资产、机构、人员等方面与所举办经济实体分开，和所举办经济实体之间发生经济往来，应当按照等价交换的原则收取价款、支付费用。社会团体依法所得不得投入会员企业进行营利。社会团体不得通过转包、承包等方式，向其分支（代表）机构、专项基金管理机构收取或者变相收取管理费用。基金会不得资助以营利为目的的开展的活动，不得直接宣传、促销、销售企业的产品和品牌，不得为企业及其产品提供信誉和质量担保。社会组织不得利用业务主管部门影响或者行政资源牟利、不得利用所掌握的会员信息、行业数据、捐赠人和受赠人信息等不当牟利。社会组织不得违反规定设立评比达标表彰项目和进行收费，严禁以各种方式强制企业或者个人入会、摊派会费、派捐索捐、强拉赞助。

四、实行社会组织信息公开制度

基金会要严格按规定向社会公开公益活动和募集资金的详细使用计划，公益资助项目的申请、评审程序，以及年度工作报告和财务审计报告等信息。社会团体要主动向会员公开年度工作报告、财务工作报告、会费收支情况以及经理事会研究认为有必要向会员公开的其他信息，向社会公开登记事项、章程、组织机构、接受捐赠、承接政府转移职能以及政府购买服务事项等信息。民办非企业单位要重点向服务对象公开服务承诺、服务收费标准等信息。各级登记管理机关要制定社会组织信息公开办法，建立或者利用有公信力的公共信息平台，为社会组织发布信息和社会监督创造条件。

五、强化社会组织审计和执法监督

对社会组织使用的财政资金以及接受社会捐赠、资助的资金，审计机关依法加强审计监督。对社会组织依法获取的其他收入，通过社会审计机构依法进行审计监督。社会组织要按规定进行年度审计、换届审计和法定代表人离任审计，并将审计结论向会员（代表）大会或者理事会、监事会（监事）报告。登记管理机关根据工作需要对社会组织进行专项审计。对于违背注册会计师执业准则，帮助社会组织做假账、假报表和出具虚假审计报告的会计师事务所，登记管理机关一经发现，要通报财政部门和注册会计师行业组织，并由相关部门和单位给予相应处分。加强对社会组织反腐倡廉建设工作的监督检查，加大执法查处力度。完善投诉举报受理机制，畅通社会监督渠道。发现社会组织存在腐败隐患的，及时督促整改；确有违法违纪行为的，交由相关机关依纪依法对直接责任人和相关人员给予相应党纪政纪处分，构成犯罪的，依法追究刑事责任。

六、加强社会组织廉洁自律教育

社会组织要把廉洁自律教育作为一项基础性工作，常抓不懈，着力增强教育的针对性和实效性。社会组织法定代表人为本组织反腐倡廉工作第一责任人。要深入开展中国特色社会主义和中国梦教育、理想信念和宗旨教育、社会主义核心价值体系教育，加强党纪国法、廉政法规和道德教育。社会组织党组织要推动党员干部严格执行廉洁自律规定，落实党内监督制度，充分发挥党员干部的模范引导作用。社会组织要加强廉洁文化建设，将廉洁自律理念融入到各项工作中去。

各地、各单位要高度重视，加强组织领导，做好统筹协调，按照本意见要求，落实好加强社会组织反腐倡廉工作的各项任务。各级民政部门要严格按照中央有关文件精神，加强社会组织负责人任（兼）职审核，对未按规定报批的领导干部，不得办理相关手续。各级民政、财政等部门要建立工作联动机制，形成工作合力，加强工作研究，采取有力措施，不断解决社会组织反腐倡廉工作中遇到的新情况、新问题，确保社会组织健康有序发展。

民政部 财政部 人民银行关于加强社会团体分支（代表）机构财务管理的通知

（民发〔2014〕259号 2014年12月16日）

各省、自治区、直辖市民政厅（局）、财政厅（局），各计划单列市民政局、财政局，新疆生产建设兵团民政局、财务局，中国人民银行上海总部，各分行、营业管理部，各省会（首府）城市中心支行，深圳市中心支行，国家开发银行，各政策性银行、国有商业银行、股份制商业银行，中国邮政储蓄银行：

为加强社会团体分支（代表）机构财务管理，根据《社会团体登记管理条例》、《民间非营利组织会计制度》以及有关法规政策，现就社会团体分支（代表）机构财务管理有关事宜通知如下：

一、社会团体分支（代表）机构属于社会团体的组成部分，不具有法人资格，法律责任由设立该分支（代表）机构的社会团体承担。

社会团体分支（代表）机构的全部收支应当纳入社会团体财务统一核算、管理，不得计入其他单位、组织或个人账户。

二、社会团体分支（代表）机构不得开设银行账户。

本通知下发前社会团体分支（代表）机构已经开立的银行账户，应当在分支（代表）机构登记证书有效期满后撤销。

三、社会团体开立专用存款账户的名称可以为社会团体名称后加分支（代表）机构名称，专用存款账户的预留签章应与专用存款账户名称一致。

四、内部独立核算的社会团体分支（代表）机构，应单独设置会计账簿，按照《民间非营利组织会计制度》和社会团体的要求进行会计核算，定期向社会团体报告收支情况，并在每一会计年度终了时将会计报表并入社会团体会计报表。

五、社会团体分支（代表）机构在社会团体授权范围内可以依据社会团体会费标准代表社会团体收取会费，其收取的会费属于该社会团体所有，应当缴入社会团体对应账户统一核算。

分支（代表）机构不得单独制定会费标准，不得截留会费收入。

六、社会团体分支（代表）机构经社会团体授权可以代表社会团体接受捐赠收入，捐赠收入应当缴入社会团体对应账户统一核算。

分支（代表）机构不得自行接受捐赠收入，不得截留捐赠收入。

七、内部独立核算的社会团体分支（代表）机构使用的会费收据、捐赠票据等由社会团体提供，按照法律法规和社会团体的规定使用，并接受有关政府部门和社会团体的监督管理。

八、社会团体的财务会计报告编制范围和审计报告审计范围应当包含所有分支（代表）机构的全部收支。

九、社会团体应当建立分支（代表）机构财务管理制度，加强内部监督，规范分支（代表）机构的财务管理。

十、各地社会团体登记管理机关、财政、审计、人民银行等部门应当按照部门职责依法对社会团体分支（代表）机构的财务、账户管理情况进行监督检查。发现违法违规问题，依法做出处理。

本通知自下发之日起执行。

请中国人民银行上海总部，各分行、营业管理部、省会（首府）城市中心支行、深圳市中心支行将本通知转发至辖区内人民银行分支机构和银行业金融机构。

二、基金会管理

基金会管理条例

（中华人民共和国国务院令第400号　2004年3月8日）

第一章　总则

第一条　为了规范基金会的组织和活动，维护基金会、捐赠人和受益人的合法权益，促进社会力量参与公益事业，制定本条例。

第二条　本条例所称基金会，是指利用自然人、法人或者其他组织捐赠的财产，以从事公益事业为目的，按照本条例的规定成立的非营利性法人。

第三条　基金会分为面向公众募捐的基金会（以下简称公募基金会）和不得面向公众募捐的基金会（以下简称非公募基金会）。公募基金会按照募捐的地域范围，分为全国性公募基金会和地方性公募基金会。

第四条　基金会必须遵守宪法、法律、法规、规章和国家政策，不得危害国家安全、统一和民族团结，不得违背社会公德。

第五条　基金会依照章程从事公益活动，应当遵循公开、透明的原则。

第六条　国务院民政部门和省、自治区、直辖市人民政府民政部门是基金会的登记管理机关。

国务院民政部门负责下列基金会、基金会代表机构的登记管理工作：

（一）全国性公募基金会；

（二）拟由非内地居民担任法定代表人的基金会；

（三）原始基金超过2000万元，发起人向国务院民政部门提出设立申请的非公募基金会；

（四）境外基金会在中国内地设立的代表机构。

省、自治区、直辖市人民政府民政部门负责本行政区域内地方性公募基金会和不属于前款规定情况的非公募基金会的登记管理工作。

第七条　国务院有关部门或者国务院授权的组织，是国务院民政部门登记的基金会、境外基金会代表机构的业务主管单位。

省、自治区、直辖市人民政府有关部门或者省、自治区、直辖市人民政府授权的组织，是省、自治区、直辖市人民政府民政部门登记的基金会的业务主管单位。

第二章 设立、变更和注销

第八条 设立基金会，应当具备下列条件：

（一）为特定的公益目的而设立；

（二）全国性公募基金会的原始基金不低于 800 万元人民币，地方性公募基金会的原始基金不低于 400 万元人民币，非公募基金会的原始基金不低于 200 万元人民币；原始基金必须为到账货币资金；

（三）有规范的名称、章程、组织机构以及与其开展活动相适应的专职工作人员；

（四）有固定的住所；

（五）能够独立承担民事责任。

第九条 申请设立基金会，申请人应当向登记管理机关提交下列文件：

（一）申请书；

（二）章程草案；

（三）验资证明和住所证明；

（四）理事名单、身份证明以及拟任理事长、副理事长、秘书长简历；

（五）业务主管单位同意设立的文件。

第十条 基金会章程必须明确基金会的公益性质，不得规定使特定自然人、法人或者其他组织受益的内容。

基金会章程应当载明下列事项：

（一）名称及住所；

（二）设立宗旨和公益活动的业务范围；

（三）原始基金数额；

（四）理事会的组成、职权和议事规则，理事的资格、产生程序和任期；

（五）法定代表人的职责；

（六）监事的职责、资格、产生程序和任期；

（七）财务会计报告的编制、审定制度；

（八）财产的管理、使用制度；

（九）基金会的终止条件、程序和终止后财产的处理。

第十一条 登记管理机关应当自收到本条例第九条所列全部有效文件之日起 60 日内，作出准予或者不予登记的决定。准予登记的，发给《基金会法人登记证书》；不予登记的，应当书面说明理由。

基金会设立登记的事项包括：名称、住所、类型、宗旨、公益活动的业务范围、原始基金数额和法定代表人。

第十二条 基金会拟设立分支机构、代表机构的，应当向原登记管理机关提出登记申请，并提交拟设机构的名称、住所和负责人等情况的文件。

登记管理机关应当自收到前款所列全部有效文件之日起 60 日内作出准予或者不予登记的决定。准予登记的，发给《基金会分支（代表）机构登记证书》；不予登记的，应当书面说明理由。

基金会分支机构、基金会代表机构设立登记的事项包括：名称、住所、公益活动的业务范围和负责人。

基金会分支机构、基金会代表机构依据基金会的授权开展活动，不具有法人资格。

第十三条 境外基金会在中国内地设立代表机构，应当经有关业务主管单位同意后，向登记管理机关提交下列文件：

（一）申请书；

（二）基金会在境外依法登记成立的证明和基金会章程；

（三）拟设代表机构负责人身份证明及简历；

（四）住所证明；

（五）业务主管单位同意在中国内地设立代表机构的文件。

登记管理机关应当自收到前款所列全部有效文件之日起 60 日内，作出准予或者不予登记的决定。准予登记的，发给《境外基金会代表机构登记证书》；不予登记的，应当书面说明理由。

境外基金会代表机构设立登记的事项包括：名称、住所、公益活动的业务范围和负责人。

境外基金会代表机构应当从事符合中国公益事业性质的公益活动。境外基金会对其在中国内地代表机构的民事行为，依照中国法律承担民事责任。

第十四条　基金会、境外基金会代表机构依照本条例登记后，应当依法办理税务登记。

基金会、境外基金会代表机构，凭登记证书依法申请组织机构代码、刻制印章、开立银行账户。

基金会、境外基金会代表机构应当将组织机构代码、印章式样、银行账号以及税务登记证件复印件报登记管理机关备案。

第十五条　基金会、基金会分支机构、基金会代表机构和境外基金会代表机构的登记事项需要变更的，应当向登记管理机关申请变更登记。

基金会修改章程，应当征得其业务主管单位的同意，并报登记管理机关核准。

第十六条　基金会、境外基金会代表机构有下列情形之一的，应当向登记管理机关申请注销登记：

（一）按照章程规定终止的；

（二）无法按照章程规定的宗旨继续从事公益活动的；

（三）由于其他原因终止的。

第十七条　基金会撤销其分支机构、代表机构的，应当向登记管理机关办理分支机构、代表机构的注销登记。

基金会注销的，其分支机构、代表机构同时注销。

第十八条　基金会在办理注销登记前，应当在登记管理机关、业务主管单位的指导下成立清算组织，完成清算工作。

基金会应当自清算结束之日起 15 日内向登记管理机关办理注销登记；在清算期间不得开展清算以外的活动。

第十九条　基金会、基金会分支机构、基金会代表机构以及境外基金会代表机构的设立、变更、注销登记，由登记管理机关向社会公告。

第三章　组织机构

第二十条　基金会设理事会，理事为 5 人至 25 人，理事任期由章程规定，但每届任期不得超过 5 年。理事任期届满，连选可以连任。

用私人财产设立的非公募基金会，相互间有近亲属关系的基金会理事，总数不得超过理事总人数的三分之一；其他基金会，具有近亲属关系的不得同时在理事会任职。

在基金会领取报酬的理事不得超过理事总人数的三分之一。

理事会设理事长、副理事长和秘书长，从理事中选举产生，理事长是基金会的法定代表人。

第二十一条 理事会是基金会的决策机构，依法行使章程规定的职权。

理事会每年至少召开 2 次会议。理事会会议须有三分之二以上理事出席方能召开；理事会决议须经出席理事过半数通过方为有效。

下列重要事项的决议，须经出席理事表决，三分之二以上通过方为有效：

（一）章程的修改；

（二）选举或者罢免理事长、副理事长、秘书长；

（三）章程规定的重大募捐、投资活动；

（四）基金会的分立、合并。

理事会会议应当制作会议记录，并由出席理事审阅、签名。

第二十二条 基金会设监事。监事任期与理事任期相同。理事、理事的近亲属和基金会财会人员不得兼任监事。

监事依照章程规定的程序检查基金会财务和会计资料，监督理事会遵守法律和章程的情况。

监事列席理事会会议，有权向理事会提出质询和建议，并应当向登记管理机关、业务主管单位以及税务、会计主管部门反映情况。

第二十三条 基金会理事长、副理事长和秘书长不得由现职国家工作人员兼任。基金会的法定代表人，不得同时担任其他组织的法定代表人。公募基金会和原始基金来自中国内地的非公募基金会的法定代表人，应当由内地居民担任。

因犯罪被判处管制、拘役或者有期徒刑，刑期执行完毕之日起未逾 5 年的，因犯罪被判处剥夺政治权利正在执行期间或者曾经被判处剥夺政治权利的，以及曾在因违法被撤销登记的基金会担任理事长、副理事长或者秘书长，且对该基金会的违法行为负有个人责任，自该基金会被撤销之日起未逾 5 年的，不得担任基金会的理事长、副理事长或者秘书长。

基金会理事遇有个人利益与基金会利益关联时，不得参与相关事宜的决策；基金会理事、监事及其近亲属不得与其所在的基金会有任何交易行为。

监事和未在基金会担任专职工作的理事不得从基金会获取报酬。

第二十四条 担任基金会理事长、副理事长或者秘书长的香港居民、澳门居民、台湾居民、外国人以及境外基金会代表机构的负责人，每年在中国内地居留时间不得少于3个月。

第四章 财产的管理和使用

第二十五条 基金会组织募捐、接受捐赠，应当符合章程规定的宗旨和公益活动的业务范围。境外基金会代表机构不得在中国境内组织募捐、接受捐赠。

公募基金会组织募捐，应当向社会公布募得资金后拟开展的公益活动和资金的详细使用计划。

第二十六条 基金会及其捐赠人、受益人依照法律、行政法规的规定享受税收优惠。

第二十七条 基金会的财产及其他收入受法律保护，任何单位和个人不得私分、侵占、挪用。

基金会应当根据章程规定的宗旨和公益活动的业务范围使用其财产；捐赠协议明确了具体使用方式的捐赠，根据捐赠协议的约定使用。

接受捐赠的物资无法用于符合其宗旨的用途时，基金会可以依法拍卖或者变卖，所得收入用于捐赠目的。

第二十八条 基金会应当按照合法、安全、有效的原则实现基金的保值、增值。

第二十九条 公募基金会每年用于从事章程规定的公益事业支出，不得低于上一年总收入的70%；非公募基金会每年用于从事章程规定的公益事业支出，不得低于上一年基金余额的8%。

基金会工作人员工资福利和行政办公支出不得超过当年总支出的10%。

第三十条 基金会开展公益资助项目，应当向社会公布所开展的公益资助项目种类以及申请、评审程序。

第三十一条 基金会可以与受助人签订协议，约定资助方式、资助数额以及资金用途和使用方式。

基金会有权对资助的使用情况进行监督。受助人未按协议约定使用资助或者有其他违反协议情形的，基金会有权解除资助协议。

第三十二条 基金会应当执行国家统一的会计制度，依法进行会计核算、建立健全内部会计监督制度。

第三十三条 基金会注销后的剩余财产应当按照章程的规定用于公益目的；无法按照章程规定处理的，由登记管理机关组织捐赠给与该基金会性质、宗旨相同的社会公益组织，并向社会公告。

第五章 监督管理

第三十四条 基金会登记管理机关履行下列监督管理职责：

（一）对基金会、境外基金会代表机构实施年度检查；

（二）对基金会、境外基金会代表机构依照本条例及其章程开展活动的情况进行日常监督管理；

（三）对基金会、境外基金会代表机构违反本条例的行为依法进行处罚。

第三十五条 基金会业务主管单位履行下列监督管理职责：

（一）指导、监督基金会、境外基金会代表机构依据法律和章程开展公益活动；

（二）负责基金会、境外基金会代表机构年度检查的初审；

（三）配合登记管理机关、其他执法部门查处基金会、境外基金会代表机构的违法行为。

第三十六条 基金会、境外基金会代表机构应当于每年 3 月 31 日前向登记管理机关报送上一年度工作报告，接受年度检查。年度工作报告在报送登记管理机关前应当经业务主管单位审查同意。

年度工作报告应当包括：财务会计报告、注册会计师审计报告，开展募捐、接受捐赠、提供资助等活动的情况以及人员和机构的变动情况等。

第三十七条 基金会应当接受税务、会计主管部门依法实施的税务监督和会计监督。

基金会在换届和更换法定代表人之前，应当进行财务审计。

第三十八条 基金会、境外基金会代表机构应当在通过登记管理机关的年度检查后，将年度工作报告在登记管理机关指定的媒体上公布，接受社会公众的查询、监督。

第三十九条 捐赠人有权向基金会查询捐赠财产的使用、管理情况，并提出意见和建议。对于捐赠人的查询，基金会应当及时如实答复。

基金会违反捐赠协议使用捐赠财产的，捐赠人有权要求基金会遵守捐赠协议或者向人民法院申请撤销捐赠行为、解除捐赠协议。

第六章 法律责任

第四十条 未经登记或者被撤销登记后以基金会、基金会分支机构、基金会代表机构或者境外基金会代表机构名义开展活动的，由登记管理机关予以取缔，没收非法财产并向社会公告。

第四十一条 基金会、基金会分支机构、基金会代表机构或者境外基金会代表机构有下列情形之一的，登记管理机关应当撤销登记：

（一）在申请登记时弄虚作假骗取登记的，或者自取得登记证书之日起 12 个月内未按章程规定开展活动的；

（二）符合注销条件，不按照本条例的规定办理注销登记仍继续开展活动的。

第四十二条 基金会、基金会分支机构、基金会代表机构或者境外基金会代表机构有下列情形之一的，由登记管理机关给予警告、责令停止活动；情节严重的，可以撤销登记：

（一）未按照章程规定的宗旨和公益活动的业务范围进行活动的；

（二）在填制会计凭证、登记会计账簿、编制财务会计报告中弄虚作假的；

（三）不按照规定办理变更登记的；

（四）未按照本条例的规定完成公益事业支出额度的；

（五）未按照本条例的规定接受年度检查，或者年度检查不合格的；

（六）不履行信息公布义务或者公布虚假信息的。

基金会、境外基金会代表机构有前款所列行为的，登记管理机关应当提请税务机关责令补交违法行为存续期间所享受的税收减免。

第四十三条 基金会理事会违反本条例和章程规定决策不当，致使基金会遭受财产损失的，参与决策的理事应当承担相应的赔偿责任。

基金会理事、监事以及专职工作人员私分、侵占、挪用基金会财产的，应当退还非法占用的财产；构成犯罪的，依法追究刑事责任。

第四十四条 基金会、境外基金会代表机构被责令停止活动的，由登记管理机关封存其登记证书、印章和财务凭证。

第四十五条 登记管理机关、业务主管单位工作人员滥用职权、玩忽职守、徇私舞弊，构成犯罪的，依法追究刑事责任；尚不构成犯罪的，依法给予行政处分或者纪律处分。

第七章 附 则

第四十六条 本条例所称境外基金会，是指在外国以及中华人民共和国香港特别行政区、澳门特别行政区和台湾地区合法成立的基金会。

第四十七条 基金会设立申请书、基金会年度工作报告的格式以及基金会章程范本，由国务院民政部门制订。

第四十八条 本条例自 2004 年 6 月 1 日起施行，1988 年 9 月 27 日国务院发布的《基金会管理办法》同时废止。

本条例施行前已经设立的基金会、境外基金会代表机构，应当自本条例施行之日起 6 个月内，按照本条例的规定申请换发登记证书。

基金会名称管理规定

（中华人民共和国民政部令第 26 号　2004 年 6 月 21 日）

第一条　为了规范对基金会名称的管理，保护基金会的合法权益，根据《基金会管理条例》及有关法律、法规，制定本规定。

第二条　本规定适用于按照《基金会管理条例》设立的基金会。

第三条　基金会名称应当反映公益活动的业务范围。

基金会的名称应当依次包括字号、公益活动的业务范围，并以“基金会”字样结束。

公募基金会的名称可以不使用字号。

第四条　全国性公募基金会应当在名称中使用“中国”、“中华”、“全国”、“国家”等字样。非公募基金会不得使用上述字样。

地方性公募基金会和省、自治区、直辖市人民政府民政部门登记的非公募基金会应当冠以所在地的县级或县级以上行政区划名称。冠以省级以下行政区划名称的，可以同时冠以所在省、自治区、直辖市的名称。冠以市辖区名称的，应当同时冠以市的名称。

第五条　基金会的字号应当由 2 个以上的字组成。基金会不得使用姓氏、县或县以上行政区划名称作为字号。

第六条　公募基金会的字号不得使用自然人姓名、法人或者其他组织的名称或者字号。

第七条　非公募基金会的字号可以使用自然人姓名、法人或其他组织的名称或者字号，但应当符合以下规定：

（一）使用自然人姓名、法人或者其他组织的名称或者字号，需经该自然人、法人或其他组织同意；

（二）不得使用曾因犯罪被判处剥夺政治权利的自然人的姓名；

（三）一般不使用党和国家领导人、老一辈革命家的姓名。

第八条 基金会使用已故名人的姓名作为字号，该名人必须是在相关公益领域内有重大贡献、在国际国内享有盛誉的杰出人物。

第九条 基金会名称应当使用符合国家规范的汉字。

在自治区人民政府民政部门登记的基金会，其名称可以同时使用本民族自治地方通用的民族文字。

基金会名称需译成外文使用的，应当按照文字翻译的原则翻译使用，不需报登记管理机关核准。

第十条 基金会名称不得含有下列内容和文字：

（一）有损于国家、社会公共利益的；

（二）可能对公众造成欺骗或者引起公众误解的；

（三）有迷信色彩的；

（四）外国国家（地区）名称、国际组织名称；

（五）政党名称、国家机关名称及部队番号；

（六）其他基金会的名称；

（七）外国文字、汉语拼音字母、数字；

（八）其他法律、行政法规规定禁止的。

第十一条 基金会不得使用下列名称：

（一）已被登记管理机关撤销登记，自撤销登记之日起未满 3 年的基金会的名称；

（二）已注销登记，自注销登记之日起未满 3 年的基金会的名称；

（三）已变更名称，自变更登记之日起未满 1 年的基金会的原名称。

第十二条 登记管理机关可以纠正已登记的不适宜的基金会名称。

第十三条 两个及两个以上申请人向同一登记管理机关申请登记相同的基金会名称，登记管理机关依照申请在先原则核定。

第十四条 基金会的分支机构、代表机构的名称应当冠以其所从属的基金会名称。

第十五条 境外基金会代表机构的名称应当依次由“基金会名称”、“驻在地名称”、“代表处（或办事处、联络处等）”组成。

“驻在地名称”是指境外基金会代表机构驻在地的县或县以上行政区划名称。

境外基金会名称中未表明其原始登记地（国家或地区）的，应在其代表机构名称前冠以原始登记地（国家或地区）的名称。

第十六条 本规定自 2004 年 6 月 7 日起施行。

基金会章程示范文本

说 明

一、根据 2004 年 3 月 8 日国务院颁布的《基金会管理条例》和其他有关法律法规制定此章程示范文本。

二、基金会章程示范文本，旨在为基金会制定章程提供范例。

三、基金会制定的章程，应当包括章程示范文本中所列全部条款，可根据实际情况作适当补充。

四、“〖 〗”内文字为制定要求。

第一章　总　则

第一条　本基金会的名称是 ____________________ 基金会。

〖基金会命名应当符合《基金会名称管理规定》。〗

第二条　本基金会属于 ________________（公募或非公募）基金会。本基金会面向公众募捐的地域范围是：________________。〖公募基金会〗

第三条　本基金会的宗旨：________________________。

第四条　本基金会的原始基金数额为人民币 ________________ 万元，来源于 ________________。

第五条　本基金会的登记管理机关是 ________________，业务主管单位是 ________________。

第六条　本基金会的住所 ________________________。

第二章　业务范围

第七条　本基金会公益活动的业务范围〖必须具体、明确〗。

（一）____；

（二）____；

（三）____；

……。

第三章　组织机构、负责人

第八条　本基金会由 ______________ 名理事组成理事会。本基金会理事每届任期为 __________ 年，任期届满，连选可以连任。

〖基金会理事人数不少于 5 人，且不多于 25 人。理事每届任期不得超过 5 年。〗

第九条　理事的资格：

（一）____；

（二）____；

（三）____；

……。

第十条 理事的产生和罢免：

（一）第一届理事由业务主管单位、主要捐赠人、发起人分别提名并共同协商确定；

（二）理事会换届改选时，由业务主管单位、理事会、主要捐赠人共同提名候选人并组织换届领导小组，组织全部候选人共同选举产生新一届理事；

（三）罢免、增补理事应当经理事会表决通过，报业务主管单位审查同意；

（四）理事的选举和罢免结果报登记管理机关备案。

〖用私人财产设立的非公募基金会应注明：相互间有近亲属关系的基金会理事，总数不得超过理事总人数的 1/3；其他基金会应注明：具有近亲属关系的不得同时在理事会任职。〗

第十一条 理事的权利和义务：

（一）____；

（二）____；

（三）____；

……。

第十二条 本基金会的决策机构是理事会。理事会行使下列职权：

（一）制定、修改章程；

（二）选举、罢免理事长、副理事长、秘书长；

（三）决定重大业务活动计划，包括资金的募集、管理和使用计划；

（四）年度收支预算及决算审定；

（五）制定内部管理制度；

（六）决定设立办事机构、分支机构、代表机构；

（七）决定由秘书长提名的副秘书长和各机构主要负责人的聘任；

（八）听取、审议秘书长的工作报告，检查秘书长的工作；

（九）决定基金会的分立、合并或终止；

（十）决定其他重大事项。

第十三条 理事会每年召开 ________ 次〖至少 2 次〗会议。理事会会议由理事长负责召集和主持。

有 1/3 理事提议，必须召开理事会会议。如理事长不能召集，提议理事可推选召集人。

召开理事会会议，理事长或召集人需提前 5 日通知全体理事、监事。

第十四条 理事会会议须有 2/3 以上理事出席方能召开；理事会决议须经出席理事过半数通过方为有效。

下列重要事项的决议，须经出席理事表决，2/3 以上通过方为有效：

（一）章程的修改；

（二）选举或者罢免理事长、副理事长、秘书长；

（三）章程规定的重大募捐、投资活动；

（四）基金会的分立、合并；

……。

第十五条 理事会会议应当制作会议记录。形成决议的，应当当场制作会议纪要，并由出席理事审阅、签名。理事会决议违反法律、法规或章程规定，致使基金会遭受损失的，参与决议的理事应当承担责任。但经证明在表决时反对并记载于会议记录的，该理事可免除责任。

第十六条 本基金会设监事 ________ 名。监事任期与理事任期相同，期满可以连任。〖3 名以上监事可设监事会。〗

第十七条 理事、理事的近亲属和基金会财会人员不得任监事。

第十八条 监事的产生和罢免：

（一）监事由主要捐赠人、业务主管单位分别选派；

（二）登记管理机关根据工作需要选派；

（三）监事的变更依照其产生程序。

第十九条 监事的权利和义务：

监事依照章程规定的程序检查基金会财务和会计资料，监督理事会遵守法律和章程的情况。

监事列席理事会会议，有权向理事会提出质询和建议，并应当向登记管理机关、业务主管单位以及税务、会计主管部门反映情况。

监事应当遵守有关法律法规和基金会章程，忠实履行职责。

第二十条 在本基金会领取报酬的理事不得超过理事总人数的 1/3。监事和未在基金会担任专职工作的理事不得从基金会获取报酬。

第二十一条 本基金会理事遇有个人利益与基金会利益关联时，不得参与相关事宜的决策；基金会理事、监事及其近亲属不得与基金会有任何交易行为。

第二十二条 理事会设理事长、副理事长和秘书长，从理事中选举产生。

第二十三条 本基金会理事长、副理事长、秘书长必须符合以下条件：

（一）在本基金会业务领域内有较大影响；

（二）理事长、副理事长、秘书长最高任职年龄不超过 70 周岁，秘书长为专职；

（三）身体健康，能坚持正常工作；

（四）具有完全民事行为能力。

第二十四条 有下列情形之一的人员，不能担任本基金会的理事长、副理事长、秘书长：

（一）属于现职国家工作人员的；

（二）因犯罪被判处管制、拘役或者有期徒刑，刑期执行完毕之日起未逾 5 年的；

（三）因犯罪被判处剥夺政治权利正在执行期间或者曾经被判处剥夺政治权利的；

（四）曾在因违法被撤销登记的基金会担任理事长、副理事长或者秘书长，且对该基金会的违法行为负有个人责任，自该基金会被撤销之日起未逾 5 年的。

第二十五条 担任本基金会理事长、副理事长或者秘书长的香港居民、澳门居民、台湾居民以及外国人，每年在中国内地居留时间不得少于 3 个月。

〖本条适用于理事长、副理事长或者秘书长由境外人士担任的基金会。〗

第二十六条 本基金会的理事长、副理事长、秘书长每届任期 ________ 年，连任不超过两届。因特殊情况需超届连任的，须经理事会特殊程序表决通过，报业务主管单位审查并经登记管理机关批准同意后，方可任职。

第二十七条 本基金会理事长为基金会法定代表人。本基金会法定代表人不兼任其他组织的法定代表人。

本基金会法定代表人应当由中国内地居民担任。〖本款适用于公募基金会和原始基金来自中国内地的非公募基金会。〗

本基金会法定代表人在任期间，基金会发生违反《基金会管理条例》和本章程的行为，法定代表人应当承担相关责任。因法定代表人失职，导致基金会发生违法行为或基金会财产损失的，法定代表人应当承担个人责任。

第二十八条 本基金会理事长行使下列职权：

（一）召集和主持理事会会议；

（二）检查理事会决议的落实情况；

（三）代表基金会签署重要文件；

……。

本基金会副理事长、秘书长在理事长领导下开展工作，秘书长行使下列职权：

（一）________________________________；

（二）________________________________；

（三）________________________________；

……。

〖理事长的其他职权和秘书长的职权从以下选项中确定，理事长和秘书长的职权不能重叠，基金会可根据实际情况细化或进行补充：

①主持开展日常工作，组织实施理事会决议；

②组织实施基金会年度公益活动计划；

③拟订资金的筹集、管理和使用计划；

④拟订基金会的内部管理规章制度，报理事会审批；

⑤协调各机构开展工作；

⑥提议聘任或解聘副秘书长以及财务负责人，由理事会决定；

⑦提议聘任或解聘各机构主要负责人，由理事会决定；

⑧决定各机构专职工作人员聘用；

⑨章程和理事会赋予的其他职权；

⑩……。〗

第四章 财产的管理和使用

第二十九条 本基金会为公募（或非公募）基金会，本基金会的收入来源于：

（一）________________________________；

（二）________________________________；

（三）________________________________；

……。

〖可选项：组织募捐的收入（公募基金会）；自然人、法人或其他组织自愿捐赠；投资收益；其他合法收入等。非公募基金会可以注明提供主要捐赠的自然人、法人或其他组织的具体姓名或名称。〗

第三十条 本基金会组织募捐〖非公募基金会无此项〗、接受捐赠，应当遵守法律法规，符合章程规定的宗旨和公益活动的业务范围。

第三十一条 本基金会组织募捐时，应当向社会公布募得资金后拟开展的公益活动和资金的详细使用计划。重大募捐活动应当报业务主管单位和登记管理机关备案。

本基金会组织募捐，不得以任何形式进行摊派及变相摊派。

〖本条适用于公募基金会。〗

第三十二条 本基金会的财产及其他收入受法律保护，任何单位、个人不得侵占、私分、挪用。

第三十三条 本基金会根据章程规定的宗旨和公益活动的业务范围使用财产；捐赠协议明确了具体使用方式的捐赠，根据捐赠协议的约定使用。

接受捐赠的物资无法用于符合本基金会宗旨的用途时，基金会可以依法拍卖或者变卖，所得收入用于捐赠目的。

第三十四条 本基金会财产主要用于：

（一）________________________________；

（二）________________________________；

（三）________________________________；

……。

第三十五条 本基金会的重大募捐、投资活动是指：

（一）________________________________；

（二）________________________________；

（三）________________________________；

……。

第三十六条 本基金会按照合法、安全、有效的原则实现基金的保值、增值。

第三十七条 本基金会每年用于从事章程规定的公益事业支出，不得低于上一年总收入的 70%。〖公募基金会〗

本基金会每年用于从事章程规定的公益事业支出，不得低于上一年基金余额的 8%。〖非公募基金会〗

本基金会工作人员工资福利和行政办公支出不超过当年总支出的 10%。

第三十八条 本基金会开展公益资助项目，应当向社会公开所开展的公益资助项目种类以及申请、评审程序。

第三十九条 捐赠人有权向本基金会查询捐赠财产的使用、管理情况，并提出意见和建议。对于捐赠人的查询，基金会应当及时如实答复。

本基金会违反捐赠协议使用捐赠财产的，捐赠人有权要求基金会遵守捐赠协议或者向人民法院申请撤销捐赠行为、解除捐赠协议。

第四十条 本基金会可以与受助人签订协议，约定资助方式、资助数额以及资金用途和使用方式。

本基金会有权对资助的使用情况进行监督。受助人未按协议约定使用资助或者有其他违反协议情形的，本基金会有权解除资助协议。

第四十一条 本基金会应当执行国家统一的会计制度，依法进行会计核算、建立健全内部会计监督制度，保证会计资料合法、真实、准确、完整。

本基金会接受税务、会计主管部门依法实施的税务监督和会计监督。

第四十二条 本基金会配备具有专业资格的会计人员。会计不得兼出纳。会计人员调动工作或离职时，必须与接管人员办清交接手续。

第四十三条 本基金会每年 1 月 1 日至 12 月 31 日为业务及会计年度，每年 3 月 31 日前，理事会对下列事项进行审定：

（一）上年度业务报告及经费收支决算；

（二）本年度业务计划及经费收支预算；

（三）财产清册〖当年度捐赠者名册及有关资料〗。

第四十四条 本基金会进行年检、换届、更换法定代表人以及清算，应当进行财务审计。

第四十五条 本基金会按照《基金会管理条例》规定接受登记管理机关组织的年度检查。

第四十六条 本基金会通过登记管理机关的年度检查后，将年度工作报告在登记管理机关指定的媒体上公布，接受社会公众的查询、监督。

第五章 终止和剩余财产处理

第四十七条 本基金会有以下情形之一，应当终止：

（一）完成章程规定的宗旨的；

（二）无法按照章程规定的宗旨继续从事公益活动的；

（三）基金会发生分立、合并的；

……（其他情形）。

第四十八条 本基金会终止，应在理事会表决通过后15日内，报业务主管单位审查同意。经业务主管单位审查同意后15日内，向登记管理机关申请注销登记。

第四十九条 本基金会办理注销登记前，应当在登记管理机关、业务主管单位的指导下成立清算组织，完成清算工作。

本基金会应当自清算结束之日起15日内向登记管理机关办理注销登记；在清算期间不开展清算以外的活动。

第五十条 本基金会注销后的剩余财产，应当在业务主管单位和登记管理机关的监督下，通过以下方式用于公益目的：

（一）____；

（二）____；

（三）____；

……。

无法按照上述方式处理的，由登记管理机关组织捐赠给与本基金会性质、宗旨相同的社会公益组织，并向社会公告。

第六章 章程修改

第五十一条 本章程的修改，须经理事会表决通过后15日内，报业务主管单位审查同意。经业务主管单位审查同意后，报登记管理机关核准。

第七章　附则

第五十二条　本章程经 × 年 × 月 × 日理事会表决通过。

第五十三条　本章程的解释权属于理事会。

第五十四条　本章程自登记管理机关核准之日起生效。

基金会年度检查办法

（中华人民共和国民政部令第30号　2006年1月12日）

第一条　为加强对基金会和境外基金会代表机构的管理，促进公益事业发展，根据《基金会管理条例》（以下简称《条例》）第三十四条第一项、第三十六条的规定，制定本办法。

第二条　基金会年度检查，是指基金会登记管理机关依法按年度对基金会、境外基金会代表机构遵守法律、法规、规章和章程开展活动的情况实施监督管理的制度。

第三条　基金会、境外基金会代表机构应当于每年3月31日前向登记管理机关报送经业务主管单位审查同意的上一年度的年度工作报告，接受登记管理机关检查。

第四条　年度工作报告的内容应当包括：财务会计报告、注册会计师审计报告，开展募捐、接受捐赠、提供资助等活动的情况以及人员和机构的变动情况等。

财务会计报告应当符合《民间非营利组织会计制度》规定的内容和要求；注册会计师审计报告，应当有注册会计师事务所统一受理并与被审计的基金会、境外基金会代表机构签订委托合同的证明；开展募捐、接受捐赠、提供资助等活动情况应当有基金会履行信息公布义务的情况；人员和机构变动情况应当有按照规定办理变更登记情况以及基金会换届的会议纪要和更换法定代表人之前进行财务审计的情况等。

第五条　年度检查过程中，登记管理机关可以要求基金会、境外基金会代表机构或者有关人员就年度工作报告中涉及的有关问题进行补充说明，必要时可以进行实地检查。

第六条　经登记管理机关审查，基金会、境外基金会代表机构在上一年度遵守法律、法规、规章和章程的情况良好，没有违法违规情形的，认定为年检合格。

第七条 基金会、境外基金会代表机构有下列情形之一的，登记管理机关应当视情节轻重分别作出年检基本合格、年检不合格的结论：

（一）违反《条例》第三十九条第二款规定，不按照捐赠协议使用捐赠财产的；

（二）违反《条例》第四十条规定，擅自设立基金会分支机构、代表机构的；

（三）具有《条例》第四十二条规定的应当给予行政处罚的情形之一的；

（四）违反《条例》第四十三条第二款规定，基金会理事、监事及专职工作人员私分、侵占、挪用基金会财产的；

（五）违反《条例》关于基金会组织机构管理方面有关规定的。

登记管理机关作出基本合格或者不合格年检结论后，应当责令该基金会或者境外基金会代表机构限期整改，并视情况依据《条例》有关规定给予行政处罚。

第八条 年度检查不合格的基金会、境外基金会代表机构在整改期间，登记管理机关不准予变更名称或者业务范围，不准予设立分支机构或者代表机构。登记管理机关应当提请税务机关责令补交违法行为存续期间所享受的税收减免。

第九条 通过年度检查发现基金会、基金会分支机构、基金会代表机构或者境外基金会代表机构有《条例》第四十一条规定的情形之一的，登记管理机关应当依法撤销登记。

第十条 基金会、境外基金会代表机构无正当理由不参加年检的，由登记管理机关责令停止活动，并向社会公告。

第十一条 基金会、境外基金会代表机构连续两年不接受年检的，由登记管理机关依法撤销登记。

第十二条 完成年度检查后，登记管理机关应当向社会公告年度检查结果，并向业务主管单位通报。

基金会、境外基金会代表机构应当在通过登记管理机关的年度检查后，将年度工作报告在登记管理机关指定的媒体上公布，接受社会公众的查询、监督。

第十三条 年度工作报告的格式文本由国务院民政部门制定。

第十四条 本办法自公布之日起施行。

基金会信息公布办法

（中华人民共和国民政部令第31号　2006年1月12日）

第一条　为了规范基金会、境外基金会代表机构信息公布活动，保护捐赠人及相关当事人的合法权益，促进公益事业发展，根据《基金会管理条例》（以下简称《条例》）的有关规定，制定本办法。

第二条　本办法所称信息公布，是指基金会、境外基金会代表机构按照《条例》和本办法的规定，将其内部信息和业务活动信息通过媒体向社会公布的活动。

基金会、境外基金会代表机构是信息公布义务人。

第三条　信息公布义务人公布的信息资料应当真实、准确、完整，不得有虚假记载、误导性陈述或者重大遗漏。信息公布义务人应当保证捐赠人和社会公众能够快捷、方便地查阅或者复制公布的信息资料。

第四条　信息公布义务人应当向社会公布的信息包括：

（一）基金会、境外基金会代表机构的年度工作报告；

（二）公募基金会组织募捐活动的信息；

（三）基金会开展公益资助项目的信息。

基金会、境外基金会代表机构在遵守本办法规定的基础上可以自行决定公布更多的信息。

第五条　信息公布义务人应当在每年3月31日前，向登记管理机关报送上一年度的年度工作报告。登记管理机关审查通过后30日内，信息公布义务人按照统一的格式要求，在登记管理机关指定的媒体上公布年度工作报告的全文和摘要。

信息公布义务人的财务会计报告未经审计不得对外公布。

第六条　公募基金会组织募捐活动，应当公布募得资金后拟开展的公益活动和资金的详细使用计划。在募捐活动持续期间内，应当及时公布募捐活动所取得的收入和用于开展公益活动的成本支出情况。募捐活动结束后，应当公布募捐活动取得的总收入及其使用情况。

第七条 基金会开展公益资助项目，应当公布所开展的公益项目种类以及申请、评审程序。评审结束后，应当公布评审结果并通知申请人。公益资助项目完成后，应当公布有关的资金使用情况。事后对项目进行评估的，应当同时公布评估结果。

第八条 对于公共媒体上出现的对信息公布义务人造成或者可能造成不利影响的消息，信息公布义务人应当公开说明或者澄清。

第九条 除年度工作报告外，信息公布义务人公布信息时，可以选择报刊、广播、电视或者互联网作为公布信息的媒体。

第十条 信息公布所使用的媒体应当能够覆盖信息公布义务人的活动地域。公布的信息内容中应当注明信息公布义务人的基本情况和联系、咨询方式。

第十一条 信息公布义务人应当建立健全信息公布活动的内部管理制度，并指定专人负责处理信息公布活动的有关事务。对于已经公布的信息，应当制作信息公布档案，妥善保管。

第十二条 信息公布义务人公布有关活动或者项目的信息，应当持续至活动结束或者项目完成。

信息一经公布，信息公布义务人不得任意修改，确需修改的，应当严格履行内部管理制度的程序在修改后重新公布，并说明理由，声明原信息作废。

第十三条 信息公布义务人应当将信息公布活动的情况如实反映在年度工作报告中，接受登记管理机关监督检查。

第十四条 登记管理机关依法对信息公布活动进行监督管理，建立信息公布义务人诚信记录。

信息公布义务人不履行信息公布义务或者公布虚假信息的，由登记管理机关责令改正，并依据《条例》第四十二条规定给予行政处罚。

第十五条 年度工作报告的信息公布格式文本，由国务院民政部门制定。

第十六条 本办法自公布之日起施行。

关于现职国家工作人员不得兼任基金会负责人有关问题的通知

（民函〔2004〕270号　2004年10月28日）

各省、自治区、直辖市民政厅（局），新疆生产建设兵团民政局：

今年3月8日经国务院颁布并于6月1日开始实施的《基金会管理条例》规定，“基金会理事长、副理事长和秘书长不得由现职国家工作人员兼任。”关于现职国家工作人员的范围，《基金会管理条例》未作明确的界定。

为推进政社分开，加强党风廉政建设，保持基金会的民间性，经商有关部门同意，在基金会登记管理工作中，《基金会管理条例》中的现职国家工作人员应掌握在以下范围：党的机关、人大机关、政府机关、政协机关、审判机关和检察机关中的现职工作人员，以及法律、法规授权行使行政管理职能的其他机构的工作人员。但不包括上述机关和机构中已从领导岗位上退下来尚未办理离退休手续的工作人员，也不包括上述机关和机构中离开行政工作岗位专门从事基金会工作的工作人员。以上精神，请认真贯彻执行。

民政部对河北省民政厅《基金会管理条例》第二十三条有关问题请示的答复

（民函〔2005〕178 号　2005 年 7 月 23 日）

河北省民政厅：

你厅《关于对〈基金会管理条例〉第二十三条有关问题的请示》（冀民管函〔2005〕4 号）收悉。

现答复如下:《基金会管理条例》第二十三条规定“基金会理事长、副理事长和秘书长不得由现职国家工作人员兼任”。对于“现职国家工作人员”的问题，我部《关于现职国家工作人员不得兼任基金会负责人有关问题的通知》（民函〔2004〕270 号）作出了解释:“在基金会登记管理工作中,《基金会管理条例》中的现职国家工作人员应掌握在以下范围：党的机关、人大机关、政府机关、政协机关、审判机关和检察机关中的现职工作人员，以及法律、法规授权行使行政管理职能的其他机构的工作人员。但不包括上述机关和机构中已从领导岗位上退下来尚未办理离退休手续的工作人员，也不包括上述机关和机构中离开行政工作岗位专门从事基金会工作的工作人员。”在基金会登记管理工作中，工、青、妇等人民团体的领导同志不在现职国家工作人员范围之内。

民政部关于基金会业务主管单位职能委托有关问题的通知

（民函〔2005〕638号　2005年11月4日）

各省、自治区、直辖市民政厅（局），新疆生产建设兵团民政局：

为了进一步落实双重负责的管理体制，方便人们发起设立基金会，促进基金会健康发展，现将省、自治区、直辖市人民政府民政部门登记的部分基金会业务主管单位确立问题通知如下：

一、凡《基金会管理条例》颁布之前在地（市）、县（市）民政部门登记的基金会，活动正常，符合换证条件的，省、自治区、直辖市人民政府政府有关部门可以将业务主管单位职能委托给下级地（市）、县（市）政府的对口部门。

二、《基金会管理条例》实施之后设立的非公募基金会的业务主管单位，也可由省、自治区、直辖市人民政府有关部门委托给对口的下级地（市）、县（市）政府对口部门承担。

三、业务主管单位职能的委托要在省、自治区、直辖市人民政府民政部门协调下进行。具体可以由省、自治区、直辖市人民政府发文统一委托；也可以由省、自治区、直辖市人民政府民政部门与省、自治区、直辖市人民政府相关业务主管单位就某一类基金会或个别基金会进行委托。

四、省、自治区、直辖市人民政府民政部门不得将登记管理机关的职能向下级委托。

民政部 外交部 公安部 劳动和社会保障部关于基金会、境外基金会代表机构办理外国人就业和居留有关问题的通知

（民发〔2007〕169号 2007年11月24日）

各省、自治区、直辖市民政厅（局）、外事办公室、公安厅（局）、劳动和社会保障厅（局），新疆生产建设兵团民政局、公安局、劳动和社会保障局：

为规范基金会、境外基金会代表机构外籍工作人员的管理，根据《基金会管理条例》和《外国人在中国就业管理规定》的规定，现就基金会、境外基金会代表机构聘用外籍工作人员的就业与居留有关问题通知如下：

一、基金会、境外基金会代表机构拟聘用外籍工作人员，应当向业务主管单位提出申请，填写登记管理机关制定的表格和《聘用外国人就业申请表》，并提交《外国人在中国就业管理规定》第十一条规定的相关有效文件。

二、业务主管单位核实身份且同意后，将有关材料转送登记管理机关，登记管理机关审查同意后，在《聘用外国人就业申请表》上加盖印章。在民政部登记的基金会、境外基金会代表机构，加盖“中华人民共和国民政部基金会登记专用章”。在各省、自治区、直辖市民政厅（局）登记的基金会，由各省、自治区、直辖市民政厅（局）确定加盖的印章。

三、经登记管理机关同意后，基金会、境外基金会代表机构向省级人民政府劳动保障部门或者其授权的地市级人民政府劳动保障部门提出办理就业许可的申请，劳动保障部门按照《外国人在中国就业管理规定》规定的相关证明材料和基金会、境外基金会代表机构登记证书进行核准，对符合条件者，发放外国人就业许可证书。

四、拟入境的外籍工作人员凭就业许可证书和被授权单位的签证通知函（电）到中国驻外使领馆、处、署办理职业签证。

五、免签或者持非职业签证入境的外籍人员如需在基金会、境外基金会代表机构工作的，应当按照本通知第四条有关规定出境赴中国驻外使领馆、处、署重新办理职业签证。

六、持外交护照的外籍人员如需在基金会、境外基金会代表机构工作，应当改持普通护照，并按照本通知有关规定办理就业及居留手续。

七、外籍工作人员入境后凭就业许可证书、职业签证等证明材料到劳动保障部门办理就业证。

八、境外基金会代表机构中的外籍负责人（首席代表）可以免办就业许可，凭民政部批准文件（加盖有“中华人民共和国民政部基金会登记专用章”）和被授权单位的签证通知函（电）到中国驻外使领馆、处、署办理职业签证，入境后凭职业签证、民政部批准文件（加盖有“中华人民共和国民政部基金会登记专用章”）及相关证明材料到劳动保障部门直接申请办理就业证。

九、取得就业证的外籍工作人员，入境后30日内凭职业签证、就业证、基金会、境外基金会代表机构公函及相关证明材料到公安机关办理居留许可，并依法办理住宿登记手续。

十、台湾、香港、澳门居民在基金会、境外基金会代表机构工作的，参照本通知规定和《台湾香港澳门居民在内地就业管理规定》办理相关就业手续。

民政部关于基金会等社会组织不得提供公益捐赠回扣有关问题的通知

（民发〔2009〕54号　2009年4月21日）

各业务主管单位：

自2004年《基金会管理条例》实施以来，基金会积极筹集资金，努力规范运作，通过多种措施加大捐赠资金募集和使用的公开透明，不断提高公益捐赠资金的使用效益和管理水平，推动了公益慈善事业的发展。

为了进一步规范基金会的募集和接受公益捐赠行为，严格管理和使用好公益资金，现通知如下：

一、基金会接受的公益捐赠必须依照有关法律法规的规定用于公益目的。不得在接受的公益捐赠中提取回扣返还捐赠人或帮助筹集捐赠的个人或组织。

二、按照捐赠协议，基金会可以在接受的公益捐赠中列支公益项目成本，项目成本必须是直接用于实施公益项目的费用，属于公益支出。基金会应当有效控制公益项目的成本，尽可能将公益捐赠更多地直接用于受助对象。

三、基金会应当加大信息公开的力度，向捐赠人公开，并向社会公示公益捐赠的支出使用情况，接受捐赠人和公众的监督和评价。

今后，登记管理机关将加强对基金会捐赠使用的监管。一旦发现有提供回扣的情形，将依法严肃处理。

社会团体和民办非企业单位接收公益捐赠，依照以上精神执行。

财政部 民政部关于加强和完善基金会注册会计师审计制度的通知

（财会〔2011〕23号　2011年12月26日）

为了规范基金会的行为，提高基金会的财务管理和会计工作水平，扩大基金会的公开、透明程度，加强政府部门对基金会的监管，充分发挥注册会计师审计监督作用，维护基金会、捐赠人和受益人的合法权益，根据《基金会管理条例》（国务院令第400号）、《国务院办公厅转发财政部关于加快发展我国注册会计师行业若干意见的通知》（国办发〔2009〕56号）和《民间非营利组织会计制度》（财会〔2004〕7号）等法规文件的相关要求，财政部和民政部决定加大基金会注册会计师审计制度的实施力度，现就有关事项通知如下：

一、审计的类别与形式

基金会应当聘用会计师事务所对本单位的财务会计报告及相关信息进行审计，并依法披露财务会计报告和审计报告，接受社会公众的监督。登记管理机关为履行监管职责，也可以直接委托会计师事务所对基金会进行审计。

（一）年度审计。

基金会应当于每年3月31日前向登记管理机关报送上一年度经注册会计师审计的年度财务会计报告和会计师事务所出具的审计报告，接受年度检查；同时将年度财务会计报告在登记管理机关指定的统一信息公开平台上公布，接受社会公众的查询和监督。

基金会年度财务会计报告可以单独予以披露，也可以包含在年度工作报告中一并披露。基金会在依照相关法律法规申请公益性捐赠税前扣除资格、非营利组织免税资格以及办理免税手续时，应当按照有关文件的规定，将年度财务会计报告和审计报告等相关资料分别报送登记管理机关和与其同级的财政、税务部门。

（二）离任和换届审计。

1．基金会在法定代表人变更时，应当向登记管理机关报送注册会计师出具的对法定代表人任职期间经济责任的履行情况作出审计评价并提出审计建议的审计报告，并按照登记管理机关的要求向社会公布。

2．基金会在理事会换届时，应当向登记管理机关报送注册会计师出具的对理事会任期内财务收支真实、合法和效益等情况作出审计评价并提出审计建议的审计报告，并按照登记管理机关的要求向社会公布。

（三）专项审计。

基金会开展以下活动的，应当实施专项审计，在活动结束后向登记管理机关报送经注册会计师审计的专项审计报告，并按照登记管理机关的要求向社会公布。

1．符合以下条件之一的重大公益项目：

（1）当年该项目的捐赠收入占基金会当年捐赠总收入的 1/5 以上且金额超过人民币 50 万元的；

（2）当年该项目的支出占基金会当年总支出的 1/5 以上且金额超过人民币 50 万元的；

（3）持续时间超过 3 年的。

2．因参与处理自然灾害等突发事件需要开展的募捐活动。

3．登记管理机关要求进行专项审计的其他活动。

二、审计经费来源和支付方式

基金会审计经费由下列一项或多项来源构成：

（一）基金会自行承担。

基金会应当根据《基金会管理条例》及其他有关要求，自行承担审计费用。

（二）财政资金。

按照基金会管理权限，中央财政和地方财政安排一定的资金，由登记管理机关在以下三种情形下使用：

1．基金会确因资金困难无法承担审计费用的，可以向登记管理机关提出资助申请，登记管理机关视困难程度给予全额或一定比例的资助。相关申请和管理办法由登记管理机关商同级财政部门另行制定。

2．对于内部治理结构完善、财务管理透明、公益项目运作规范、评估等级较高且同时具备公益性捐赠税前扣除资格和非营利组织免税资格的基金会，登记管理机关可以奖励形式全额或部分承担审计费用。

3．登记管理机关为履行监管职责直接委托会计师事务所对基金会进行的审计，审计费用由登记管理机关承担。

登记管理机关应当按照国库集中支付管理制度和合同约定，将审计费用支付给受托会计师事务所。

（三）会计师事务所公益审计。

财政部门和民政部门鼓励会计师事务所为部分确有困难的基金会提供公益审计服务。会计师事务所提供公益审计服务，是履行社会责任的一种重要形式，中国注册会计师协会和地方注册会计师协会在具体开展全国及各省（自治区、直辖市）会计师事务所年度综合评价排名时应当予以考虑。

三、会计师事务所选聘范围和方式

（一）选聘范围。

对在民政部登记的基金会实施审计的会计师事务所，应当进入中国注册会计师协会公布的上一年度全国会计师事务所综合评价前 100 名；或具备三年以上（含三年）从事基金会或其他非营利组织审计工作经验，且注册会计师人数在 15 人以上，上一年度审计业务收入在 600 万元以上。

对在省级及以下民政部门登记的基金会实施审计的会计师事务所，应当进入全国会计师事务所综合评价前 100 名；或具备三年以上（含三年）从事基金会或其他非营利组织审计工作经验，且注册会计师人数在 10 人以上，上一年度审计业务收入在 300 万元以上。

（二）选聘方式。

基金会及其登记管理机关可以从上述范围内自行选聘会计师事务所；其中，使用财政资金聘请会计师事务所的，应当按照政府采购制度有关规定选聘会计师事务所。

四、相关要求

加强审计工作，强化社会监督，既是提高基金会公信力的有效举措，也是登记管理机关和其他有关部门依法监管的重要手段。

（一）各级财政部门和民政部门要高度重视这项工作，为会计师事务所依法依规做好审计工作提供保障，加强对会计师事务所和基金会的业务培训，加大检查力度，确保本通知的有关规定落到实处。

（二）各基金会应当深刻领会加强和完善审计制度的重要意义，积极配合注册会计师的审计工作，及时提供审计所需资料，并对所提供资料的真实性、合法性负责。基金会应当以此为契机，加强项目管理、收支管理和成本核算，不断提高财务管理和会计工作水平。

（三）参与基金会审计的会计师事务所应当按照法律法规和委托方要求，组织具有胜任能力的审计人员开展工作，严格遵守审计准则和职业道德的规定，认真完成各项审计工作，对审计报告的真实性和合法性负责。

（四）本通知自2012年1月1日起施行。考虑到基金会审计工作的连续性，如确有必要，基金会在参加2011年年度检查工作时可以继续聘请原会计师事务所开展审计工作。但在2012年年检工作启动时，必须根据本通知的要求聘请符合规定的会计师事务所开展审计工作。

（五）本通知适用于在民政部门登记注册的基金会、境外基金会代表机构和其他具有公益性捐赠税前扣除资格的公益性社会团体。

民政部关于印发《关于规范基金会行为的若干规定（试行）》的通知

（民发〔2012〕124号　2012年7月10日）

各省、自治区、直辖市民政厅（局），各计划单列市民政局，新疆生产建设兵团民政局：

根据《中华人民共和国公益事业捐赠法》、《基金会管理条例》、《基金会信息公布办法》等有关法规和政策规定，我部制定了《关于规范基金会行为的若干规定（试行）》，现印发给你们，请遵照执行。

各级登记管理机关要切实履行监督管理职责，在日常监督、年度检查和评估工作中，对基金会加强指导与检查。对于违反有关法规和政策规定的基金会，登记管理机关应当视情节轻重依法给予基本合格或不合格的年检结论，有评估等级的可以降低评估等级；情节严重的，应当依法给予行政处罚。

关于规范基金会行为的若干规定（试行）

为确保基金会恪守公益宗旨，规范开展活动，扩大公开透明，维护捐赠人、受益人和基金会的合法权益，进一步促进基金会健康发展，现对基金会行为规范中的若干问题作出如下规定：

一、基金会接受和使用公益捐赠

（一）基金会接受捐赠，应当与捐赠人明确权利义务，并根据捐赠人的要求与其订立书面捐赠协议。

基金会接受捐赠应当确保公益性。附加对捐赠人构成利益回报条件的赠与和不符合公益性目的的赠与，不应确认为公益捐赠，不得开具捐赠票据。

（二）基金会应当在实际收到捐赠后据实开具捐赠票据。捐赠人不需要捐赠票据的，或者匿名捐赠的，也应当开具捐赠票据，由基金会留存备查。

基金会接受非现金捐赠，应当在实际收到后确认收入并开具捐赠票据。受赠财产未经基金会验收确认，由捐赠人直接转移给受助人或者其他第三方的，不得作为基金会的捐赠收入，不得开具捐赠票据。

（三）基金会接受非现金捐赠，应当按照以下方法确定入账价值：

1. 捐赠人提供了发票、报关单等凭据的，应当以相关凭据作为确认入账价值的依据；捐赠方不能提供凭据的，应当以其他确认捐赠财产的证明，作为确认入账价值的依据；

2. 捐赠人提供的凭据或其他能够确认受赠资产价值的证明上标明的金额与受赠资产公允价值相差较大的，应当以其公允价值作为入账价值。

捐赠人捐赠固定资产、股权、无形资产、文物文化资产，应当以具有合法资质的第三方机构的评估作为确认入账价值的依据。无法评估或经评估无法确认价格的，基金会不得计入捐赠收入，不得开具捐赠票据，应当另外造册登记。

（四）基金会接受食品、药品、医疗器械等捐赠物品时，应当确保物品在到达最终受益人时仍处于保质期内且具有使用价值。

（五）基金会接受企业捐赠本企业生产的产品，应当要求企业提供产品质量认证证明或者产品合格证，以及受赠物品的品名、规格、种类、数量等相关资料。

（六）基金会应当将接受的捐赠财产用于资助符合其宗旨和业务范围的活动和事业。对于指定用于救助自然灾害等突发事件的受赠财产，用于应急的应当在应急期结束前使用完毕；用于灾后重建的应当在重建期结束前使用完毕。

对确因特殊原因无法使用完毕的受赠财产，基金会可在取得捐赠人同意或在公开媒体上公示后，将受赠财产用于与原公益目的相近似的目的。

（七）基金会与捐赠人订立了捐赠协议的，应当按照协议约定使用受赠财产。如需改变用途，应当征得捐赠人同意且仍需用于公益事业；确实无法征求捐赠人意见的，应当按照基金会的宗旨用于与原公益目的相近似的目的。

（八）捐赠协议和募捐公告中约定可以从公益捐赠中列支工作人员工资福

利和行政办公支出的，按照约定列支；没有约定的，不得从公益捐赠中列支。同时，基金会工作人员工资福利和行政办公支出应当符合《基金会管理条例》的要求，累计不得超过当年总支出的10%。

工作人员工资福利包括：

1. 全体工作人员的工资、福利费、住房公积金、社会保险（障）费（含离退休人员）；

2. 担任专职工作理事的津贴、补助和理事会运行费用。

行政办公支出包括：组织日常运作的办公费、水电费、邮电费、物业管理费、会议费、广告费、市内交通费、差旅费、折旧费、修理费、租赁费、无形资产摊销费、资产盘亏损失、资产减值损失、因预计负债所产生的损失、审计费以及聘请中介机构费和应偿还的受赠资产等。

（九）基金会用于公益事业的支出包括直接用于受助人的款物和为开展公益项目发生的直接运行费用。

项目直接运行费用包括：

1. 支付给项目人员的报酬，包括：工资福利、劳务费、专家费等；

2. 为立项、执行、监督和评估公益项目发生的费用，包括：差旅费、交通费、通讯费、会议费、购买服务费等；

3. 为宣传、推广公益项目发生的费用，包括：广告费、购买服务费等；

4. 因项目需要租赁房屋、购买和维护固定资产的费用，包括：所发生的租赁费、折旧费、修理费、办公费、水电费、邮电费、物业管理费等；

5. 为开展项目需要支付的其他费用。

捐赠协议和募捐公告中约定可以从公益捐赠中列支项目直接运行费用的，按照约定列支；没有约定的，不得超出本基金会规定的标准支出。

（十）基金会应当对公益捐赠的使用情况进行全过程监督，确保受赠款物及时足额拨付和使用。

（十一）基金会选定公益项目执行方、受益人，应当遵循公开、公正、公平和诚实信用的原则，保护社会公共利益和与项目有关的当事人的合法权益。

基金会不得资助以营利为目的开展的活动。

二、基金会的交易、合作及保值增值

（一）基金会应当严格区分交换交易收入和捐赠收入。通过出售物资、提供服务、授权使用或转让资产包括无形资产等交换交易取得的收入，应当记入商品销售收入、提供服务收入等相关会计科目，不得计入捐赠收入，不得开具公益事业捐赠票据。

（二）基金会进行交换交易，应当保护自身和社会公众的合法权益。不得以低于公允价值的价格出售物资、提供服务、授权或者转让无形资产；不得以高于公允价值的价格购买产品和服务。

（三）基金会不得将本组织的名称，公益项目品牌等其他应当用于公益目的的无形资产用于非公益目的。

（四）基金会不得直接宣传、促销、销售企业的产品和品牌；不得为企业及其产品提供信誉或者质量担保。

（五）基金会不得向个人、企业直接提供与公益活动无关的借款。

（六）基金会进行保值增值活动时，应当遵守以下规定：

1. 基金会进行保值增值应当遵守合法、安全、有效的原则。符合基金会的宗旨，维护基金会的信誉，遵守与捐赠人和受助人的约定，保证公益支出的实现；

2. 基金会可用于保值增值的资产限于非限定性资产、在保值增值期间暂不需要拨付的限定性资产；

3. 基金会进行委托投资，应当委托银行或者其他金融机构进行。

三、基金会的信息公布

（一）基金会的信息公布工作，应当符合《基金会信息公布办法》的要求。

（二）基金会通过义演、义赛、义卖、义展等活动进行募捐时，应当在开展募捐前向社会公布捐赠人权利义务、资金详细使用计划、成本预算；在资金使用过程中计划有调整的，应当及时向公众公布调整后的计划。

（三）基金会通过募捐以及为自然灾害等突发事件接受的公益捐赠，应当在取得捐赠收入后定期在本组织网站和其他媒体上公布详细的收入和支出明细，包括：捐赠收入、直接用于受助人的款物、与所开展的公益项目相关的各项直接运行费用等，在捐赠收入中列支了工作人员工资福利和行政办公支出的，还应当公布列支的情况。项目运行周期大于 3 个月的，每 3 个月公示 1 次；所有项目应当在项目结束后进行全面公示。

（四）捐赠人有权查询捐赠财产的使用、管理情况。对于捐赠人的查询，基金会应当及时如实答复。

（五）基金会的年度工作报告除在登记管理机关指定的媒体上公布外，还应当置备于本基金会，接受捐赠人的查询。

（六）基金会应当及时向社会公众公布下列信息：

1. 发起人；

2. 主要捐赠人；

3. 基金会理事主要来源单位；

4. 基金会投资的被投资方；

5. 其他与基金会存在控制、共同控制或者重大影响关系的个人或组织；

6. 基金会与上述个人或组织发生的交易。

（七）基金会应当建立健全内部制度，将所有分支机构、代表机构、专项基金以及各项业务活动纳入统一管理。

基金会应当在内部制度中对下列问题做出规定：

1. 各项工作人员工资福利和行政办公支出的支付标准、列支原则、审批程序，以及占基金会总支出的比例；

2. 开展公益项目所发生的直接运行费用的支付标准、列支原则、审批程序，以及占该项目总支出的比例；

3. 资产管理和处置的原则、风险控制机制、审批程序，以及用于投资的资产占基金会总资产的比例。

基金会的内部制度，应当在登记管理机关指定的媒体或者本组织网站等其他便于社会公众查询的媒体上予以公开。

本规定适用于在民政部门登记注册的基金会和其他具有公益性捐赠税前扣除资格的社会团体。

教育部 财政部 民政部关于加强中央部门所属高校教育基金会财务管理的若干意见

（教财〔2014〕3号 2014年9月18日）

有关部门（单位）教育司（局），各中央部门所属高校，各中央部门所属高校教育发展基金会：

为加强中央部门所属高等学校（以下简称学校）教育基金会(以下简称基金会)财务管理，规范财务行为，维护捐赠人、受益人和基金会的合法权益，进一步促进基金会健康发展，根据《公益事业捐赠法》《高等教育法》《基金会管理条例》及国家其他有关法律法规，现就加强基金会财务管理提出以下意见。

一、完善治理结构，保障内控体系健全有效

1．基金会作为学校多元化筹资体系的重要组成部分和接受社会公益捐赠的窗口，围绕学校办学目标开展活动，通过筹资、投资等方式为学校办学活动提供经费等支持。

2．学校应当支持基金会的运行和发展，促进基金会的能力建设。

3．基金会资金的募集、管理和使用计划、基金会财务收支预算、决算等重大事项，应当经理事会讨论决定。

4．基金会财务工作在基金会理事会领导下开展，并接受业务主管单位和学校财务部门的业务指导和监督。

5．基金会应当建立健全内部控制体系，严格执行不相容职务的分离制度，严格贯彻决策、执行和监督相分离制度，有效控制各类风险。

6．基金会应当配备具有专业资格的专职财会人员。财会人员数量应当满足不相容职务分离的要求。会计岗位、出纳岗位和投资岗位的人员不得相互兼任。

7．基金会应当将所有分支机构、代表机构、专项基金以及各项业务活动纳入统一管理。分支机构的运行情况和财务状况应当在基金会年报中反映和说明。

8．基金会应当支持监事依照章程规定的程序检查财务和会计资料，列席理事会会议，向理事会提出质询和建议，并向登记管理机关、业务主管单位以及税务、会计主管部门反映情况。

二、加强财务管理，规范会计核算工作

9. 基金会执行《民间非营利组织会计制度》，依法进行会计核算，建立健全内部会计监督制度，保证会计资料合法、真实、准确、完整。

10. 基金会应当开设独立、合法的银行账户。

11. 基金会获得的各类收入应当及时足额地纳入账户核算，不得长期挂账，不得“坐收坐支”，更不得形成“账外资金”和“小金库”。

12. 基金会收到捐赠后应当据实开具捐赠票据。捐赠人不需要捐赠票据的，或者匿名捐赠的，也应开具捐赠票据，由基金会留存备查。

13. 基金会接受现金捐赠，收款人和开票人应当由两人以上分别承担，所收取的现金应及时入账。

14. 基金会接受非现金捐赠，应当在实际收到并确认公允价值后开具捐赠票据。受赠财产未经基金会验收确认，由捐赠人直接转移给受助人或者其他第三方的，不得作为基金会的捐赠收入，不得开具捐赠票据。

15. 基金会接受非现金捐赠时，在捐赠人提供了发票、报关单或其他凭据的情况下，应当以相关凭据作为确认入账价值的依据；在捐赠方不能提供凭据的情况下，应以其他确认捐赠财产的证明，作为确认入账价值的依据。

16. 基金会接受捐赠的固定资产、股权、无形资产、文物文化资产，没有发票、报关单或其他凭据作为入账依据的，应当以具有合法资质的第三方机构的评估作为确认入账价值的依据。无法评估或经评估无法确认价格的，基金会不得计入捐赠收入，不得开具捐赠票据，应当另外造册登记。

三、加强筹资过程管理，促进筹资专业化

17. 基金会接受捐赠，必须与捐赠人明确权利义务，订立书面捐赠协议。

18. 基金会接受捐赠应确保公益性。附加对捐赠人构成利益回报条件的赠与和不符合公益性质的赠与，不应确认为公益捐赠，不得开具捐赠票据。

19. 基金会应当严格区分交换交易收入和捐赠收入。通过出售物资、提供服务、授权使用或转让资产包括无形资产等交换交易取得的收入，应当计入商品销售收入、提供服务收入等，不得计入捐赠收入，不得开具公益事业捐赠票据。对于协议或合同中载明知识产权归捐赠人或除学校外第三方的研究类合同，不应确认为捐赠合同，收入不得确认为捐赠收入。

20．基金会接受捐赠过程中，如果涉及学校建筑、设施、场所的冠名事项以及学校内部机构冠名事项，应当征得学校同意。

21．基金会不得将本组织的名称、公益项目品牌等用于非公益目的。

22．基金会不得直接宣传、促销、销售企业的产品和品牌。

23．基金会可以筹资设立支持附属学校和附属单位发展的基金，但不得收取与入学挂钩的赞助费、捐赠款，不得以接受捐赠的名义乱收费。

24．基金会应当加强对筹资过程的管理和监督，推动筹资活动的专业化。

四、规范投资行为，防范和控制财务风险

25．基金会应当加强资产管理，配备资产管理人员，建立定期盘点制度，对非现金资产应该进行登记和管理，做到账实相符、账表相符。

26．基金会资产保值增值应当遵循合法、安全、有效的原则，建立投资责任体系和追踪问责机制，明确投资止损原则，通过有效的过程管理控制投资风险。

27．基金会可用于保值增值的资产限于非限定性资产和在保值增值期间暂不需要拨付的限定性资产。捐赠人对于其捐赠款投资有限制性意见的，基金会不能违背捐赠人意愿开展投资活动。基金会应保持资金的流动性，投资活动不得影响公益支出的实现。

28．基金会投资决策与执行应当分离。建立规范的投资决策议事规则，投资计划必须经过理事会决策同意方可执行。理事会授权投资委员会开展投资活动的，投资计划也必须报理事会决策，投资结果必须向理事会汇报，投资责任仍由理事会承担。每一项投资决策都必须经过表决，决策记录应载明投资事项、提请投资人的意见和签名、参与表决人的意见和签名，表决结果存书面档案。

29．基金会进行委托投资的，应当委托银行或者其他金融机构进行。

30．基金会的资金不得投向期货、期权等衍生金融工具，不得提供任何形式的经济担保或财产担保。

31．基金会投资收益必须全部足额纳入统一账户进行管理，并确保用于符合公益宗旨的方向。

五、合理使用捐赠资金，促进教育事业发展

32．基金会应当将接受的捐赠财产用于资助符合其宗旨和业务范围的活动和事业。基金会与捐赠人订立了捐赠协议的，应当按照协议约定使用。如需改变用途，应当征得捐赠人书面同意。

33. 捐赠协议和募捐公告中约定可从捐赠收入中列支工作人员工资福利和行政办公支出的，按照约定列支；没有约定的，不得列支。基金会工作人员工资福利和行政办公支出应当符合《基金会管理条例》要求，累计不得超过当年总支出的 10%。

34. 基金会用于公益事业的支出应当按照有关规定使用。公募基金会每年用于从事章程规定的公益事业支出，不得低于上一年总收入的 70%；非公募基金会每年用于从事章程规定的公益事业支出，不得低于上一年基金余额的 8%。基金会工作人员在学校有薪金收入的，不得再从基金会取得收入。

35. 基金会资助学校的项目，在使用时可转至学校进行财务明细核算。学校对于基金会转来的资助项目，应当准确完整及时地提供经费使用情况。

36. 基金会在使用经费时，应当主要通过银行进行支付，减少现金的使用。

37. 基金会不得向个人、企业直接提供与公益活动无关的借款，不得资助以营利为目的的活动。

六、健全信息公开制度，自觉接受社会监督

38. 基金会应当建立定期财务报告制度，准确、完整、及时地反映基金会财务状况、业务活动和现金流量情况。

39. 基金会应当按照登记管理机关、业务主管单位的要求进行审计，并自觉接受税务、会计等主管部门的监督。

40. 基金会应当于每年 3 月 31 日前向登记管理机关报送上一年度工作报告，接受年度检查，同时抄报业务主管单位；通过登记管理机关年度检查后，要将年度工作报告在登记管理机关指定的媒体及基金会网站上公布。

41. 基金会的信息公布工作，应当符合《基金会信息公布办法》《关于规范基金会行为的若干规定（试行）》的要求。

42. 捐赠人有权查询捐赠财产的使用、管理情况。对于捐赠人的查询，基金会应及时如实答复。

43. 学校应当协助基金会就审计中发现的问题进行整改，促进工作的规范化。

三、民办非企业单位管理

民办非企业单位登记管理暂行条例

（中华人民共和国国务院令第 251 号　1998 年 10 月 25 日）

第一章　总则

第一条　为了规范民办非企业单位的登记管理，保障民办非企业单位的合法权益，促进社会主义物质文明、精神文明建设，制定本条例。

第二条　本条例所称民办非企业单位，是指企业事业单位、社会团体和其他社会力量以及公民个人利用非国有资产举办的，从事非营利性社会服务活动的社会组织。

第三条　成立民办非企业单位，应当经其业务主管单位审查同意，并依照本条例的规定登记。

第四条　民办非企业单位应当遵守宪法、法律、法规和国家政策，不得反对宪法确定的基本原则，不得危害国家的统一、安全和民族的团结，不得损害国家利益、社会公共利益以及其他社会组织和公民的合法权益，不得违背社会道德风尚。

民办非企业单位不得从事营利性经营活动。

第五条　国务院民政部门和县级以上地方各级人民政府民政部门是本级人民政府的民办非企业单位登记管理机关（以下简称登记管理机关）。

国务院有关部门和县级以上地方各级人民政府的有关部门、国务院或者县级以上地方各级人民政府授权的组织，是有关行业、业务范围内民办非企业单位的业务主管单位（以下简称业务主管单位）。

法律、行政法规对民办非企业单位的监督管理另有规定的，依照有关法律、行政法规的规定执行。

第二章　管辖

第六条　登记管理机关负责同级业务主管单位审查同意的民办非企业单位的登记管理。

第七条　登记管理机关、业务主管单位与其管辖的民办非企业单位的住所不在一地的，可以委托民办非企业单位住所地的登记管理机关、业务主管单位负责委托范围内的监督管理工作。

第三章　登记

第八条　申请登记民办非企业单位，应当具备下列条件：

（一）经业务主管单位审查同意；

（二）有规范的名称、必要的组织机构；

（三）有与其业务活动相适应的从业人员；

（四）有与其业务活动相适应的合法财产；

（五）有必要的场所。

民办非企业单位的名称应当符合国务院民政部门的规定，不得冠以“中国”、“全国”、“中华”等字样。

第九条　申请民办非企业单位登记，举办者应当向登记管理机关提交下列文件：

（一）登记申请书；

（二）业务主管单位的批准文件；

（三）场所使用权证明；

（四）验资报告；

（五）拟任负责人的基本情况、身份证明；

（六）章程草案。

第十条　民办非企业单位的章程应当包括下列事项：

（一）名称、住所；

（二）宗旨和业务范围；

（三）组织管理制度；

（四）法定代表人或者负责人的产生、罢免的程序；

（五）资产管理和使用的原则；

（六）章程的修改程序；

（七）终止程序和终止后资产的处理；

（八）需要由章程规定的其他事项。

第十一条 登记管理机关应当自收到成立登记申请的全部有效文件之日起 60 日内作出准予登记或者不予登记的决定。有下列情形之一的，登记管理机关不予登记，并向申请人说明理由：

（一）有根据证明申请登记的民办非企业单位的宗旨、业务范围不符合本条例第四条规定的；

（二）在申请成立时弄虚作假的；

（三）在同一行政区域内已有业务范围相同或者相似的民办非企业单位，没有必要成立的；

（四）拟任负责人正在或者曾经受到剥夺政治权利的刑事处罚，或者不具有完全民事行为能力的；

（五）有法律、行政法规禁止的其他情形的。

第十二条 准予登记的民办非企业单位，由登记管理机关登记民办非企业单位的名称、住所、宗旨和业务范围、法定代表人或者负责人、开办资金、业务主管单位，并根据其依法承担民事责任的不同方式，分别发给《民办非企业单位（法人）登记证书》、《民办非企业单位（合伙）登记证书》、《民办非企业单位（个体）登记证书》。

依照法律、其他行政法规规定，经有关主管部门依法审核或者登记，已经取得相应的执业许可证书的民办非企业单位，登记管理机关应当简化登记手续，凭有关主管部门出具的执业许可证明文件，发给相应的民办非企业单位登记证书。

第十三条 民办非企业单位不得设立分支机构。

第十四条 民办非企业单位凭登记证书申请刻制印章，开立银行账户。民办非企业单位应当将印章式样、银行账号报登记管理机关备案。

第十五条 民办非企业单位的登记事项需要变更的，应当自业务主管单位审查同意之日起 30 日内，向登记管理机关申请变更登记。

民办非企业单位修改章程，应当自业务主管单位审查同意之日起 30 日内，报登记管理机关核准。

第十六条 民办非企业单位自行解散的，分立、合并的，或者由于其他原因需要注销登记的，应当向登记管理机关办理注销登记。

民办非企业单位在办理注销登记前，应当在业务主管单位和其他有关机关的指导下，成立清算组织，完成清算工作。清算期间，民办非企业单位不得开展清算以外的活动。

第十七条 民办非企业单位法定代表人或者负责人应当自完成清算之日起15日内，向登记管理机关办理注销登记。办理注销登记，须提交注销登记申请书、业务主管单位的审查文件和清算报告。

登记管理机关准予注销登记的，发给注销证明文件，收缴登记证书、印章和财务凭证。

第十八条 民办非企业单位成立、注销以及变更名称、住所、法定代表人或者负责人，由登记管理机关予以公告。

第四章 监督管理

第十九条 登记管理机关履行下列监督管理职责：

（一）负责民办非企业单位的成立、变更、注销登记；

（二）对民办非企业单位实施年度检查；

（三）对民办非企业单位违反本条例的问题进行监督检查，对民办非企业单位违反本条例的行为给予行政处罚。

第二十条 业务主管单位履行下列监督管理职责：

（一）负责民办非企业单位成立、变更、注销登记前的审查；

（二）监督、指导民办非企业单位遵守宪法、法律、法规和国家政策，按照章程开展活动；

（三）负责民办非企业单位年度检查的初审；

（四）协助登记管理机关和其他有关部门查处民办非企业单位的违法行为；

（五）会同有关机关指导民办非企业单位的清算事宜。

业务主管单位履行前款规定的职责，不得向民办非企业单位收取费用。

第二十一条 民办非企业单位的资产来源必须合法，任何单位和个人不得侵占、私分或者挪用民办非企业单位的资产。

民办非企业单位开展章程规定的活动，按照国家有关规定取得的合法收入，必须用于章程规定的业务活动。

民办非企业单位接受捐赠、资助，必须符合章程规定的宗旨和业务范围，必须根据与捐赠人、资助人约定的期限、方式和合法用途使用。民办非企业单位应当向业务主管单位报告接受、使用捐赠、资助的有关情况，并应当将有关情况以适当方式向社会公布。

第二十二条 民办非企业单位必须执行国家规定的财务管理制度，接受财政部门的监督；资产来源属于国家资助或者社会捐赠、资助的，还应当接受审计机关的监督。

民办非企业单位变更法定代表人或者负责人，登记管理机关、业务主管单位应当组织对其进行财务审计。

第二十三条 民办非企业单位应当于每年3月31日前向业务主管单位报送上一年度的工作报告，经业务主管单位初审同意后，于5月31日前报送登记管理机关，接受年度检查。工作报告内容包括：本民办非企业单位遵守法律法规和国家政策的情况、依照本条例履行登记手续的情况、按照章程开展活动的情况、人员和机构变动的情况以及财务管理的情况。

对于依照本条例第十二条第二款的规定发给登记证书的民办非企业单位，登记管理机关对其应当简化年度检查的内容。

第五章 罚则

第二十四条 民办非企业单位在申请登记时弄虚作假，骗取登记的，或者业务主管单位撤销批准的，由登记管理机关予以撤销登记。

第二十五条 民办非企业单位有下列情形之一的，由登记管理机关予以警告，责令改正，可以限期停止活动；情节严重的，予以撤销登记；构成犯罪的，依法追究刑事责任：

（一）涂改、出租、出借民办非企业单位登记证书，或者出租、出借民办非企业单位印章的；

（二）超出其章程规定的宗旨和业务范围进行活动的；

（三）拒不接受或者不按照规定接受监督检查的；

（四）不按照规定办理变更登记的；

（五）设立分支机构的；

（六）从事营利性的经营活动的；

（七）侵占、私分、挪用民办非企业单位的资产或者所接受的捐赠、资助的；

（八）违反国家有关规定收取费用、筹集资金或者接受使用捐赠、资助的。

前款规定的行为有违法经营额或者违法所得的，予以没收，可以并处违法经营额1倍以上3倍以下或者违法所得3倍以上5倍以下的罚款。

第二十六条 民办非企业单位的活动违反其他法律、法规的，由有关国家机关依法处理；有关国家机关认为应当撤销登记的，由登记管理机关撤销登记。

第二十七条 未经登记，擅自以民办非企业单位名义进行活动的，或者被撤销登记的民办非企业单位继续以民办非企业单位名义进行活动的，由登记管理机关予以取缔，没收非法财产；构成犯罪的，依法追究刑事责任；尚不构成犯罪的，依法给予治安管理处罚。

第二十八条 民办非企业单位被限期停止活动的，由登记管理机关封存其登记证书、印章和财务凭证。

民办非企业单位被撤销登记的，由登记管理机关收缴登记证书和印章。

第二十九条 登记管理机关、业务主管单位的工作人员滥用职权、徇私舞弊、玩忽职守构成犯罪的，依法追究刑事责任；尚不构成犯罪的，依法给予行政处分。

第六章 附则

第三十条 民办非企业单位登记证书的式样由国务院民政部门制定。

对民办非企业单位进行年度检查不得收取费用。

第三十一条 本条例施行前已经成立的民办非企业单位，应当自本条例实施之日起1年内依照本条例有关规定申请登记。

第三十二条 本条例自发布之日起施行。

民办非企业单位登记暂行办法

（民政部令〔1998〕18号　1999年12月28日发布施行）

第一条　根据《民办非企业单位登记管理暂行条例》（以下简称条例）制定本办法。

第二条　民办非企业单位根据其依法承担民事责任的不同方式分为民办非企业单位（法人）、民办非企业单位（合伙）和民办非企业单位（个体）三种。

个人出资且担任民办非企业单位负责人的，可申请办理民办非企业单位（个体）登记；

两人或两人以上合伙举办的，可申请办理民办非企业单位（合伙）登记；

两人或两人以上举办且具备法人条件的，可申请办理民办非企业单位（法人）登记。

由企业事业单位、社会团体和其他社会力量举办的或由上述组织与个人共同举办的，应当申请民办非企业单位（法人）登记。

第三条　民办非企业单位登记管理机关（以下简称登记管理机关）审核登记的程序是受理、审查、核准、发证、公告。

（一）受理。申请登记的举办者所提交的文件、证件和填报的登记申请表齐全、有效后，方可受理。

（二）审查。审查提交的文件、证件和填报的登记申请表的真实性、合法性、有效性，并核实有关登记事项和条件。

（三）核准。经审查和核实后，作出准予登记或者不予登记的决定，并及时通知申请登记的单位或个人。

（四）发证。对核准登记的民办非企业单位，分别颁发有关证书，并办理领证签字手续。

（五）公告。对核准登记的民办非企业单位，由登记管理机关发布公告。

第四条 举办民办非企业单位，应按照下列所属行（事）业申请登记：

（一）教育事业，如民办幼儿园，民办小学、中学、学校、学院、大学，民办专修（进修）学院或学校，民办培训（补习）学校或中心等；

（二）卫生事业，如民办门诊部（所）、医院，民办康复、保健、卫生、疗养院（所）等；

（三）文化事业，如民办艺术表演团体、文化馆（活动中心）、图书馆（室）、博物馆（院）、美术馆、画院、名人纪念馆、收藏馆、艺术研究院（所）等；

（四）科技事业，如民办科学研究院（所、中心），民办科技传播或普及中心、科技服务中心、技术评估所（中心）等；

（五）体育事业，如民办体育俱乐部，民办体育场、馆、院、社、学校等；

（六）劳动事业，如民办职业培训学校或中心，民办职业介绍所等；

（七）民政事业，如民办福利院、敬老院、托老所、老年公寓，民办婚姻介绍所，民办社区服务中心（站）等；

（八）社会中介服务业，如民办评估咨询服务中心（所），民办信息咨询调查中心（所），民办人才交流中心等；

（九）法律服务业；

（十）其他。

第五条 申请登记民办非企业单位，应当具备条例第八条规定的条件。

民办非企业单位的名称，必须符合国务院民政部门制定的《民办非企业单位名称管理暂行规定》。

民办非企业单位必须拥有与其业务活动相适应的合法财产，且其合法财产中的非国有资产份额不得低于总财产的三分之二。开办资金必须达到本行（事）业所规定的最低限额。

第六条 申请民办非企业单位成立登记，举办者应当提交条例第九条规定的文件。

民办非企业单位的登记申请书应当包括：举办者单位名称或申请人姓名；拟任法定代表人或单位负责人的基本情况；住所情况；开办资金情况；申请登记理由等。

业务主管单位的批准文件，应当包括对举办者章程草案、资金情况（特别是资产的非国有性)、拟任法定代表人或单位负责人基本情况、从业人员资格、场所设备、组织机构等内容的审查结论。

民办非企业单位的活动场所须有产权证明或一年期以上的使用权证明。

民办非企业单位的验资报告应由会计师事务所或其他有验资资格的机构出具。

拟任法定代表人或单位负责人的基本情况应当包括姓名、性别、民族、年龄、目前人事关系所在单位、有否受到剥夺政治权利的刑事处罚、个人简历等。拟任法定代表人或单位负责人的身份证明为身份证的复印件，登记管理机关认为必要时可验证身份证原件。

对合伙制的民办非企业单位，拟任单位负责人指所有合伙人。

民办非企业单位的章程草案应当符合条例第十条的规定。合伙制的民办非企业单位的章程可为其合伙协议，合伙协议应当包括条例第十条第一、二、三、五、六、七、八项的内容。民办非企业单位须在其章程草案或合伙协议中载明该单位的盈利不得分配，解体时财产不得私分。

第七条　民办非企业单位的登记事项为：名称、住所、宗旨和业务范围、法定代表人或者单位负责人、开办资金、业务主管单位。

住所是指民办非企业单位的办公场所，须按所在市、县、乡（镇）及街道门牌号码的详细地址登记。

宗旨和业务范围必须符合法律法规及政策规定。

开办资金应当与实有资金相一致。

业务主管单位应登记其全称。

第八条　经审核准予登记的，登记管理机关应当书面通知民办非企业单位，并根据其依法承担民事责任的不同方式，分别发给《民办非企业单位（法人）登记证书》、《民办非企业单位（合伙）登记证书》或《民办非企业单位（个体）登记证书》。对不予登记的，登记管理机关应当书面通知申请单位或个人。

民办非企业单位可凭据登记证书依照有关规定办理组织机构代码和税务登记、刻制印章、开立银行账户，在核准的业务范围内开展活动。

第九条　按照条例第十二条第二款的规定，应当简化登记手续的民办非企业单位，办理登记时，应向登记管理机关提交下列文件：

（一）登记申请书；

（二）章程草案；

（三）拟任法定代表人或单位负责人的基本情况、身份证明；

（四）业务主管单位出具的执业许可证明文件。

第十条 条例施行前已经成立的民办非企业单位，应当依照条例及本办法的规定办理申请登记。

已在各级人民政府的编制部门或工商行政管理部门注册登记的民办非企业单位办理补办登记手续，还应向登记管理机关提交编制部门或工商行政管理部门准予注销的证明文件。

第十一条 民办非企业单位根据条例第十五条规定申请变更登记事项时，应向登记管理机关提交下列文件：

（一）法定代表人或单位负责人签署并加盖公章的变更登记申请书。申请书应载明变更的理由，并附决定变更时依照章程履行程序的原始纪要，法定代表人或单位负责人因故不能签署变更登记申请书的，申请单位还应提交不能签署的理由的文件；

（二）业务主管单位对变更登记事项审查同意文件；

（三）登记管理机关要求提交的其他文件。

第十二条 民办非企业单位的住所、业务范围、法定代表人或单位负责人、开办资金、业务主管单位发生变更的，除向登记管理机关提交本办法第十一条规定的文件外，还须分别提交下列材料：变更后新住所的产权或使用权证明；变更后的业务范围；变更后法定代表人或单位负责人的身份证明，及本办法第六条第六款涉及的其他材料；变更后的验资报告；原业务主管单位不再承担业务主管的文件。

第十三条 登记管理机关核准变更登记的，民办非企业单位应交回民办非企业单位登记证书正副本，由登记管理机关换发新的登记证书。

第十四条 民办非企业单位修改章程或合伙协议的，应当报原登记管理机关核准。报请核准时，应提交下列文件：

（一）法定代表人或单位负责人签署并加盖公章的核准申请书；

（二）业务主管单位审查同意的文件；

（三）章程或合伙协议的修改说明及修改后的章程或合伙协议；

（四）有关的文件材料。

第十五条 民办非企业单位变更业务主管单位，须在原业务主管单位出具不再担任业务主管的文件之日起90日内找到新的业务主管单位，并到登记管理机关申请变更登记。

在登记管理机关作出准予变更登记决定之前，原业务主管单位应继续履行条例第二十条规定的监督管理职责。

第十六条 登记管理机关应在收到民办非企业单位申请变更登记的全部有效文件后，在法定期限内，作出准予变更或不准予变更的决定，并书面通知民办非企业单位。

第十七条 民办非企业单位有下列情况之一的，必须申请注销登记：

（一）章程规定的解散事由出现；

（二）不再具备条例第八条规定条件的；

（三）宗旨发生根本变化的；

（四）由于其他变更原因，出现与原登记管理机关管辖范围不一致的；

（五）作为分立母体的民办非企业单位因分立而解散的；

（六）作为合并源的民办非企业单位因合并而解散的；

（七）民办非企业单位原业务主管单位不再担当其业务主管单位，且在90日内找不到新的业务主管单位的；

（八）有关行政管理机关根据法律、行政法规规定认为需要注销的；

（九）其他原因需要解散的；

属于本条第一款第七项规定的情形，民办非企业单位的原业务主管单位须继续履行职责，至民办非企业单位完成注销登记。

第十八条 民办非企业单位根据条例第十六条的规定申请注销登记时，应向登记管理机关提交下列文件：

（一）法定代表人或单位负责人签署并加盖单位公章的注销登记申请书，法定代表人或单位负责人因故不能签署的，还应提交不能签署的理由的文件；

（二）业务主管单位审查同意的文件；

（三）清算组织提出的清算报告；

（四）民办非企业单位登记证书（正、副本）；

（五）民办非企业单位的印章和财务凭证；

（六）登记管理机关认为需要提交的其他文件。

第十九条 登记管理机关应在收到民办非企业单位申请注销登记的全部有效文件后，在法定期限内，作出准予注销或不准予注销的决定，并书面通知民办非企业单位。

登记管理机关准予注销登记的，应发给民办非企业单位注销证明文件。

第二十条 民办非企业单位登记公告分为成立登记公告、注销登记公告和变更登记公告。

登记管理机关发布的公告须刊登在公开发行的、发行范围覆盖同级政府所辖行政区域的报刊上。

第二十一条 成立登记公告的内容包括：名称、住所、法定代表人或单位负责人、开办资金、宗旨和业务范围、业务主管单位、登记时间、登记证号。

第二十二条 变更登记公告的内容除变更事项外，还应包括名称、登记证号、变更时间。

第二十三条 注销登记公告的内容包括名称、住所、法定代表人或单位负责人、登记证号、业务主管单位、注销时间。

第二十四条 民办非企业单位登记证书分为正本和副本，正本和副本具有同等法律效力。

民办非企业单位登记证书的正本应当悬挂于民办非企业单位住所的醒目位置。

民办非企业单位登记证书副本的有效期为 4 年。

第二十五条 民办非企业单位登记证书遗失的，应当及时在公开发行的报刊上声明作废，并到登记管理机关申请办理补发证书手续。

第二十六条 民办非企业单位申请补发登记证书，应当向登记管理机关提交下列文件：

（一）补发登记证书申请书；

（二）在报刊上刊登的原登记证书作废的声明。

第二十七条 经核准登记的民办非企业单位开立银行账户，应按照民政部、中国人民银行联合发布的《关于民办非企业单位开立银行账户有关问题的通知》的有关规定办理。

第二十八条 经核准登记的民办非企业单位刻制印章，应按照民政部、公安部联合发布的《民办非企业单位印章管理规定》的有关规定办理。

第二十九条 本办法自发布之日起施行。

民政部关于印发《民办非企业单位名称管理暂行规定》的通知

（民发〔1999〕129号　1999年12月28日）

各省、自治区、直辖市民政厅（局），各计划单列市民政局，新疆生产建设兵团民政局：

现将《民办非企业单位名称管理暂行规定》印发给你们，请认真贯彻执行。

民办非企业单位名称管理暂行规定

第一条　为了规范民办非企业单位名称管理，保护民办非企业单位的合法权益，根据《民办非企业单位登记管理暂行条例》（以下简称条例）制定本规定。

第二条　民办非企业单位登记管理机关（以下简称登记管理机关）负责民办非企业单位名称的核准登记，监督管理其名称的使用，保护其名称权。经登记管理机关核准登记的民办非企业单位名称受法律保护。

第三条　民办非企业单位名称应当由以下部分依次组成：字号、行（事）业或业务领域、组织形式。

民办非企业单位名称应当冠以民办非企业单位所在地省（自治区、直辖市）、市（地、州）、县（县级市、市辖区）行政区划名称或地名。

第四条　民办非企业单位名称不能单独冠以市辖区的名称或地名，应当与所在市的行政区划名称或地名连用。

民政部登记的民办非企业单位，其名称一般不冠以行政区划名称或地名。

第五条 民办非企业单位的字号应当由两个以上的汉字组成。可以使用本地或者异地的地名作字号，但不得使用县以上（含县）行政区划名称作字号。

第六条 民办非企业单位应当根据其业务，依照国家行（事）业分类标准划分的类别，在民办非企业单位名称中标明所属行（事）业或者业务特点。

第七条 民办非企业单位名称中所标明的组织形式必须明确易懂，一般称学校、学院、园、医院、中心、院、所、馆、站、社、公寓、俱乐部等。不得使用“总”字。

第八条 民办非企业单位名称应当使用汉字，民族自治地方的民办非企业单位名称可以同时使用本民族自治地方通用的民族文字。

第九条 民办非企业单位名称应当符合法律、法规的规定，不得含有下列文字和内容：

（一）冠以“中国”、“全国”、“中华”等字样；

（二）有损于国家、社会公共利益的，违背社会道德风尚，带有封建迷信色彩的；

（三）可能对公众造成欺骗或者误解的；

（四）政党名称、党政军机关名称、人民团体名称、社会团体名称、事业单位名称、企业名称及宗教界的寺、观、教堂（佛、道教的寺、观，伊斯兰教的清真寺，天主教、基督教的教堂）名称；

（五）已被撤销的民办非企业单位的名称；

（六）其他法律、行政法规规定禁止的。

第十条 民办非企业单位只准使用一个名称，在登记管理机关管辖范围内不得与已登记的同行（事）业单位名称相同。

第十一条 民办非企业单位申请成立登记、变更名称登记，业务主管单位应当将民办非企业单位拟定名称意见报登记管理机关。

第十二条 两个以上民办非企业单位向同一登记管理机关申请相同的符合规定的民办非企业单位名称，登记管理机关依照申请在先原则登记。

第十三条 本规定自发布之日起施行。

民政部关于《民办非企业单位名称管理暂行规定》有关问题的通知

（民函〔2003〕152号　2003年7月30日）

各省、自治区、直辖市民政厅（局），计划单列市民政局、新疆生产建设兵团民政局：

近期各地民政部门纷纷来电反映，《民办非企业单位名称管理暂行规定》的某些条款与《社会力量办学条例》等有关行政法规、规章中的条款不够衔接，给登记管理工作带来不便。经研究，现就《民办非企业单位名称管理暂行规定》执行中的有关问题通知如下：

一、民办非企业单位名称的登记管理工作，应严格执行民政部《民办非企业单位名称管理暂行规定》的有关规定。全国人大、国务院制定的法律、行政法规及《民办非企业单位登记管理暂行条例》颁布前国务院有关部门制定的规章，对民办非企业单位名称另有规定的，可从其规定。

二、民办非企业单位名称可以使用自然人举办人姓名作字号。各地登记管理机关在审批过程中应注意以下问题：

1. 举办者应提交本人同意使用其姓名的授权文书和公证机关出具的公证文书；本人已经死亡的，应当提交其法定继承人同意使用该人姓名的授权文书和公证机关的公证文书；

2. 所用姓名与党和国家领导人或老一辈革命家的姓名相同的，应另起字号；

3. 所用姓名在文字上另有其他含义，或可能对公众造成欺骗或者误解的，应另起字号。

三、民办非企业单位名称需译成外文使用的，由民办非企业单位依据文字翻译原则自行翻译使用，不需报民办非企业单位登记管理机关核准登记。

四、民族自治地方的民办非企业单位名称使用民族文字的，应当将汉字名称和民族文字名称同时报登记管理机关核准登记，方可使用。

民办非企业单位（法人）章程示范文本

说　明

一、根据 1998 年 10 月 25 日国务院颁布的《民办非企业单位登记管理暂行条例》和其他有关法律法规，制定此章程示范文本。

二、此文本旨在为民办非企业单位（法人）制定章程提供范例。

三、民办非企业单位（法人）制定的章程，应当包括章程示范文本中所列全部条款，可以根据实际情况作适当补充。

四、〔 〕内文字为制定要求。

第一章　总则

第一条　本单位的名称是＿＿＿＿＿＿＿＿＿＿＿＿＿＿＿。

〔名称应当符合《民办非企业单位登记管理暂行条例》和民政部《民办非企业单位名称管理暂行规定》的规定〕

第二条　本单位的性质是＿＿＿＿＿＿＿＿＿＿＿＿＿＿＿。

〔必须载明：主要利用非国有资产、自愿举办、从事非营利性社会服务活动的社会组织〕

第三条　本单位的宗旨是＿＿＿＿＿＿＿＿＿＿＿＿＿＿＿。

〔必须载明：遵守宪法、法律、法规和国家政策，遵守社会道德风尚，单位设立的目的〕

第四条　本单位的登记管理机关是＿＿＿＿＿＿＿＿＿＿；

本单位的业务主管单位是＿＿＿＿＿＿＿＿＿＿。

第五条　本单位的住所地是＿＿＿＿＿＿＿＿＿＿＿＿＿＿。

〔如：××省（自治区、直辖市）××市（区、县）〕

第六条　本章程中的各项条款与法律、法规、规章不符的，以法律、法规、规章的规定为准。

第二章　举办者、开办资金和业务范围

第七条　本单位的举办者是＿＿＿＿＿＿＿＿＿＿＿＿＿＿。

举办者享有下列权利：

（一）了解本单位经营状况和财务状况；

（二）推荐理（董）事（以下简称理事）和监事；

（三）有权查阅理（董）事会（局）（以下简称理事会）会议记录和本单位财务会计报告；

……。

第八条　本单位开办资金：＿＿＿＿元；出资者：＿＿＿，金额：＿＿＿。

〔开办资金应符合有关法律法规的规定；如为多个出资人，应分别载明每位出资人的出资金额〕

第九条 本单位的业务范围：

（一）________________________________；

（二）________________________________；

（三）________________________________；

……。

〔必须具体明确，与业务主管单位确认的业务范围一致〕

第三章 组织管理制度

第十条 本单位设理事会，其成员为______人。理事会是本单位的决策机构。

理事由举办者（包括出资者）、职工代表（由全体职工推举产生）及有关单位（业务主管单位）推选产生。

理事每届任期______年，任期届满，连选可以连任。

〔理事会成员为3—25人；理事任期3年或4年；有关单位主要指业务主管单位〕

第十一条 理事会行使下列事项的决定权：

（一）修改章程；

（二）业务活动计划；

（三）年度财务预算、决算方案；

（四）增加开办资金的方案；

（五）本单位的分立、合并或终止；

（六）聘任或者解聘本单位院长（或校长、所长、主任等）和其提名聘任或者解聘的本单位副院长（或副校长、副所长、副主任等）及财务负责人；

（七）罢免、增补理事；

（八）内部机构的设置；

（九）制定内部管理制度；

（十）从业人员的工资报酬；

……。

第十二条 理事会每年召开______次会议〔至少两次〕。有下列情形之一，应当召开理事会会议：

（一）理事长认为必要时；

（二）1/3 以上理事联名提议时。

第十三条 理事会设理事长 1 名，副理事长 1—2 名。理事长、副理事长由理事会以全体理事的过半数选举产生或罢免。

第十四条 副理事长协助理事长工作，理事长不能行使职权时，由理事长指定的副理事长代其行使职权。

第十五条 召开理事会会议，应于会议召开 10 日前将会议的时间、地点、内容等一并通知全体理事。理事因故不能出席，可以书面委托其他理事代为出席理事会，委托书必须载明授权范围。

第十六条 理事会会议应由 1/2 以上的理事出席方可举行。理事会会议实行 1 人 1 票制。理事会作出决议，必须经全体理事的过半数通过。

下列重要事项的决议，须经全体理事的 2/3 以上通过方为有效：

（一）章程的修改；

（二）本单位的分立、合并或终止；

……。

第十七条 理事会会议应当制作会议记录。形成决议的，应当当场制作会议纪要，并由出席会议的理事审阅、签名。理事会决议违反法律、法规或章程规定，致使本单位遭受损失的，参与决议的理事应当承担责任。但经证明在表决时反对并记载于会议记录的，该理事可免除责任。

理事会记录由理事长指定的人员存档保管。

第十八条 理事长行使下列职权：

（一）召集和主持理事会会议；

（二）检查理事会决议的实施情况；

（三）法律、法规和本单位章程规定的其他职权。

第十九条 本单位院长（或校长、所长、主任等）对理事会负责，并行使下列职权：

（一）主持单位的日常工作，组织实施理事会的决议；

（二）组织实施单位年度业务活动计划；

（三）拟订单位内部机构设置的方案；

（四）拟订内部管理制度；

（五）提请聘任或解聘本单位副职和财务负责人；

（六）聘任或解聘内设机构负责人；

……。

本单位院长（或校长、所长、主任等）列席理事会会议。

第二十条 本单位设立监事会，其成员为 ______ 人。

监事任期与理事任期相同，任期届满，连选可以连任。

〔监事会成员不得少于 3 人，并推选 1 名召集人。人数较少的民办非企业单位可不设监事会，但必须设 1—2 名监事〕

第二十一条 监事在举办者（包括出资者）、本单位从业人员或有关单位推荐的人员中产生或更换。监事会中的从业人员代表由单位从业人员民主选举产生。

本单位理事、院长（或校长、所长、主任等）及财务负责人，不得兼任监事。

〔有关单位主要指业务主管单位〕

第二十二条 监事会或监事行使下列职权：

（一）检查本单位财务；

（二）对本单位理事、院长（或校长、所长、主任等）违反法律、法规或章程的行为进行监督；

（三）当本单位理事、院长（或校长、所长、主任等）的行为损害本单位的利益时，要求其予以纠正；

……。

监事列席理事会会议。

第二十三条 监事会会议实行 1 人 1 票制。监事会决议须经全体监事过半数表决通过，方为有效。

第四章 法定代表人

第二十四条 本单位的法定代表人为 ____________。

〔法定代表人为理事长或院长（校长、所长、主任等）〕

第二十五条 有下列情形之一的，不得担任本单位的法定代表人：

（一）无民事行为能力或者限制民事行为能力的；

（二）正在被执行刑罚或者正在被执行刑事强制措施的；

（三）正在被公安机关或者国家安全机关通缉的；

（四）因犯罪被判处刑罚，执行期满未逾3年，或者因犯罪被判处剥夺政治权利，执行期满未逾5年的；

（五）担任因违法被撤销登记的民办非企业单位的法定代表人，自该单位被撤销登记之日起未逾3年的；

（六）非中国内地居民的；

（七）法律、法规规定不得担任法定代表人的其他情形。

第五章　资产管理、使用原则及劳动用工制度

第二十六条　本单位经费来源：

（一）开办资金；

（二）政府资助；

（三）在业务范围内开展服务活动的收入；

（四）利息；

（五）捐赠；

（六）其他合法收入。

第二十七条　经费必须用于章程规定的业务范围和事业的发展，盈余不得分红。

第二十八条　执行国家规定的会计制度，依法进行会计核算，建立健全内部会计监督制度，保证会计资料合法、真实、准确、完整。

接受税务、会计主管部门依法实施的税务监督和会计监督。

第二十九条　配备具有专业资格的会计人员。会计不得兼出纳。会计人员调动工作或离职时，必须与接管人员办清交接手续。

第三十条　本单位换届或更换法定代表人之前必须进行财务审计。

第三十一条　本单位按照《民办非企业单位登记管理暂行条例》的规定，自觉接受登记管理机关组织的年度检查。

第三十二条　本单位劳动用工、社会保险制度按国家法律、法规及国务院劳动保障行政部门的有关规定执行。

第六章　章程的修改

第三十三条　本章程的修改，须经理事会表决通过后 15 日内，报业务主管单位审查同意，自业务主管单位审查同意之日起 30 日内，报登记管理机关核准。

〔民办学校的章程应当报登记管理机关备案〕

第七章　终止和终止后资产处理

第三十四条　本单位有下列情形之一的，应当终止：

（一）完成章程规定宗旨的；

（二）无法按照章程规定的宗旨继续开展活动的；

（三）发生分立、合并的；

（四）自行解散的；

……。

第三十五条　本单位终止，应当在理事会表决通过后 15 日内，报业务主管单位审查同意。

第三十六条　本单位办理注销登记前，应当在登记管理机关、业务主管单位和有关机关的指导下成立清算组织，清理债权债务，处理剩余财产，完成清算工作。

剩余财产，应当按照有关法律、法规的规定处理。清算期间，不进行清算以外的活动。

本单位应当自完成清算之日起 15 日内，向登记管理机关办理注销登记。

第三十七条　本单位自登记管理机关发出注销登记证明文件之日起，即为终止。

第八章　附则

第三十八条　本章程经 × 年 × 月 × 日理事会表决通过。

第三十九条　本章程的解释权属理事会。

第四十条　本章程自登记管理机关核准之日起生效。

〔民办学校的章程应当报登记管理机关备案〕

民办非企业单位印章管理规定

（民政部、公安部令〔2000〕20号　2000年1月19日发布施行）

为了保障民办非企业单位的合法权益，加强对民办非企业单位印章的管理，根据《民办非企业单位登记管理暂行条例》和《国务院关于国家行政机关和企业事业单位社会团体印章管理的规定》（国发〔1999〕25号），制定本规定：

一、印章的规格、式样

民办非企业单位的印章分为名称印章、办事机构印章和专用印章（专用印章分为钢印、财务专用章、合同专用章等），一律为圆形。

由国务院民政部门核准登记的民办非企业单位，名称印章直径为4.5厘米，办事机构的印章直径为4.2厘米。由地方各级人民政府民政部门核准登记的民办非企业单位，名称印章直径为4.2厘米，办事机构的印章直径为4厘米。民办非企业单位的专用印章必须小于名称印章且直径最大不超过4.2厘米，最小不小于3厘米。

民办非企业单位的印章，中央刊五角星，五角星外刊单位名称，自左而右环行。其中办事机构印章中的办事机构名称及财务专用章、合同专用章中的财务专用、合同专用等字样，刊在五角星下面，自左而右横排。

二、印章的名称、文字、文体

印章所刊的单位名称，应为民办非企业单位的法定名称；民族自治地方的民办非企业单位的印章应当并列刊汉文和当地通用的民族文字；有国际交往的民办非企业单位印章，需要刻制外文名称的，将核准登记注册的中文名称译成相应的外国文字，并列刊汉文和外文。

印章印文中的汉字，应当使用国务院公布的简化字，字体为宋体。

三、印章的制发程序

民办非企业单位刻制印章须在取得登记证书后向登记管理机关提出书面

申请及印章式样，持登记管理机关开具的同意刻制印章介绍信及登记证书到所在地县、市（区）以上公安机关办理备案手续后刻制。

四、印章的管理和缴销

（一）民办非企业单位的印章经登记管理机关、公安机关备案后，方可启用。

（二）民办非企业单位应当建立健全印章使用管理制度，印章应当有专人保管。对违反规定使用印章造成严重后果的，应当追究保管人或责任人的行政责任或法律责任。

（三）民办非企业单位因变更登记、印章损坏等原因需要更换印章时，应到登记管理机关交回原印章，按本规定程序申请重新刻制。

（四）民办非企业单位印章丢失，经声明作废后，可以按本规定程序申请重新刻制。重新刻制的印章应与原印章有所区别。如五角星两侧加横线。

（五）民办非企业单位办理注销登记后，应当及时将全部印章交回登记管理机关封存。

（六）民办非企业单位被撤销，应当由登记管理机关收缴其全部印章。

（七）登记管理机关对收缴的和民办非企业单位交回的印章，要登记造册，送当地公安机关销毁。

（八）民办非企业单位非法刻制印章的，由公安机关处以500元以下罚款或警告，并收缴其非法刻制的印章。

（九）对未经公安机关批准，擅自承制民办非企业单位印章的企业，由公安机关按《中华人民共和国治安管理处罚法》的规定予以处罚。

五、本规定发布之前已按国家有关规定成立的民办非企业单位，在民办非企业单位复查登记过程中，通过复查登记的，其印章规格、式样、名称、文字、文体符合本规定的，在登记管理机关备案后可继续使用；不符合的应重新申请刻制；未通过复查登记的应停止活动，向业务主管单位交回原有印章，并由业务主管单位登记造册，送当地公安机关销毁。

六、本规定自发布之日起施行。

民办非企业单位年度检查办法

（中华人民共和国民政部令第 27 号　2005 年 4 月 7 日）

第一条　为促进民办非企业单位健康发展，保障民办非企业单位的合法权益，加强对民办非企业单位的规范管理，根据《民办非企业单位登记管理暂行条例》，制定本办法。

第二条　民办非企业单位年度检查（以下简称年检），是指登记管理机关对民办非企业单位，依法按年度进行检查和监督管理的制度。

第三条　经登记管理机关核准登记的民办非企业单位，应当按照本办法的规定，接受登记管理机关的年检。

截至上年度 12 月 31 日，成立登记时间未超过 6 个月的民办非企业单位，不参加当年的年检。

第四条　民办非企业单位年检的程序是：

（一）民办非企业单位领取或从互联网下载《民办非企业单位年检报告书》及其他有关材料；

（二）民办非企业单位于每年 3 月 31 日前向业务主管单位报送年检材料，经业务主管单位出具初审意见后，于 5 月 31 日前报送登记管理机关；

（三）登记管理机关审查年检材料；

（四）登记管理机关作出年检结论，发布年检结论公告。

第五条　民办非企业单位接受年检时，应当提交下列材料：

（一）已填具的《民办非企业单位年检报告书》；

（二）《民办非企业单位登记证书》副本；

（三）财务会计报告；

（四）其他需要提交的有关材料。

已经取得执业许可证的民办非企业单位，应当提交执业许可证副本。

登记管理机关在年检期间，可以根据情况，要求民办非企业单位提交注册会计师审计报告、其他补充说明材料及有关文件。登记管理机关可以要求有关人员说明情况，必要时进行实地检查。

第六条 年检的主要内容包括：

（一）遵守法律法规和国家政策情况；

（二）登记事项变动及履行登记手续情况；

（三）按照章程开展活动情况；

（四）财务状况、资金来源和使用情况；

（五）机构变动和人员聘用情况；

（六）其他需要检查的情况。

第七条 民办非企业单位年检结论，分为“年检合格”、“年检基本合格”和“年检不合格”三种。

年检结束，登记管理机关应当在《民办非企业单位登记证书》（副本）上加盖年检结论戳记。民办非企业单位更换登记证书，应当保留原有年检记录。

第八条 民办非企业单位有下列情形之一，由登记管理机关责令改正，情节轻微的，确定为“年检基本合格”；情节严重的，确定为“年检不合格”：

（一）违反国家法律、法规和有关政策规定的；

（二）违反规定使用登记证书、印章或者财务凭证的；

（三）本年度未开展业务活动，或者不按照章程的规定进行活动的；

（四）无固定住所或必要的活动场所的；

（五）内部管理混乱，不能正常开展活动的；

（六）拒不接受或者不按照规定接受登记管理机关监督检查或年检的；

（七）不按照规定办理变更登记，修改章程未按规定核准备案的；

（八）设立分支机构的；

（九）财务制度不健全，资金来源和使用违反有关规定的；

（十）现有净资产低于国家有关行业主管部门规定的最低标准的；

（十一）侵占、私分、挪用民办非企业单位的资产或者所接受的捐赠、资助的；

（十二）违反国家有关规定收取费用、筹集资金或者接受使用捐赠、资助的；

（十三）年检中隐瞒真实情况，弄虚作假的。

第九条 “年检基本合格”和“年检不合格”的民办非企业单位，应当进行整改，整改期限为3个月。整改期结束，民办非企业单位应当向登记管理机关报送整改报告，登记管理机关对整改结果进行评定并出具意见。

对“年检不合格”的民办非企业单位，登记管理机关根据情况，可以责令其在整改期间停止活动。民办非企业单位被限期停止活动的，登记管理机关可以封存其登记证书、印章和财务凭证。

第十条 登记管理机关对连续两年不参加年检，或连续两年“年检不合格”的民办非企业单位，予以撤销登记并公告。

第十一条 登记管理机关实施停止活动、撤销登记行政处罚的，应当按照有关法律、法规的规定办理。

第十二条 登记管理机关工作人员在年检工作中，应当依法行政，不得滥用职权、徇私舞弊。

第十三条 《民办非企业单位年检报告书》格式，由国务院民政部门制订。

第十四条 登记管理机关可以采取网上年检的方式，对民办非企业单位进行年检。

第十五条 各省、自治区、直辖市登记管理机关可以根据实际情况，制定本地区民办非企业单位年检实施办法。

第十六条 本办法自2005年6月1日起施行。

民政部 中国人民银行关于民办非企业单位开立银行账户有关问题的通知

（民发〔1999〕65号 1999年10月9日）

各省、自治区、直辖市民政厅（局），各计划单列市民政局，新疆生产建设兵团民政局，人民银行各分行、营业管理部、省会（首府）城市中心支行，各国有商业银行，其他商业银行：

为加强对民办非企业单位的管理，保障民办非企业单位的合法权益，便于民办非企业单位开展正常活动，根据《民办非企业单位登记管理暂行条例》和中国人民银行《账户管理办法》的规定，现将民办非企业单位银行账户的开立、使用和撤销等有关事项通知如下：

一、民办非企业单位应凭各级民政部门（以下称登记管理机关）核发的民办非企业单位登记证书，并提供其组织机构代码，向银行申请开立基本存款账户，经银行审查同意，取得中国人民银行核发的开户许可证后凭以办理开户手续。民办非企业单位应于银行账户开立之日起五日内报登记管理机关备案。

二、民办非企业单位申请开立基本存款账户的名称及预留银行的印鉴（财务专用章、公章），必须与登记证书上的民办非企业单位名称一致。

三、民办非企业单位因名称变更需更改基本存款账户名称的，应撤销原账户，并交验登记管理机关核发的新登记证书向银行申请开立新账户。

四、民办非企业单位如需迁移账户，应按《银行账户管理办法》的规定撤销原账户，开立新账户，并及时报登记管理机关备案。

五、各级登记管理机关对注销和被撤销登记的民办非企业单位，应通知开户单位向银行办理销户手续。办理销户时，应交回各种重要空白凭证、开户许可证，并对清账户余额后方能办理销户手续。

六、民办非企业单位开立的银行账户，不得出租、出借或转让给其他单位或个人使用。民办非企业单位应按照《银行账户管理办法》和国家现金管理的规定支取现金。

七、通知发布前，已按国家有关规定成立的民办非企业单位，通过复查登记的，持各级登记管理机关核发的民办非企业单位登记证书和开具的介绍信到原开户银行办理继续使用或变更账户名称的手续，没有通过复查登记的单位，必须按规定及时到银行办理销户手续。

八、通知自发布之日起执行。

科技部 民政部关于印发《科技类民办非企业单位登记审查与管理暂行办法》的通知

（国科发政字〔2000〕209号　2000年5月24日）

各省、自治区、直辖市、计划单列市科技厅（委）、民政厅，国务院各部门、各直属机构：

随着科学技术在社会生产和生活中的广泛应用，科学技术工作已经得到全社会的重视和支持。科技类民办非企业单位开始大量出现，这类民办非企业单位主要利用非国有资产兴办，不以营利为目的，专门从事科学研究与技术开发、成果转让、科技咨询与服务、科技成果评估，以及科学技术知识传播和普及等业务。此类科技机构已成为中介服务体系的重要组成部分和推进社会科技进步的重要力量。

为了规范科技类民办非企业单位的登记审查和管理工作，指导和监督其业务活动，保护其合法权益，根据国务院《民办非企业单位登记管理暂行条例》和民政部《民办非企业单位登记暂行办法》，科技部与民政部联合制定了《科技类民办非企业单位登记审查与管理暂行办法》，现印发给你们，请遵照执行，并将执行情况及时报我们。

体育类民办非企业单位登记审查与管理暂行办法

（国家体育总局、民政部令第5号　2000年11月10日）

第一条　为适应体育类民办非企业单位发展的需要，根据国务院《民办非企业单位登记管理暂行条例》（以下简称《条例》）等有关规定，结合体育事业的实际情况，制定本办法。

第二条　本办法所称体育类民办非企业单位，是指由企业事业单位、社会团体、其他社会力量和公民个人利用非国有资产举办的，不以营利为目的的，以开展体育活动为主要内容的民办的中心、院、社、俱乐部、场馆等社会组织。

第三条　体育行政部门是体育类民办非企业单位的业务主管单位。国务院体育行政部门负责指导全国体育类民办非企业单位的登记审查工作，并负责在民政部登记的体育类民办非企业单位的登记审查工作。

县级以上地方各级人民政府体育行政部门负责本辖区内体育类民办非企业单位的设立审查工作。

第四条　体育类民办非企业单位的业务主管单位履行下列职责：

（一）负责体育类民办非企业单位设立、变更、注销登记前的审查；

（二）监督、指导体育类民办非企业单位遵守国家宪法、法律、法规和政策并按照其章程开展活动；

（三）对体育类民办非企业单位进行业务指导；

（四）负责对体育类民办非企业单位年度检查的初审；

（五）组织经验交流，表彰先进；

（六）会同有关机关指导体育类民办非企业单位的清算事宜；

（七）协助登记管理机关和其他有关部门查处体育类民办非企业单位的违法行为；

（八）其他应由业务主管单位履行的职责。

第五条 申请设立体育类民办非企业单位应当具备以下条件：

（一）业务和活动范围必须符合发展体育事业的相关政策、法规，并遵守国家规定的行业标准；

（二）有与业务范围和业务量相当的体育专业技术人员，关键业务岗位的主要负责人应由体育专业技术人员担任；

（三）有与所从事的业务范围相适应的体育场所和条件；

（四）法律、法规规定的其他条件。

第六条 体育类民办非企业单位可以从事以下业务：

（一）体育健身的技术指导与服务；

（二）体育娱乐与休闲的技术指导、组织、服务；

（三）体育竞赛的表演、组织、服务；

（四）体育人才的培养与技术培训；

（五）其他体育活动。

第七条 申请设立体育类民办非企业单位，必须向体育行政部门提交以下材料：

（一）从业人员中体育专业技术人员的专业技术资格证明材料，包括学历证明、工作简历、在体育运动中获得成绩证明、体现运动技术水平的其他证明材料等；

（二）体育场所使用权证明材料和从事业务所必需的器材清单；

（三）体育行政部门要求提供的其他材料。

第八条 体育行政部门自收到全部有效文件之日起 40 个工作日内，应作出审查同意或不同意的决定。审查同意的，向申请人出具批准文件；审查不同意的，书面通知申请人，并说明理由。

第九条 体育类民办非企业单位变更登记事项，应向体育行政部门提出书面申请，载明变更事项、原因和方案等。

体育类民办非企业单位修改章程的，应提交原章程、修改说明以及修改后的新章程；变更住所的，应出具新住所的产权或使用权证明；变更法定代表人或负责人的，应出具变更后法定代表人或负责人的身份证明及相关材料；变更业务主管单位的，应提交变更业务主管单位申请书；变更资金的，应提交有关资产变更证明文件等材料。

第十条 体育类民办非企业单位所从事的业务活动超出本办法第六条规定范围，或改变其设立宗旨的，应办理业务主管单位变更手续，体育行政部门不再承担业务主管单位的职责，并以书面形式通知该民办非企业单位和相应登记管理机关。

第十一条 体育行政部门自收到全部有效文件之日起 20 个工作日内，应作出同意变更或不同意变更的批复。同意变更法定代表人或负责人的，对该体育类民办非企业单位进行财务审计。

第十二条 体育类民办非企业单位申请注销登记的，应向体育行政部门提交以下文件：

（一）注销申请书；

（二）登记证书副本；

（三）依法成立的清算组织出具的清算报告；

（四）法律、法规规定的其他文件。

第十三条 体育行政部门应自收到注销申请书及全部有效文件之日起 20 个工作日内出具审查意见。体育类民办非企业单位申请变更业务主管单位，但在 90 日内未找到新的业务主管单位的，原体育行政部门应继续履行职责，直至该民办非企业单位完成注销登记手续。

第十四条 县级以上地方各级人民政府体育行政部门应将所辖范围内体育类民办非企业单位登记、注销的审查结果报上一级体育行政部门备案。

第十五条 体育类民办非企业单位可以依法通过以下方式获得发展资金：

（一）接受捐赠、资助；

（二）接受政府、企事业单位、社会团体、其他社会组织和个人的委托项目资金；

（三）为社会提供与业务相关的有偿服务所获得的报酬；

（四）其他合法收入。

第十六条 体育类民办非企业单位接受、使用捐赠、资助时，在实际占有、使用前向体育行政部门报告接受和使用捐赠、资助是否符合章程规定；捐赠和资助主体的基本情况；与捐赠、资助主体约定的期限、方式和合法用途；向社会公布的内容和方式等情况。

第十七条 体育类民办非企业单位应参照执行体育事业单位财务制度。

第十八条 体育类民办非企业单位应在每年3月31日前向体育行政部门提交上一年度的工作报告。体育行政部门自收到该工作报告之日起30个工作日内作出初审意见。

截止到3月31日成立时间未超过六个月的体育类民办非企业单位，可不参加当年的年检工作，一并参加下一年度的年检工作。

第十九条 体育类民办非企业单位出现下列情形之一，情节严重的，体育行政部门有权撤销已出具的登记审查批准文件，并以书面形式通知该民办非企业单位和相应的登记管理机关。

（一）涂改、出租、出借民办非企业单位登记证书，或者出租、出借民办非企业单位印章的；

（二）超出其章程规定的宗旨和业务范围进行活动的；

（三）拒不接受或者不按照规定接受监督检查的；

（四）不按照规定办理变更登记的；

（五）设立分支机构的；

（六）从事营利性的经营活动的；

（七）侵占、私分、挪用民办非企业单位的资产或者所接受的捐赠、资助的；

（八）违反国家有关规定收取费用、筹集资金或者接受使用捐赠、资助的。

第二十条 本办法由国家体育总局和民政部负责解释。

第二十一条 本办法自发布之日起施行。

文化部 民政部关于印发《文化类民办非企业单位登记审查管理暂行办法》的通知

（文人发〔2000〕60号　2000年12月4日）

各省、自治区、直辖市及计划单列市文化厅（局）、民政厅（局），国务院各部门、各直属机构：

为推动文化类民办非企业单位的健康发展，鼓励支持运用社会资金和人才发展文化事业，根据国务院发布的《民办非企业单位登记管理暂行条例》（国务院令第251号），文化部与民政部联合制定了《文化类民办非企业单位登记审查管理暂行办法》。现印发给你们，请遵照执行。

文化类民办非企业单位登记审查管理暂行办法

第一条　根据国务院《民办非企业单位登记管理暂行条例》（以下简称《条例》），结合文化类民办非企业单位发展的特点，制定本办法。

第二条　本办法所称文化类民办非企业单位，是指企业、事业单位、社会团体和其他社会力量以及公民个人利用非国有资产举办的，从事非营利性文化服务活动的社会组织。

第三条　文化类民办非企业单位根据其依法承担民事责任的不同方式，分为民办非企业单位（法人）、民办非企业单位（合伙）和民办非企业单位（个体）三种。

第四条　文化行政部门是文化类民办非企业单位的业务主管单位。文化类民办非企业单位的设立须经文化行政部门审查，并依照《条例》和民政部《民办非企业单位登记暂行办法》的规定进行登记。

第五条 文化行政部门负责民办非企业单位成立、变更、注销登记前的审查；监督民办非企业单位遵守宪法、法律、法规和国家政策，指导其按照章程开展业务活动；负责民办非企业单位年度检查的初审；协助有关部门查处民办非企业单位的违法行为；会同有关机关指导民办非企业单位的财产清算事宜。

第六条 文化部负责全国文化类民办非企业单位的业务指导工作。负责在民政部登记的文化类民办非企业单位的设立审查工作，具体办法由文化部制定。

县级以上（含县级）文化行政部门负责本辖区文化类民办非企业单位的业务指导和设立审查工作。

第七条 申请设立文化类民办非企业单位，除符合国家和登记管理部门规定外，还应具备下列条件：

（一）拟定名称需经登记管理机关预审；

（二）业务活动范围属于文化行政部门的职能权限；

（三）有符合文化行业从业资格的业务人员；

（四）有开展业务活动必需的设备、器材、场所和其他设施。

第八条 文化部审查、民政部登记的民办非企业单位，最低开办资金不低于30万元人民币。县级以上（含县级）文化行政部门审查、民政部门登记的民办非企业单位，最低开办资金不低于3万元人民币。

第九条 文化类民办非企业单位按其所从事的业务范围，划分为以下类型：

（一）从事舞台艺术创作、演出和传统艺术整理、加工和保护的民办艺术表演团（队）；

（二）从事艺术人才培养和教育的民办艺术院（校）；

（三）从事老年文化活动、辅导、培训的老年文化大学；

（四）从事文化艺术辅导及丰富群众文化生活业务的民办文化馆或活动中心（站）；

（五）从事图书、资料、文献情报借阅及社会教育工作的民办图书馆（室）；

（六）从事文物宣传、保护、展览等活动的民办博物馆（院）；

（七）从事艺术收藏、展览及交流的民办美术馆（室）、书画雕塑馆（室）、名人纪念馆、名人故居纪念馆、收藏馆（室）；

（八）从事艺术发掘、整理、研究、咨询及艺术科技开发的民办艺术研究院（所）；

（九）从事文化传播、交流的文化网络中心（站）；

（十）从事文化艺术活动的其他民办非企业单位。

第十条 申请设立文化类民办非企业单位，申办人应当向文化行政部门提交以下材料：

（一）设立申请书；

（二）场所使用权证明；

（三）会计师事务所验资报告或银行资信证明及每年收入支出的估算情况材料；

（四）拟任负责人的基本情况、身份证明、申办地户籍证明及固定住址和联系方式；

（五）章程草案；

（六）主要业务人员的从业资格证明；

（七）与开展业务活动相关的设备、器材和其他设施清单；

（八）文化行政部门要求的其他材料。

第十一条 文化行政部门自收到全部有效文件之日起60日内，作出审查决定。对审查合格的，向申请人出具审查文件；对审查不合格的，以书面形式通知申请人。

第十二条 依照法律、法规，经有关主管部门审核或登记，已经取得相应的执业资格证书的文化类民办非企业单位，需经文化行政部门复查认定后办理登记手续。

第十三条 文化类民办非企业单位变更登记事项，应向文化行政部门提交由法定代表人或单位负责人签署并加盖公章的变更登记申请书，申请书应载明变更事项、变更理由及变更方案等，并按审查登记要求，出具相应变更文件。

文化类民办非企业单位业务活动超出本办法第九条规定的业务范围，应办理业务主管单位变更手续。

文化行政部门自收到全部有效文件之日起30日内作出同意或不同意的

答复。

第十四条 文化类民办非企业单位申请注销登记的，应向文化行政部门提交以下文件：

（一）法定代表人或单位负责人签署并加盖单位公章的注销登记申请书，法定代表人或单位负责人因故不能签署的，应说明理由，提交证明文件；

（二）登记证书副本；

（三）依法成立的清算组织出具的清算报告；

（四）注销登记的善后情况；

（五）文化行政部门要求的其他文件。

第十五条 文化行政部门自收到注销登记申请书及全部有效文件之日起30日内出具审查意见。注销登记手续完成前，文化行政部门应继续履行业务管理职责。

第十六条 文化类民办非企业单位可以依法通过以下方式获得发展资金：

（一）接受捐赠、资助；

（二）接受政府、企事业单位、社会团体及其他社会组织和个人的委托项目资金；

（三）为社会提供与业务相关的有偿服务获得报酬；

（四）其他合法收入。

第十七条 文化类民办非企业单位接受捐赠、资助，应当向文化行政部门报告接受、使用捐赠、资助的有关情况，并将有关情况以适当方式向社会公布。

第十八条 文化类民办非企业单位根据财政部《关于对明确民办非企业单位财务管理制度等问题的函》的规定，参照文化事业单位财务制度规定执行。

第十九条 文化类民办非企业单位用人一律实行聘用制。

第二十条 文化类民办非企业单位每年3月31日前，向文化行政部门提交上一年度的工作报告。报告内容包括：遵守法律法规和国家政策的情况、履行登记手续的情况、按照章程开展活动的情况、人员和机构变动情况以及财务管理情况等。文化行政部门自收到报告之日起30个工作日内作出初审意见。3月21日之后成立的文化类民办非企业单位，参加下一年度年检。

第二十一条 文化类民办非企业单位违反本办法规定的，责令限期改正。情节严重的，文化行政部门提请登记管理机关撤销登记。

第二十二条 本办法由文化部和民政部负责解释。

第二十三条 本办法自发布之日起施行。

民政部 卫生部关于城镇非营利性医疗机构进行民办非企业单位登记有关问题的通知

（民发〔2000〕253号　2000年12月5日）

各省、自治区、直辖市民政厅（局）、卫生厅（局），各计划单列市民政局、卫生局，新疆生产建设兵团民政局、卫生局：

为做好城镇非营利性医疗机构的登记管理工作，根据《民办非企业单位登记管理暂行条例》和《医疗机构管理条例》，各类城镇非营利性医疗机构（政府举办的非营利性医疗机构除外）在取得《医疗机构执业许可证》后，应当依法到民政部门进行民办非企业单位登记。现将登记的有关问题通知如下：

一、登记对象

1. 社会捐资兴办的非营利性医疗机构；

2. 社会团体和其他社会组织举办的非营利性医疗机构；

3. 企事业单位设立的对社会开放的，且其总财产中的非国有资产份额占三分之二以上的非营利性医疗机构；

4. 国有或集体资产与医疗机构职工集资合办的，且其总财产中的非国有资产份额占三分之二以上的非营利性医疗机构；

5. 自然人举办的合伙或个体非营利性医疗机构。

二、登记程序和方法

（一）在本通知下发之前已经取得《医疗机构执业许可证》的非营利性医疗机构，应当按照民政部《关于开展民办非企业单位复查登记工作的意见》的要求，参加民办非企业单位复查登记，具体步骤是：

1. 按照民办非企业单位分级登记管理的原则，由非营利性医疗机构向原颁发《医疗机构执业许可证》的卫生行政部门提出复查登记申请，经卫生行政部门审查同意后，到同级民政部门办理民办非企业单位登记手续。

2. 复查登记须向卫生行政部门提交下列文件和材料：

（1）自查报告；

（2）章程草案；

（3）已填具的民办非企业单位有关登记表格；

（4）卫生行政部门要求提交的其他材料。

3. 复查登记须向民政部门提交下列文件和材料：

（1）自查报告；

（2）章程草案；

（3）已填具的民办非企业单位有关登记表格；

（4）医疗机构执业许可证及复印件；

（5）卫生行政部门出具的同意登记的文件；

（6）其他材料。

4. 登记管理机关登记发证

登记管理机关对符合登记条件的依法核准登记，分别发给《民办非企业单位（法人）登记证书》、《民办非企业单位（合伙）登记证书》、《民办非企业单位（个体）登记证书》，并予以公告。

对经审查不符合登记条件的，或未按规定的期限办理复查登记手续的，登记管理机关不予登记，并将申请材料移交卫生行政部门，同时通知当地银行和质量技术监督部门注销其基本账户和组织机构代码。

（二）新成立城镇非营利性医疗机构须首先按照《医疗机构管理条例》，在卫生行政部门领取《医疗机构执业许可证》，再到同级民政部门进行民办非企业单位登记。

1. 城镇非营利性医疗机构申请民办非企业单位登记须向民政部门提交下列文件和材料：

（1）登记申请书；

（2）章程草案；

（3）已填具的民办非企业单位有关登记表格；

（4）医疗机构执业许可证及复印件；

（5）其他材料。

2. 登记管理机关登记发证

登记管理机关对符合登记条件的依法核准登记，分别发给《民办非企业单位（法人）登记证书》、《民办非企业单位（合伙）登记证书》、《民办非企业单位（个体）登记证书》，并予以公告。

对不符合登记条件的，登记管理机关不予登记。

卫生行政部门作出吊销某医疗机构的行政处罚决定后，应及时通知相应的民办非企业单位登记管理机关；民办非企业单位登记管理机关接到通知后，应及时对该机构撤销登记并予以公告。

民政部 劳动和社会保障部关于印发《职业培训类民办非企业单位登记办法（试行）》的通知

（民发〔2001〕297号 2001年9月29日）

各省、自治区、直辖市民政厅（局）、劳动和社会保障厅（局）：

为贯彻落实《关于加强社会团体和民办非企业单位管理工作的通知》（中办发〔1996〕22号）、《关于进一步加强民间组织管理工作的通知》（中办发〔1999〕34号）精神，开展和规范职业培训类民办非企业单位的登记工作，根据《社会力量办学条例》、《民办非企业单位登记管理暂行条例》的有关规定，民政部、劳动和社会保障部联合制定了《职业培训类民办非企业单位登记办法（试行）》，现印发给你们，请遵照执行。职业培训机构数量大，情况复杂，各级民政部门和劳动和社会保障行政部门应积极配合，按照本办法的有关规定，制定具体实施办法，试行工作中的经验和问题请及时上报。

职业培训类民办非企业单位登记办法

（试行）

第一条 根据《社会力量办学条例》、《民办非企业单位登记管理暂行条例》，结合职业培训机构的特点，制定本办法。

第二条 本办法所称的职业培训机构，主要指：经县级以上地方各级人民政府劳动和社会保障行政部门审批设立的，由企业事业单位、社会团体及其他社会组织和公民个人，利用国家非财政性教育经费，面向社会举办实施以职业技能为主的职业资格培训、技术等级培训的教育机构。

第三条 职业培训机构须按《社会力量办学条例》的规定审批设立，由县级以上地方各级人民政府劳动和社会保障行政部门发给《社会力量办学许可证》后，到同级民政部门进行登记。

第四条 按照《社会力量办学条例》的规定，国务院劳动和社会保障行政部门负责职业培训机构的综合管理。县级以上地方人民政府规定的职责，负责有关职业培训机构的管理工作。

各级人民政府民政部门是职业培训机构的登记管理机关（以下简称登记管理机关）。县级以上地方各级人民政府民政部门负责同级劳动和社会保障行政部门审批设立的职业培训机构的登记工作。

第五条 申请登记的职业培训机构应当向登记管理机关提交下列文件和材料：

（一）登记申请书；

（二）章程草案；

（三）拟任法定代表人或负责人的基本情况、身份证明；

（四）办学许可证（副本）；

（五）其他材料。

第六条 登记管理机关对符合登记条件的单位，应当依法简化手续，核准登记。对不符合登记条件的单位，不予登记，并向申请人说明理由。

第七条 职业培训机构变更登记事项，应当向劳动和社会保障行政部门提出书面申请，申请书上应当载明变更事项、原因和方案等。

修改章程的，应当附原章程和新章程草案；变更法定代表人或负责人的，应出具变更后法定代表人或负责人的身份证明及《民办非企业单位登记暂行办法》第六条第六款规定的其他材料；变更资金的，应当提交有关资产变更证明文件等。劳动和社会保障行政部门同意变更后，由登记管理机关核准变更登记，民办非企业单位应当交回民办非企业单位登记证书正副本，由登记管理机关换发新的登记证书。

第八条 职业培训机构申请注销登记，应当向登记管理机关提交下列文件：

（一）法定代表人签署并加盖公章的注销登记申请书，法定代表人因故不能签署的，还应提交不能签署的理由的文件；

（二）劳动和社会保障行政部门审查同意的文件；

（三）清算组织出具的清算报告；

（四）民办非企业单位登记证书（正、副本）；

（五）民办非企业单位的印章和财务凭证；

（六）其他文件。

登记管理机关准予注销登记的，应当发给民办非企业单位注销证明文件。

第九条　劳动和社会保障行政部门做出对职业培训机构吊销《社会力量办学许可证》的行政处罚决定后，应当及时通知登记管理机关，登记管理机关应当及时对该机构撤销登记。

第十条　在本办法下发之前已经取得《社会力量办学许可证》的职业培训机构，须进行民办非企业单位复查登记。

复查登记工作自本办法下发之日开始，至 2001 年 12 月 31 日结束。

对经审查不符合登记条件的，或未按规定的期限办理复查登记手续的单位，登记管理机关不予登记。

第十一条　登记管理机关对依法登记的职业培训机构颁发相应的民办非企业单位登记证书。

第十二条　本办法自发布之日起施行。

民政部 教育部关于印发《教育类民办非企业单位登记办法（试行）》的通知

（民发〔2001〕306号 2001年10月19日）

各省、自治区、直辖市民政厅（局）、教育厅（教委），计划单列市民政局、教育局（教委），新疆生产建设兵团民政局、教委：

为贯彻落实《关于加强社会团体和民办非企业单位管理工作的通知》（中办发〔1996〕22号）、《关于进一步加强民间组织管理工作的通知》（中办发〔1999〕34号）精神，开展和规范教育类民办非企业单位的登记工作，根据《社会力量办学条例》、《民办非企业单位登记管理暂行条例》的有关规定，民政部与教育部联合制定了《教育类民办非企业单位登记办法（试行）》，现印发给你们，请遵照执行。教育类民办非企业单位数量大，情况复杂，各级民政部门和教育行政部门应积极配合，按照本办法的有关规定，制定具体实施办法，试行工作中的经验和问题请及时上报。

教育类民办非企业单位登记办法

（试行）

第一条 根据《社会力量办学条例》、《民办非企业单位登记管理暂行条例》，制定本办法。

第二条 本办法所称的教育类民办非企业单位，主要指：经县级以上地方人民政府或县级以上地方人民政府教育行政部门审批设立的，由企业事业组织、社会团体及其他社会组织和公民个人，利用非国家财政性教育经费，面向社会举办的学校及其他教育机构。

第三条 教育类民办非企业单位必须按照《社会力量办学条例》的规定审批设立，由县级以上地方人民政府教育行政部门发给《社会力量办学许可证》后，到同级民政部门进行登记。

第四条 按照《社会力量办学条例》的规定，国务院教育行政部门负责社会力量办学工作的统筹规划，综合协调，宏观管理。县级以上各级教育行政部门根据省、自治区、直辖市人民政府规定的职责，负责有关社会力量办学工作。

各级人民政府民政部门是教育类民办非企业单位的登记管理机关。县级以上民政部门负责同级教育行政部门审批设立的教育类民办非企业单位的登记工作。

第五条 申请登记的教育类民办非企业单位应当向民政部门提交下列文件和材料：

（一）登记申请书；

（二）章程草案；

（三）拟任法定代表人或负责人的基本情况、身份证明；

（四）办学许可证（副本）。

第六条 民政部门对符合登记条件的单位，依法简化登记手续并核准登记。对不符合登记条件的单位，不予登记，并向申请人说明理由。

第七条 教育类民办非企业单位变更登记事项，应当向教育行政部门提出书面申请；在申请书上应当载明变更事项、原因和方案等。

修改章程的，应附原章程和新章程草案；变更法定代表人或负责人的，应出具变更后法定代表人或负责人的身份证明及《民办非企业单位登记暂行办法》第六条第六款规定的其他材料；变更开办资金的，应当提交有关资产变更证明文件等。教育行政部门同意变更后，由民政部门核验变更登记，民办非企业单位应当交回民办非企业单位登记证书正副本，由民政部门换发新的登记证书。

第八条 教育类民办非企业单位申请注销登记，应当向民政部门提交下列文件：

（一）法定代表人签署并加盖公章的注销登记申请书，法定代表人因故不能签署的，还应当提交不能签署的理由的文件；

（二）教育行政部门审查同意的文件；

（三）清算组织出具的清算报告；

（四）民办非企业单位登记证书（正、副本）；

（五）民办非企业单位的印章和财务凭证。

民政部门准予注销登记的，应当发给教育类民办非企业单位注销证明文件。

第九条 教育行政部门作出对教育类民办非企业单位吊销《社会力量办学许可证》的行政处罚决定后，应当及时通知同级民政部门，民政部门应当及时对该机构撤销登记。

第十条 本办法下发之前已经取得《社会力量办学许可证》的教育类民办非企业单位，应当进行民办非企业单位复查登记。复查登记工作自本办法下发之日开始，至2001年12月31日结束。

对经审查不符合登记条件的，或未按规定的期限办理复查登记手续的单位，民政部门不予登记。

第十一条 民政部门对依法登记的教育类民办非企业单位颁发相应的民办非企业单位登记证书。

第十二条 本办法自发布之日起施行。

民政部关于对中外合作办学机构登记有关问题的通知

（民函〔2003〕263号　2003年12月12日）

各省、自治区、直辖市民政厅（局），计划单列市民政局，新疆生产建设兵团民政局：

国务院颁布的《中华人民共和国中外合作办学条例》（以下简称《条例》）已于今年9月1日起实施。为了规范中外合作办学机构的登记管理，现将有关事项通知如下：

一、中外合作办学机构取得中外合作办学许可证后申请民办非企业单位登记的，根据《条例》第二十条规定，依照《民办非企业单位登记管理暂行条例》第十二条规定，办理民办非企业单位登记。

二、中外合作办学机构申请民办非企业单位登记，由颁发中外合作办学许可证的政府教育行政部门、劳动行政部门的同级政府民政部门办理。省、自治区、直辖市人民政府审批、颁发中外合作办学许可证的，由省、自治区、直辖市人民政府民政部门办理。

三、中外合作办学机构申请民办非企业单位登记，对外方投入的资金、实物、知识产权及其他财产均可界定为非国有资产。开办资金中的非国有资产份额不得低于总资产的三分之二。

四、中外合作办学机构申请民办非企业单位登记，使用《民办非企业单位（法人）登记证书》；根据《条例》规定，成立不具备法人资格的中外合作办学机构，使用《民办非企业单位（合伙）登记证书》。

五、香港特别行政区、澳门特别行政区和台湾地区的教育机构与内地教育机构合作办学的，参照上述规定执行。

中外合作办学机构申请民办非企业单位登记，政策性强，难度较大，必须切实加强领导。在工作中，遇到新的情况和问题，要及时报部民间组织管理局，以便研究解决。

民政部关于开展民办非企业单位自律与诚信建设活动的通知

（民函〔2005〕27号 2005年2月4日）

各省、自治区、直辖市民政厅（局），各计划单列市民政局，新疆生产建设兵团民政局：

改革开放以来，我国民办非企业单位发展迅速，在提供公共服务、缓解社会矛盾、促进社会进步和发展等方面发挥了越来越重要的作用，已成为建设社会主义和谐社会的一支重要力量。但是，由于管理的法律法规和有关政策不完善，特别是民办非企业单位设立时间不长，自律机制不健全，部分民办非企业单位法制观念淡薄，营利化倾向严重，组织行为不规范，信用缺失，不利于民办非企业单位的发展和发挥应有的作用。为加强民办非企业单位自律与诚信建设，提升民办非企业单位的社会形象，提高民办非企业单位的社会公信力，扩大民办非企业单位的社会影响，民政部决定将2005年作为民办非企业单位自律与诚信建设活动年，在全国范围内开展民办非企业单位自律与诚信建设活动。现将有关事项通知如下：

一、指导思想

以邓小平理论和“三个代表”重要思想为指导，贯彻党的十六届三中全会、四中全会精神，坚持以人为本、全面协调可持续发展的科学发展观，通过开展自律与诚信建设活动，全面提高民办非企业单位的素质，进一步加强和改善民办非企业单位管理工作，使民办非企业单位在建设社会主义和谐社会中发挥更大、更积极的作用。

二、主要内容

（一）规范民办非企业单位章程。各地要制订计划，按照部里下发的《关于印发〈民办非企业单位章程示范文本〉的通知》（民函〔2005〕24号）的要求，结合今年的年度检查工作，指导民办非企业单位分期分批地完成章程的修订工作。通过规范章程，帮助民办非企业单位树立自律意识、不断完善自律机制，通过建立和完善内部组织建设、规章制度建设、民主决策机制建设等内容，达到民办非企业单位自我约束、自我管理、自我教育、自我服务的目的，提高民办非企业单位的自身素质和活动能力，从制度上促进民办非企业单位依法、按章程开展活动。

（二）建立公开、透明的信息披露制度。基本要求是，在省级（含计划单列市）登记管理机关登记的民办非企业单位，要参照《基金会管理条例》的有关规定，在通过登记管理机关的年度检查后，将年度工作报告在登记管理机关指定的网站或媒体上公布，接受社会的查询、监督。鼓励民办非企业单位将重大活动和财务状况等重要信息，向社会披露。有条件的地方，也可要求在市、县（区）级登记管理机关登记的、有较大影响的民办非企业单位，向社会披露有关信息，增加民办非企业单位的透明度，接受社会的查询、监督。

（三）开展提供优质服务、真情回报社会等多种形式的主题公益活动，全面推行服务承诺制。要结合各地的实际情况，特别是不同类别民办非企业单位的情况，制订措施和规划，要求民办非企业单位根据自身能力，积极为社会弱势群体及广大群众，免费（或以成本为最高收费标准）提供形式多样、内容丰富的服务活动，树立民办非企业单位的公益形象。同时，要全面推行民办非企业单位服务承诺制，借助社会舆论监督机制，强化民办非企业单位社会责任，规范民办非企业单位行为，全面提升民办非企业单位的社会形象。

（四）建立健全民办非企业单位财务制度。登记管理机关要做好《民间非营利组织会计制度》的培训工作，帮助民办非企业单位按照《民间非营利组织会计制度》的要求，建立健全有关财务制度，确保民办非企业单位的非营利性。

（五）坚决查处民办非企业单位的违法行为，打击非法民办非企业单位，为民办非企业单位的发展，提供一个良好的社会环境。同时，动员社会各界参与监管，发动群众举报民办非企业单位的违法行为。各地要设立举报投诉电话。

三、基本要求

（一）统一思想，加强领导。开展民办非企业单位自律与诚信建设活动，涉及行业较多，业务面广，政策性强，难度较大。各地要充分认识开展这一活动对民办非企业单位规范管理的重要性，把这项工作列入重要议事日程，在党委和政府领导下，加强与业务主管单位及有关部门的联系，密切协作，形成合力，按照本通知要求，结合各地实际，采取有力措施，不断开拓创新，推动民办非企业单位以自律苦练内功，以诚信外塑形象，让自律与诚信建设活动结出硕果，取得成效。

（二）广泛宣传，营造声势。开展民办非企业单位自律与诚信建设活动，是今年民间组织管理的重点工作之一。各级民政部门要利用广播、电视、报刊、信息网站等新闻媒体，进行广泛的宣传活动，动员民办非企业单位开展多种形式的宣传教育和服务活动，扩大民办非企业单位的社会影响。

（三）狠抓落实，注重实效。各地要根据实际情况，研究制订工作方案，调配工作力量，落实必要工作经费。可以引导一些较好的民办非企业单位发起倡议。既可由登记管理机关根据当地的实际，组织民办非企业单位集中开展具有一定规模的主题公益活动；也可由民办非企业单位自主申报、开展有关活动项目。活动期间，民政部门与有关业务主管单位应当及时予以检查和指导。

（四）检查评比，表彰先进。开展民办非企业单位自律与诚信建设活动，是在全国范围内对民间组织实施的一次较大规模的联动。各地要通过这次活动，不断探索民办非企业单位规范化建设的新路子，认真总结民办非企业单位规范管理的新经验，提高对民办非企业单位管理工作规律性的认识，以进一步从整体上推进民办非企业单位管理工作；同时，要培育、树立一批在自律与诚信建设方面表现突出的先进典型，予以表彰和鼓励。活动结束后，各地要认真进行总结，将有关情况及《民办非企业单位自律与诚信建设活动情况统计表（一）（二）》于2005年12月31日前报部民间组织管理局。

各地在开展民办非企业单位自律与诚信活动中遇到新的情况和问题，应当及时报部，以便研究解决。

附件：

民办非企业单位自律与诚信建设活动情况统计表（一）（略）

民办非企业单位自律与诚信建设活动情况统计表（二）（略）

民政部关于民办学校民事主体资格变更有关问题的通知

（民函〔2005〕237号　2005年9月12日）

各省、自治区、直辖市民政厅（局），计划单列市民政局，新疆生产建设兵团民政局：

根据《中华人民共和国民办教育促进法》第九条“民办学校应当具备法人条件”的规定，在《中华人民共和国民办教育促进法》施行前，依据《民办非企业单位登记管理暂行条例》登记为合伙、个体形式的民办学校，具备法人条件的应当变更为法人形式。为做好此项工作，现就有关事项通知如下：

一、各地民办非企业单位登记管理机关应当与教育行政部门、劳动和社会保障行政部门，就合伙、个体形式的民办学校民事主体资格变更的有关事宜，特别是民办学校的法人条件（如机构设置、开办资金最低数额等）问题进行协商。各地可根据本地区实际情况制定相应的标准。

二、登记管理机关应当公告或通知需要变更民事主体资格的合伙、个体形式的民办学校，在规定期限内，提出民事主体资格变更申请。

三、合伙、个体形式的民办学校申请民事主体资格变更，应当向登记管理机关提交下列材料：

（一）民事主体资格变更申请书（格式样本见附件1）；

（二）经业务主管单位核准的民办学校章程；

（三）拟任法定代表人基本情况和身份证明；

（四）民办学校办学许可证副本及复印件；

（五）社会审计机构出具的审计报告；

（六）董事会、理事会成员名单；

（七）民办学校移交财产协议书复印件（格式样本见附件2）；

（八）原民办非企业单位（合伙）登记证书或民办非企业单位（个体）登

记证书正、副本；

（九）登记管理机关依照有关法律、法规要求提交的其他材料。

原登记为合伙形式的民办学校，还需提交由全体合伙人签署的终止合伙协议书（格式样本见附件3）。

四、民办学校在提出民事主体资格变更申请前，应当告知债权人、债务人。债权人、债务人对民办学校民事主体资格变更无异议的，民办学校方可向登记管理机关提出变更申请。

五、登记管理机关对符合民办非企业单位（法人）登记条件的民办学校，发给民办非企业单位（法人）登记证书并进行公告。

六、未依照审批机关的规定换领办学许可证的合伙、个体形式的民办学校，应当向登记管理机关申请注销登记，由登记管理机关发布注销登记公告；在规定期限内，未提出注销登记申请的，由登记管理机关作出撤销登记的决定并进行公告。

七、本通知所称规定期限，由各省（自治区、直辖市）人民政府民办非企业单位登记管理机关确定。

民办学校民事主体资格变更工作，政策性强，情况复杂，各地在工作中，遇到新的情况和问题，应及时报部民间组织管理局，以便研究解决。

附件：

1. 民事主体资格变更申请书（格式样本）（略）

2. 移交财产协议书（格式样本）（略）

3. 终止合伙协议书（格式样本）（略）

民政部关于进一步深入开展民办非企业单位自律与诚信建设活动的通知

（民函〔2006〕1号　2006年1月4日）

各省、自治区、直辖市民政厅（局），计划单列市民政局，新疆生产建设兵团民政局：

自律和诚信建设，是解决民办非企业单位存在问题的重要措施，是进行长效管理的有效途径。为做好民办非企业单位的自律与诚信建设工作，民政部在全国范围内开展了民办非企业单位自律与诚信建设活动，并把2005年确定为民办非企业单位自律与诚信建设活动年。一年来，各地高度重视，把这项工作列入重要议事日程，在党委和政府领导下，加强与业务主管单位及有关部门的联系，密切协作，结合各地实际，采取有效措施，不断开拓创新，促使民办非企业单位以自律苦练内功、以诚信外塑形象，提高了民办非企业单位的素质，推动了管理工作，自律与诚信建设活动取得了明显成效。但由于涉及行业较多，业务面广，政策性强，这项工作也存在许多不足，如一些地方重视不够，工作发展不平衡，宣传力度不够，有些民办非企业单位参与的积极性不高等。为进一步提高民办非企业单位的自身素质，建立自律、诚信长效机制，民政部决定在民办非企业单位自律与诚信建设活动年的基础上，进一步深入开展自律与诚信建设活动。现将有关事项通知如下：

一、指导思想

以邓小平理论和“三个代表”重要思想为指导，贯彻党的十六届三中全会、四中全会、五中全会精神，坚持以人为本、全面协调可持续发展的科学发展观，通过进一步深入开展自律与诚信建设活动，全面提高民办非企业单位的素质，加强和改善民办非企业单位管理工作，推进民办非企业单位管理工作的制度创新，使民办非企业单位在构建社会主义和谐社会中发挥积极作用。

二、工作内容

（一）建立健全民办非企业单位的内部规章制度。结合今年的年度检查工作，督促、检查民办非企业单位按照有关法规政策及其章程的要求，建立健全各种内部规章制度的情况，如理事会会议制度、财务制度、劳动用工制度、印章管理制度等。把这一工作作为今年民办非企业单位年度检查的一项重要内容。通过检查督促，促使民办非企业单位建立和完善内部组织建设、规章制度建设、民主决策机制建设等内容，提高民办非企业单位的自身素质，提升民办非企业单位自我约束、自我管理、自我教育、自我服务的能力，从制度上促进民办非企业单位依法、按章程开展活动。

（二）完善信息披露制度。在省级（含计划单列市）登记管理机关登记的民办非企业单位进行信息披露的基础上，要求在地市级登记管理机关登记的民办非企业单位，也参照《基金会管理条例》要求，将年度工作报告在登记管理机关指定的网站或媒体上公布，将重大活动和财务状况等重要信息，向社会披露。有条件的地方，也可以要求民办非企业单位向社会披露筹资目的、资金使用方向和接受捐赠、资助财物的使用情况、项目进展情况，增加民办非企业单位的透明度，接受社会的查询、监督。各地要在总结 2005 年工作的基础上，拟定有关制度，把这一工作制度化、具体化。

（三）进一步开展提供优质服务、真情回报社会等多种形式的主题公益活动。根据各地实际，认真组织民办非企业单位开展有规模有影响的服务活动，根据自身能力，积极为社会弱势群体及广大群众，免费（或以成本为最高收费标准）提供形式多样、内容丰富的服务活动，树立民办非企业单位的公益形象。鼓励民办非企业单位将有关服务内容经常化、制度化。

（四）完善服务承诺制。要结合各地的实际情况，特别是不同类别民办非企业单位的情况，制订措施和规划，通过在服务内容、服务方式、服务责任及收费标准等方面做出的公开承诺，增强透明度，提高服务质量。借助社会舆论监督机制，强化民办非企业单位社会责任，规范民办非企业单位行为，全面提升民办非企业单位的社会形象。

（五）认真做好有关宣传工作。民政部将与中央电视台、新华社等中央新闻媒体进行合作，大力宣传在自律与诚信建设活动中涌现出来的先进典型、先进经验和登记管理的政策法规。各地要继续利用广播、电视、报刊、信息网站等新闻媒体，进行广泛的宣传活动，特别是要注意宣传有关的大型主题公益活动。通过宣传工作，扩大民办非企业单位的影响，提升民政部门在民办非企业单位登记管理方面的权威和形象。

（六）做好有关调查研究工作。各级登记管理机关要深入实际，加强调查研究工作。要研究活动中出现的新情况、新问题，制定出切实有效的解决办法，要及时总结、推广群众创造的新经验，并将之制度化。各省级登记管理机关要组织本单位的同志、有关高校和研究机构专家学者，共同研究探索管理工作的制度创新问题。今年，民政部在民办非企业单位自律和诚信建设方面研究的主要课题是，法人治理结构、财务制度、信息披露制度、诚信监管方式、奖惩制度、自律与诚信的评估标准和评估体系等问题。各地可选择有关问题开展调研活动，制定有关政策。民政部将与部分省级登记管理机关共同进行有关课题的研究工作。

三、基本要求

（一）充分认识深入开展这项活动对民办非企业单位规范管理的重要意义。深入开展自律与诚信建设活动，是提高民办非企业单位素质的重要举措，是加强和改善民办非企业单位管理工作的重要手段，是逐步建立各类民间组织信用建设和管理机制的探索性工作。各地要统一思想，加强领导，再接再厉，在深化去年工作的基础上，着眼于规范化制度化建设，按照本通知要求，结合各地实际，采取有力措施，不断开拓创新，推动民办非企业单位以自律为发展之道，以诚信为立身之本，让自律与诚信建设活动继续结出硕果，取得成效。

（二）加强协调、指导工作，注重整体推进。各级登记管理机关要在党委和政府领导下，加强与业务主管单位、有关部门以及新闻媒体的联系，密切协作，形成合力。各级登记管理机关、特别是省级登记管理机关要加强指导和检查工作，及时总结推广基层、群众创造的好的做法和先进经验，以典型引路，表彰先进，鞭策后进，解决工作发展不平衡的问题，同时注意打击非法、查处违法活动，把自律与诚信建设活动推向深入。

（三）狠抓落实，注重实效。各地要根据实际情况，研究制订工作方案，调配工作力量，落实必要工作经费，特别是宣传工作经费和研究工作经费。要加强与有关单位的联系、沟通，密切配合，要继续组织民办非企业单位集中开展有规模、有影响的社会主题公益活动，也要引导民办非企业单位自主开展有关公益活动，推动民办非企业单位公益活动形成品牌效应，扩大社会影响。

（四）认真总结，努力探索。民办非企业单位发展的历史不长，有许多问题需要深入探讨。各地要开展调查研究，认真总结民办非企业单位发展的经验，提高对民办非企业单位发展与管理规律性的认识，努力探索民办非企业单位管理的长效机制，开展制度创新，进一步从整体上推进民办非企业单位管理工作。各地应在 2006 年 12 月 31 日前，将有关情况及《民办非企业单位自律与诚信建设活动情况统计表（一）（二）》报部民间组织管理局。

附件：

1. 民办非企业单位自律与诚信建设活动情况统计表（一）（略）

2. 民办非企业单位自律与诚信建设活动情况统计表（二）（略）

民政部关于深入开展民办非企业单位信息公开和承诺服务活动工作的意见

（民发〔2007〕145号　2007年9月30日）

为贯彻落实党的十六届六中全会关于“引导各类社会组织加强自身建设，提高自律性和诚信度”的精神，提高民办非企业单位的社会公信力，发挥其在构建社会主义和谐社会中的积极作用，就深入开展民办非企业单位信息公开和承诺服务活动提出以下意见：

一、指导原则

以邓小平理论和“三个代表”重要思想为指导，贯彻落实党的十六大和十六届六中全会精神，坚持以人为本，全面落实科学发展观，深入开展信息公开和承诺服务活动，进一步规范行为、完善内部制度和治理结构，全面提高素质，增强民办非企业单位服务和谐社会建设的功能。

二、主要内容

一是总结经验，建立制度。登记管理机关要在深入调研的基础上，总结做法和经验，制定政策措施，对信息公开和承诺服务的内容、形式、时间、程序等予以规范，建立指导、检查和监督机制。民办非企业单位要建立健全内部管理制度，指定专人负责有关事宜。通过建立和完善制度，建立长效机制，促进信息公开和承诺服务活动的规范化。

二是明确信息公开与承诺服务的内容。

信息公开的内容主要包括：民办非企业单位的登记证书、税务登记证书、组织机构代码证书、收费许可证的有关信息；经登记管理机关核准（或备案）的章程（或章程摘要）；接受、使用捐赠、资助的有关情况；年度工作报告等。同时，鼓励民办非企业单位在有关媒体上向社会公开其年度审计报告。

承诺服务的内容主要包括：服务项目、服务方式、服务质量、服务责任和收费标准。登记管理机关按照不同的行（事）业类别，依靠和发挥相关行业协会等社会中介组织的作用，根据服务内容、服务对象、服务方式等特点，分别制定承诺服务行业标准。

三是明确信息公开和承诺服务的方式。信息公开和承诺服务的方式，包括上墙悬挂有关证书和展示有关信息的展板，在报刊、电视、网络等媒体上披露等，将有关信息和承诺服务的内容，向社会公布，公开接受服务对象、政府部门和社会公众的监督。民办非企业单位应当将本单位的登记证书、税务登记证书、组织机构代码证书、收费许可证（正本）等，以及民办非企业单位章程（或章程摘要）、服务项目和收费标准等有关信息的展板，在住所（或服务场所）的醒目位置、以上墙悬挂的方式，向社会公众公开。民办非企业单位的年度工作报告以及接受、使用捐赠、资助的有关情况，应当在登记管理机关指定的网站（媒体）上，向社会公开。鼓励民办非企业单位在电子屏幕、报刊、电视、网络等媒体上，向社会公开有关信息和承诺服务的内容。

四是制定激励措施。登记管理机关要注意培育典型，树立榜样，制定激励措施和办法，以不同的形式，表彰在信息公开和承诺服务方面做得好的民办非企业单位。在开展有关评比表彰和评估活动时，要把开展信息公开和承诺服务活动的情况，作为评比先进的一个重要内容和指标。

五是做好监督管理工作。要将开展信息公开和承诺服务活动的情况纳入民办非企业单位年度检查的范围，把是否开展这一工作、工作的效果等作为年度检查的重要内容。对未开展这一活动或者在活动开展方面存在问题的单位，可将其年检结论确定为基本合格或不合格，并责令其进行整改。要高度重视群众和舆论的监督，设立监督举报电话，畅通社会监督渠道，提高监督效能，实现部门监督和社会监督信息互动。

三、具体要求

一是统一思想，加强领导。要在开展民办非企业单位自律与诚信建设活动的基础上，认真调查研究，结合当地实际，制定措施，积极推进和开展民办非企业单位的信息公开和承诺服务活动，促进民办非企业单位全面健康发展。

二是积极宣传，树立典型。要加大对民办非企业单位有关政策法规的宣传力度，让社会各界了解、认识民办非企业单位的性质、宗旨和有关政策法规，增强民办非企业单位深入开展信息公开和承诺服务活动的积极性，树立典型，塑造品牌，以点带面，促进整个活动的开展。

三是注重实效，狠抓落实。各地要根据实际情况，制订工作方案，调配工作力量，落实必要工作经费，特别是宣传工作和研究工作的经费，把工作落到实处。

民政部关于进一步做好民办高校登记管理工作的通知

（民函〔2007〕328号　2007年11月26日）

为了深入贯彻《国务院办公厅关于加强民办高校规范管理引导民办高等教育健康发展的通知》（国办发〔2006〕101号，以下简称《通知》）精神，加强民办高校的登记管理工作，引导民办高等教育健康发展，保障民办高校举办者和受教育者的合法权益，现就有关事项通知如下：

一、充分认识做好民办高校登记管理工作的重要性

近年来，随着《民办非企业单位登记管理暂行条例》、《民办教育促进法》及其实施条例的颁布实施，我国民办高校迅速发展，取得了很大成绩，已成为高等教育事业的重要组成部分，对高等教育事业的发展起到了重要的积极作用。但是，由于民办高校发育的时间较短，规模较小，相关政策法规还不尽完善，一些民办高校在招生、管理、教学等方面还存在一些问题。在登记管理方面，由于民政部门对民办高校进行登记的时间不长，有关行政部门间的政策法规不够衔接配套等原因，登记管理工作还存在许多不规范的地方。这些问题如不引起高度重视并及时解决，将会影响民办高等教育的健康发展和社会稳定。因此，各级民政部门要按照国务院办公厅《通知》精神要求，把规范民办高校的登记管理、促进其健康发展，作为当前的一项重要工作抓好。

二、依法做好民办高校的登记工作

登记管理机关要按照《民办非企业单位登记管理暂行条例》、《民办教育促进法》及其实施条例以及有关政策规定的要求，依法做好民办高校的登记工作，重点是以下几个方面：一是重点审核申请登记的民办高校是否具备法人条件，对不具备法人条件的，不予登记；二是对民办高校在申请登记时的开办资金认定问题，可要求举办者提交社会审计机构出具的验资报告，或者教育行政部门提供的有关证明文件，否则不予登记；三是要做好与教育行政部门的沟通和协调，共同或协助教育行政部门制定民办高校的《章程示范文本》，并在其中纳入《民办非企业单位（法人）章程示范文本》的有关内容；四是要按照《民办非企业单位登记管理暂行条例》和《民办非企业单位登记暂行办法》的要求，认真做好民办高校的变更登记和注销登记工作。

三、规范民办高校的日常管理工作

要推动民办高校按照其章程规定，建立健全内部管理制度，加强内部制度建设，完善法人治理结构，建立和完善理（董）事会、监事会制度，实行民主管理，推进民主决策，建立民主监督，逐步提高自身能力建设。继续推进民办高校自律与诚信建设，建立健全信息公开和承诺服务制度，规范民办高校的行为，提高办学水平，增强社会公信力，提高社会地位，逐步建立对民办高校的长效管理机制。

四、加强民办高校的年度检查工作

要按照《民办非企业单位年度检查办法》的有关规定，认真抓好民办高校的年度检查工作。年度检查的内容主要是，民办高校遵守法律法规和国家政策的情况、依照条例履行登记手续的情况、按照章程开展活动的情况、人员和机构变动的情况以及财务管理的情况。要将民办高校自律与诚信建设情况、是否坚持非营利性质等，作为年度检查工作的重点。对违反《民办非企业单位登记管理暂行条例》规定开展活动的，要指出错误，限期整改，视其情节轻重，可给予“年检基本合格”或“年检不合格”的结论；情节严重的，应当撤销登记。

五、加大监督查处工作的力度

登记管理机关要加强与公安、教育等有关部门的协调配合，建立健全监督网络，加强和推进社会监督，建立起“政府主导、部门配合、社会参与”的监督机制。要重点监督和查处那些未经登记而擅自开展活动的、抽逃、转移或挪用办学资金的、办学结余分配不符合国家有关规定的行为。要会同公安、教育等有关部门依法查处、取缔非法办学机构和非法中介，对涉嫌犯罪的，依法追究刑事责任。

六、加强工作协调和指导

登记管理机关要认真学习、领会、落实《通知》的精神要求，切实做好民办高校的登记管理工作，把民办高校登记管理工作的重点转移到完善制度、规范管理、提高质量上来。要在当地党委、政府的领导下，理顺管理体制和工作协调机制，加强与教育等行政部门的协调配合，按照职责分工，认真落实民办教育发展的各项政策，积极做好登记、管理、服务和监督工作。

在近期内，登记管理机关要对辖区内登记的民办高校进行一次专项调研，着重对民办高校的法人治理状况、内部制度建设、财务制度、《章程》的执行情况、开展自律与诚信建设情况以及民办高校发展过程中存在的困难和问题等进行调研，从登记管理工作的角度，认真分析、总结近年来民办高校登记管理工作中存在的问题、困难和经验，提出解决问题的对策和政策措施，进一步加强民办高校的登记管理工作，促进民办高校的健康发展。

加强民办高校登记管理工作，涉及面广、政策性强。各地在贯彻落实本通知的过程中遇到的问题，及时报部民间组织管理局。

民政部关于辽宁财贸学院等三所教育类民办非企业单位登记管理机关的复函

（民函〔2009〕147号　2009年6月5日）

辽宁省民政厅：

你厅《关于我厅能否作为大连美国国际学校登记管理机关的请示》（辽民民函〔2009〕38号）和《关于我厅能否作为辽宁财贸学院和大连东软信息学院登记管理机关的请示》（辽民民函〔2009〕44号）收悉。经研究，答复如下：

一、同意你厅作为上述教育类民办非企业单位的登记管理机关。

二、今后，对由教育部发放办学许可证或者审批的民办教育机构，凡申请办理民办非企业单位登记的，均由当地省（自治区、直辖市）人民政府民政部门受理。符合登记条件的，依法简化登记手续并核准登记；不符合登记条件的，不予登记，并向申请人说明理由。

民政部关于促进民办社会工作服务机构发展的通知

（民发〔2009〕145号　2009年10月12日）

各省、自治区、直辖市民政厅（局），计划单列市民政局，新疆生产建设兵团民政局：

为充分发挥民办社会工作服务机构的重要载体和阵地作用，推进社会工作及其人才队伍建设深入开展，现就促进民办社会工作服务机构发展通知如下：

一、充分认识促进民办社会工作服务机构发展的重要性和紧迫性

民办社会工作服务机构（以下简称“民办社工机构”），是以社会工作者为主体，坚持“助人自助”宗旨，遵循社会工作专业伦理规范，综合运用社会工作专业知识、方法和技能，开展困难救助、矛盾调处、权益维护、心理疏导、行为矫治、关系调适等服务工作的民办非企业单位。民办社工机构是吸纳社会工作人才的重要载体，是有效整合社会工作服务资源的重要渠道，是开展社会工作专业服务的重要阵地。促进民办社工机构发展，对于进一步推进社会工作及其人才队伍建设，预防和解决当前社会发展中存在的各种矛盾和问题，推动政府转变职能，创新社会管理和公共服务方式，加强以改善民生为重点的社会建设，促进社会和谐，具有重要意义，也是增强民政基层服务力量，提升民政管理与服务专业化水平，实现民政工作又好又快发展的重要途径。近年来，在各地积极探索实践下，我国涌现出了一批具有一定规模、管理规范、作用明显的民办社工机构，丰富了社会工作实践内容，促进了和谐社会建设。但从总体上看，目前我国民办社工机构的发展还面临总量不足、成长缓慢、服务水平不高、发展不平衡等问题，与日益增长的社会服务需求相比还存在较大差距。各级民政部门要充分认识促进民办社工机构发展的重要性和紧迫性，采取有力措施，把这项工作抓紧抓好。

二、进一步加强民办社工机构登记管理工作

做好民办社工机构登记管理工作，是民政部门促进民办社工机构发展的首要环节和重要抓手。各级民政部门要认真履行登记管理职能，准确把握民办社工机构发展需求，坚持培育发展与监督管理并重，不断完善民办社工机构登记管理政策，切实加强对民办社工机构规范化建设的指导，为民办社工机构的登记成立和健康发展创造有利条件。

（一）做好民办社工机构登记工作。要引导举办者把民办社工机构申请进行法人登记，对于社会需要而又找不到业务主管单位、登记难的民办社工机构，各级民政部门要区分情况帮助其联系或落实业务主管单位，为其顺利登记创造条件。对于综合性或优抚安置、减灾救灾、社会救助、社区服务、社会福利、慈善公益等类型的民办社工机构，民政部门可直接担任其业务主管单位。各地在遵循《民办非企业单位登记管理暂行条例》基本精神基础上，可适当降低登记门槛，简化登记程序，充分调动社会力量兴办民办社工机构的积极性。凡申请登记的民办社工机构，应在章程中明确其社会工作服务宗旨、业务范围和服务方式，并保证发起人中至少有一人取得社会工作师职业水平证书或至少有两人取得助理社会工作师职业水平证书，专职工作人员中至少有三分之一以上通过全国社会工作者职业水平考试并在民政部门登记。鼓励社会工作专业教师依托专业资源创办民办社工机构，引导高校社会工作专业毕业生到民办社工机构建功立业。有条件的地方还可探索指导现有企事业单位与社会组织按照承担社会工作服务的要求进行调整，使之成为符合条件的民办社工机构。

（二）加强对民办社工机构的监督管理。各级民政部门要指导民办社工机构建立健全以章程为核心的各项规章制度，健全理事会、监事会制度，进一步完善法人治理结构。要建立公开、公平、公正的民办社工机构评估体系，形成客观科学的第三方评估体制，将评估结果作为政府购买民办社工机构服务的重要依据，促进民办社工机构健康发展和良性竞争。要指导和督促民办社工机构接受社会监督，真实、准确、完整地公布有关信息，恪守非营利原则，提高各类资金使用的效率和透明度，吸引更多社会资金的投入。要加强对民办社工机构经常性的管理和监督，将年检工作与日常监督、绩效管理、信用建设、执法查处相结合，严肃惩处违纪违法行为。要加强民办社工机构

党建工作，充分发挥党组织的领导核心作用，保证民办社工机构的政治方向。

（三）推进民办社工机构行业自律。各地要加强社会工作行业组织建设，充分发挥社会工作行业组织自律作用，加大社会工作行业组织对民办社工机构及其社会工作者的服务力度，为民办社工机构提供项目推介、信息发布、政策咨询、权益维护、能力提升、研讨交流等服务，促进民办社工机构遵循专业伦理规范，保证服务质量，加强民办社工机构之间以及民办社工机构与政府部门和各有关方面的有效沟通。

三、进一步完善支持民办社工机构发展的政策措施

促进民办社工机构发展，需要人才、资金、设施和相关政策等基本条件作保障。各级民政部门要紧密联系当地经济社会发展实际，整合各方面资源，采取多种措施，促进民办社工机构持续发展。

（一）推进政府购买民办社工机构服务。促进民办社工机构发展，必须加强政府购买社会工作服务。各地要积极争取财政资金，制定出台专门政策措施，以项目招标、委托等多种方式，逐步建立政府向民办社工机构购买服务机制，加快从“养人办事”向购买服务转变。要做好调查研究、科学界定购买服务范围，切实将现有行政机关、事业单位不能、不便或做不好而老百姓又迫切需要、必须完成的社会服务以社会工作服务项目形式委托给民办社工机构或具备提供社会工作服务能力的企事业单位、其他社会组织承担。要重点在优抚安置、减灾救灾、社会救助、社区服务、婚姻家庭、社会福利、慈善公益等领域开展政府购买社会工作服务试点，重点支持直接为老年人、妇女、儿童、青少年、药物滥用人员、残疾人、失业人员、受灾群众、进城务工人员、返乡农民工等特殊群体提供服务的民办社工机构，并积极协调和促进教育、卫生、司法、就业、人口计生、信访、扶贫等部门以及工会、共青团、妇联、残联等组织开展政府购买社会工作服务实践。要积极争取将政府购买社会工作服务列入财政预算。可利用福利彩票公益金购买社会工作服务，并逐步扩大政府购买服务的资金来源和数量，拓展政府购买社会工作服务领域和范围。要严格遵循政府购买服务程序，注意应用竞争方式，加强对政府购买服务项目的评估和监督管理。

（二）完善促进民办社工机构发展的激励和保障措施。鼓励各地建立民办社工机构“孵化器”，为民办社工机构发展提供各种便利条件。对成立初期的民办社工机构，各地可协调有关部门或街道、社区在服务场所、启动资金等方面给予必要支持，降低其日常运行成本。有条件的地方，可设立扶持民办社工机构发展的专项资金，或从当地福利彩票公益金安排一定数额资金，必要时可通过差额补贴方式支持民办社工机构启动和正常运作。积极协调有关部门认真落实促进民办社工机构发展的各项税收优惠政策。鼓励民办社工机构结合自身特点和优势开展活动，创立社会工作服务项目品牌。鼓励社会资金投向具有服务品牌、专业实力强、内部治理规范的民办社工机构。鼓励和发动基金会等社会组织加强与民办社工机构开展项目合作。对成效显著的民办社工机构，要加大宣传和表彰奖励力度，形成示范带动效应，充分调动民办社工机构开展专业服务的积极性、主动性和创造性。

（三）加大对民办社工机构人才队伍建设的支持力度。各地要紧密结合经济社会发展实际，逐步建立健全民办社工机构中社会工作人才的培养、评价、使用、流动、激励机制，落实其在职业发展、薪酬待遇和社会保障方面的应有待遇，吸引更多社会工作专业人才。鼓励并引导民办社工机构与高校社会工作院系开展产学研合作，加强对民办社工机构有关人员的督导和实训，提高民办社工机构工作人员的专业水平。民政部门在开展社会工作者知识培训、继续教育、交流研讨等工作时，要为民办社工机构中的专业人员提供平等机会。

四、切实加强对促进民办社工机构发展工作的组织领导

促进民办社工机构发展，既是一个重大现实课题，也是一项长期任务，涉及不同部门和多个方面，必须结合实际，因地制宜，加强领导，周密部署，稳步推进。

（一）完善促进民办社工机构发展的领导体制和工作格局。民政部要加强对促进民办社工机构发展的政策指导及与有关部门的协调，及时总结各地典型做法和经验，广泛开展工作研讨和信息交流。各级民政部门领导要进一步提高对促进民办社工机构发展的认识，切实把这项工作作为夯实民政事业发展基础、推动民政部门职能转变、促进民政事业科学发展、更好满足社会需求的大事，提上重要议事日程，积极争取党委政府及有关部门重视，为民办社工机构发展创造良好环境。要加强对民办社工机构发展的统筹协调、登记服务和信息管理，每年定期逐级上报本地民办社工机构发展情况。民办社工机构业务主管单位要加强对其业务的指导，社会工作行业组织要加强对民办社工机构的自律管理。对于民办社工机构发展过程中出现的各种问题，要及时研究解决。

（二）周密部署促进民办社工机构发展工作。各级民政部门要按照政府引导、社会参与、民间运作方式，以落实党和政府有关社会政策为重点，以满足社会需求为着眼点，切实加强对本地区民办社工机构的摸底调研，全面掌握其基本情况，科学分析制约其发展的主要问题，研究制定民办社工机构发展规划，积极协调当地党委政府有关部门研究制定落实本《通知》精神、培育和扶持民办社工机构发展的具体办法。要力争通过 5 到 10 年努力，逐步使民办社工机构数量、结构、规模、服务和管理水平适应社会需要，切实为推进社会工作及其人才队伍建设，促进社会主义和谐社会建设提供有力支撑。

财政部 科技部 民政部 海关总署 国家税务总局关于科技类民办非企业单位适用科学研究和教学用品进口税收政策的通知

（财关税〔2012〕54号 2012年11月12日）

各省、自治区、直辖市、计划单列市财政厅（局）、科技主管部门、民政部门、国家税务局，海关总署广东分署、各直属海关，新疆生产建设兵团财务局：

为贯彻落实中共中央国务院关于深化科技体制改革加快国家创新体系建设的有关精神，进一步支持科技类民办非企业单位开展科技创新，加快提高科研能力和水平，经国务院批准，将符合条件的科技类民办非企业单位纳入现行科学研究和教学用品进口税收优惠政策范围。自2013年1月1日起，对符合条件的科技类民办非企业单位以科学研究为目的，在合理数量范围内进口国内不能生产或者性能不能满足需要的科研用品，免征进口关税和进口环节增值税、消费税。现将《关于科技类民办非企业单位进口科学研究和教学用品免征进口税收的规定》印发给你们，请遵照执行。

附件：关于科技类民办非企业单位进口科学研究和教学用品免征进口税收的规定

关于科技类民办非企业单位进口科学研究和教学用品免征进口税收的规定

第一条 为贯彻落实中共中央国务院关于深化科技体制改革加快国家创新体系建设的有关精神，鼓励和支持科技类民办非企业单位开展科技创新，加快提高科研能力和水平，经国务院批准，将符合条件的科技类民办非企业单位纳入现行科学研究和教学用品进口税收优惠政策范围。据此，制定本规定。

第二条 本规定所指的科技类民办非企业单位应同时具备下列条件：

(一)依照《民办非企业单位登记管理暂行条例》、《民办非企业单位登记暂行办法》和《科技类民办非企业单位登记审查与管理暂行办法》的要求，在民政部或省、自治区、直辖市和计划单列市民政部门登记注册的、具有法人资格的科技类民办非企业单位；

(二)资产总额在300万元人民币(含)以上；

(三)从事科学研究的专业技术人员(指大专以上学历或中级以上技术职称专业技术人员)在20人以上，且占全部人员的比例不低于60%；

(四)兼职的科研人员不超过25%。

第三条 符合上述条件的民办非企业单位进口与本单位所承担的科研任务直接相关的科研用品，在规定范围内免征进口关税和进口环节增值税、消费税。

第四条 对符合上述条件的科技类民办非企业单位，由科技主管部门会同民政部门进行资格审核认定，并对经认定符合条件的单位颁发资格证书。科技类民办非企业单位免税资格审核认定的具体管理办法，由科技部会同财政部、民政部、海关总署和国家税务总局另行制定。

第五条 经认定的科技类民办非企业单位可持有效的资格证书和其他有关材料，按照海关的管理规定，向其所在地直属海关申请办理减免税备案和相关进口科研用品的减免税审批手续。

第六条 经认定的科技类民办非企业单位进口与本单位承担的科研任务直接相关的免税进口科研用品的范围、用途等，按照《关于修改〈科技开发用品免征进口税收暂行规定〉和〈科学研究和教学用品免征进口税收规定〉的决定》(财政部 海关总署 国家税务总局令〔2011〕63号)修改后的《科学研究和教学用品免征进口税收规定》(财政部 海关总署 国家税务总局令〔2007〕45号)执行。

第七条 科技类民办非企业单位免税资格由科技部门会同民政等部门定期复审。已经获得免税资格的科技类民办非企业单位，如经查实存在以虚报情况获得免税资格、违规分配资产或利润、偷税、骗税或者将免税进口物品擅自转让、移作他用或者进行其他处置行为的，海关或税务等部门按照有关规定予以处罚。按照有关规定被处罚但未被追究刑事责任的，有关单位自违规行为发现之日起1年内不得享受本税收优惠政策；被依法追究刑事责任的，自违法行为发生之日起3年内不得享受免税优惠政策。

第八条 财政部会同科技部、民政部、海关总署和国家税务总局根据实际需要，适时对民办非企业单位免税资格的认定条件进行调整。

第九条 本规定自2013年1月1日起执行。

科技部 民政部 财政部 海关总署 国家税务总局 关于印发科技类民办非企业单位进口科学研究和教学用品免税资格审核认定管理办法的通知

（国科发政〔2013〕52号　2013年1月24日）

各省、自治区、直辖市及计划单列市、新疆生产建设兵团科技厅（委、局）、民政厅（局）、财政厅（局）、国家税务局，海关总署广东分署、各直属海关：

根据《关于科技类民办非企业单位适用科学研究和教学用品进口税收政策的通知》（财关税〔2012〕54号）规定，科技部、财政部、民政部、海关总署和国家税务总局研究制定了《科技类民办非企业单位进口科学研究和教学用品免税资格审核认定管理办法》，现印发你们，请遵照执行。

附件：

1. 科技类民办非企业单位进口科学研究和教学用品免税资格审核认定管理办法

2. 科技类民办非企业单位进口科学研究和教学用品免税资格审核表

附件 1

科技类民办非企业单位进口科学研究和教学用品免税资格审核认定管理办法

为贯彻落实《关于科技类民办非企业单位适用科学研究和教学用品进口税收政策的通知》(财关税〔2012〕54 号)(以下简称《通知》),特制定本办法。

一、《通知》第二条认定条件的说明

(一)科技类民办非企业单位的资产总额以上一年度审计报告中年末总资产数额为准。

(二)专业技术人员,是指从事基础研究、应用研究、试验发展、科技成果转化和技术推广服务等活动的人员。包括:直接参加上述科技活动的人员、相关专职科技管理人员和为上述科技活动提供资料文献、材料供应、设备等科研辅助的直接服务人员。专业技术人员须有大专以上学历或中级以上职称。

(三)专职人员是指与单位签订一年以上劳动合同的人员。兼职人员是指在本单位从事有报酬活动的外部人员。人员数量以上一年年末人数为准。

二、免税资格审核认定的程序

(一)民政部或省、自治区、直辖市和计划单列市民政部门登记注册的具有法人资格的科技类民办非企业单位,应在每年 2 月底前向科技部或省、自治区、直辖市、计划单列市、新疆生产建设兵团科技行政主管部门提出免税资格申请,科技行政主管部门会同同级民政部门按照《通知》所列条件和本办法进行审核认定,对符合免税资格条件的科技类民办非企业单位颁发免税资格证书,同时将合格单位名单抄送同级财政、海关和税务部门。

(二)获得免税资格证书的科技类民办非企业单位可按照《通知》第五条规定,在有关科教用品进口前,向其所在地直属海关申请办理减税备案和减税审批手续。

三、需要报送的材料

申请单位应当向科技行政主管部门提交以下材料:

(一)《科技类民办非企业单位进口科学研究和教学用品免税资格审核表》;

（二）加盖上一年度年检合格章的民办非企业单位（法人）登记证书（副本）原件和复印件及《民办非企业单位年检报告书》；

（三）上一年度的工作报告和审计报告原件及复印件；

（四）上一年年末专职和兼职人员名册（包括姓名、学历、职称、工作岗位、劳动合同期限、联系方式等），并对专业技术人员予以标注；

（五）审核部门要求提交的其他材料。

四、复审

（一）科技行政主管部门会同同级民政部门每两年对科技类民办非企业单位的免税资格复审一次。

（二）复审时重点对已获得免税资格单位的非营利性质、依法纳税及免税进口物品使用情况等进行实质性审查，申请复审的科技类民办非企业单位除提供本办法第三条所规定的材料外，还应当提供已享受进口科教用品免税政策执行情况的报告。

（三）对复审通过的单位，以公告形式公布名单，名单抄送同级财政、海关和税务部门备案。

（四）在资格审核认定和复审过程中，审核部门可到科技类民办非企业单位查阅有关资料，了解情况，核实申报材料的真实性。

五、监督检查

（一）财政部会同科技部、民政部、海关总署、国家税务总局，根据实际需要，随时对科技类民办非企业单位免税进口科学研究和教学用品的使用情况进行抽查。

（二）已经获得免税资格的科技类民办非企业单位，如经查实存在以虚报情况获得免税资格、违规分配资产或利润、偷税、骗税或者将免税进口物品擅自转让、移作他用或者进行其他处置行为的，按照《通知》第七条规定予以处罚。

附件 2

科技类民办非企业单位进口科学研究和教学用品免税资格审核表

编码：__________

<table>
<tr><td>单位名称</td><td colspan="5"></td></tr>
<tr><td>单位地址</td><td colspan="5"></td></tr>
<tr><td>注册登记机关</td><td colspan="5"></td></tr>
<tr><td>组织机构代码</td><td colspan="2"></td><td>设立日期</td><td colspan="2">年 月 日</td></tr>
<tr><td>联 系 人</td><td></td><td>电话</td><td></td><td>传真</td><td></td></tr>
<tr><td>主要业务范围</td><td colspan="5">□科学研究与技术开发 □科技成果转让与扩散 □科技成果评估□科学技术知识普及 □科技咨询、服务和培训 □其他</td></tr>
<tr><td>业务领域（可多选）</td><td colspan="5">□电子 □生物医药 □新能源 □新材料 □环保 □汽车 □化工□农业□软件开发 □专用设备 □轻工 □其他</td></tr>
<tr><td>上年末资产总额（万元）</td><td colspan="5"></td></tr>
<tr><td>单位人员数量（人）</td><td colspan="2">单位全部人员数</td><td colspan="3"></td></tr>
<tr><td></td><td colspan="2">专职专业技术人员数</td><td colspan="3"></td></tr>
<tr><td></td><td colspan="2">兼职专业技术人员数</td><td colspan="3"></td></tr>
<tr><td>有无违法、违规行为</td><td colspan="5">□有 □无</td></tr>
<tr><td>申请日期</td><td colspan="5">年 月 日</td></tr>
<tr><td colspan="6">以下由审核部门填写</td></tr>
<tr><td>审核意见</td><td colspan="5">□ 通过 □ 未通过</td></tr>
<tr><td>各部门签字（盖章）</td><td colspan="3">科技部门</td><td colspan="2">民政部门</td></tr>
<tr><td></td><td colspan="3">年 月 日</td><td colspan="2">年 月 日</td></tr>
<tr><td>公告日期</td><td colspan="5">年 月 日</td></tr>
</table>

注：专职和兼职专业技术人员数应填写大专及以上学历或中级及以上职称的相应人员数量。

民政部关于开展民办非企业单位塑造品牌与服务社会活动的通知

（民函〔2013〕107号　2013年4月2日）

各省、自治区、直辖市民政厅（局），各计划单列市民政局，新疆生产建设兵团民政局：

民办非企业单位是民办社会事业的重要载体，在提供社会服务、促进社会和谐方面发挥着越来越重要的作用，已成为社会主义现代化建设事业的重要力量。为贯彻落实党的十八大和十八届二中全会精神，提升民办非企业单位服务能力和社会公信力，更好地发挥民办非企业单位在全面建成小康社会中的积极作用，民政部决定开展民办非企业单位塑造品牌与服务社会活动，现将有关事项通知如下：

一、指导思想和总体目标

（一）指导思想。

以邓小平理论、“三个代表”重要思想、科学发展观为指导，贯彻党的十八大和十八届二中全会精神，落实中央关于公平对待社会力量提供公共服务的有关要求，以改善发展环境为基础，以能力提升为支撑，以塑造品牌为抓手，以服务社会为目的，进一步加强和改善民办非企业单位管理和服务工作，使民办非企业单位在全面建成小康社会，构建社会主义和谐社会中发挥更大、更积极的作用。

（二）总体目标。

用三到五年时间，初步建立与经济社会发展相适应，结构合理、功能完善、作用明显的民办非企业单位组织体系；形成有利于社会力量兴办社会事业的制度环境和管理服务体系；培育一批符合现代社会组织体制要求的组织完善、管理科学、诚信自律、品牌良好的民办非企业单位；民办非企业单位服务社会能力显著增强，公益性更加凸显，成为提供社会公益服务、满足人民群众多元化服务需求的重要力量。

二、主要内容

（一）优化环境，培育扶持。

优化政策环境。落实中央关于公平对待社会力量提供公共服务的要求，优化民办非企业单位发展和发挥作用的政策环境，破解制约民办非企业单位发展的制度障碍。鼓励各地结合实际开展有针对性的政策创制，积极协调相关部门，出台或落实购买服务、税收减免、票据使用、人事保障等配套政策，完善平等准入、公平竞争的政策环境，为民办非企业单位提供多方位支持。

加大培育扶持。积极推动直接登记，鼓励社会力量举办有规模、有特色的民办非企业单位。引导基金会等公益组织支持民办非企业单位，发挥各自优势，合作开展公益项目。结合政府职能转变，改革公共服务供给方式，推动政府向民办非企业单位购买公益服务。加快社会组织服务平台建设，通过社会组织孵化基地、服务中心、行业自律组织、城乡社区等为民办非企业单位提供资金、场地、人才、技术、项目、信息等服务。

（二）塑造品牌，服务社会。

加强品牌塑造。各地可根据《民办非企业单位品牌塑造参考标准》（见附件），结合实际研究制定塑造品牌活动规划，引导民办非企业单位树立品牌意识，完善组织发展规划和品牌塑造计划，将塑造品牌贯穿于组织文化建设、人力资源建设、服务能力建设等组织发展和运作的全过程。引导民办非企业单位强化宗旨意识、使命意识和社会责任意识，加强诚信自律和信息公开，落实服务承诺，提升社会公信力，巩固品牌基础。鼓励民办非企业单位加强品牌宣传推广，提高品牌辨识度和社会知晓度。鼓励有条件的民办非企业单位申请注册服务商标，依法维护自身合法权益。鼓励有条件的民办非企业单位开展集团化服务，扩大经营规模，增强服务能力。开展集团化服务的民办非企业单位，其各个服务点可以使用同一字号、商标及服务集团标识。规范名称使用，加强对民办非企业单位品牌的保护。

加强能力建设。各地要结合登记审核、年度检查、社会评估等工作，督促民办非企业单位健全法人治理结构，完善以章程为核心的内部治理机制、民主决策制度、信息公开制度，增强自律性和诚信度。鼓励民办非企业单位提高服务能力，创新服务模式，强化服务特色，增强服务的规范化、精细化、标准化，形成核心服务竞争力。鼓励有条件的民办非企业单位申请ISO服务质量标准认证。鼓励民办非企业单位加强人力资源建设，提高人才队伍的专业化和职业化水平。

真情服务社会。各地要引导民办非企业单位发挥专业优势，积极回应民生热点问题，针对社会多元需求，提供多样化、专业化、高品质的社会服务，满足人民群众日益增长的社会服务需求。引导民办非企业单位根据组织宗旨，结合自身能力，积极履行社会责任，开展有规模、有影响的主题公益活动，为城乡基层社区、社会弱势群体提供形式多样、内容丰富、减免收费的公益服务，展示组织品牌，树立公益形象。鼓励民办非企业单位将有关公益服务经常化、制度化。

（三）做好宣传，落实激励。

营造良好氛围。各地要充分利用广播、电视、报刊、网络等新闻媒体，进行广泛的宣传活动，扩大塑造品牌与服务社会活动的社会影响，形成扶持、促进民办非企业单位发展的社会共识。对于在品牌塑造和服务公众方面表现突出的民办非企业单位及其公益活动给予积极宣传，弘扬公益精神，提高相关政府部门和社会公众对民办非企业单位积极作用的认识。

落实激励措施。各地要制定激励措施和办法，对在塑造品牌和服务社会活动中表现突出的民办非企业单位予以表彰和认定。将开展塑造品牌与服务社会活动的情况作为民办非企业单位规范化建设评估的重要内容。对积极参与塑造品牌和服务社会活动并取得实效的民办非企业单位，在政府补贴、购买服务、表彰奖励等方面予以优先考虑。

三、基本要求

（一）加强领导，落实责任。

开展塑造品牌与服务社会活动，是引导民办非企业单位健康有序发展的重要举措。民政部已将此项活动列入对地方民政部门的年度考评计划，将适时对各地活动开展情况进行评估。各地要切实加强领导，明确领导责任和任务分工，精心组织实施，切实抓紧抓好。

（二）注重协调、保证实效。

各级登记管理机关要加强与有关部门的联系，密切协作，形成对民办非企业单位的管理服务合力。要结合本地实际，制订塑造品牌规划和具体落实方案，引导民办非企业单位加强品牌建设，切实培育一批口碑好、影响大的知名品牌。

（三）认真总结，努力探索。

各地要加强调研，及时发现典型，总结经验，创新管理，提高对民办非企业单位发展与管理规律的认识，努力探索民办非企业单位管理服务的长效机制。各地要对活动开展情况进行年度总结，并按要求将有关情况及下一步工作计划报民政部民间组织管理局。通过塑造品牌与服务社会活动，进一步解放思想，更新理念，优化环境，从整体上推进民办非企业单位管理服务工作。

附件：民办非企业单位塑造品牌参考标准

附件：

民办非企业单位塑造品牌参考标准

品牌建设	组织自身建设符合规范化建设评估相关要求
	组织宗旨、使命明确，有清晰的组织发展战略
	有较为详细的品牌塑造计划
	已申请注册服务商标
	围绕品牌建设形成服务特色
	组织理念、商标、标识充分体现品牌建设
	诚信度和公信力高
	围绕品牌建设开展组织文化建设
服务能力	在同行业中确立领先地位
	服务效果好，在本地区具备较高知晓度和美誉度
	承接政府转移职能，接受政府购买服务
	业务活动开展合法、合规，社会效益良好
	服务和收费标准合规、合理、公开、透明
	开展集团化（或连锁）服务
	服务规范化、标准化，申请 ISO 服务体系认证
	工作人员职业化专业化水平高、服务能力强
品牌宣传与社会评价	积极在相关媒体进行品牌宣传推广
	积极参与各类公益活动
	组织字号、商标、标识等品牌元素的社会认知度高
	服务对象评价良好
	社会公众评价良好
	登记管理机关年检合格、评估等级较高
	行业管理部门评估、评价情况
	获得各类表彰、荣誉情况

四、社会组织财税

财政部 国家税务总局关于对社会团体收取的会费收入不征收营业税的通知

（财税字〔1997〕63号 1997年5月21日）

各省、自治区、直辖市、计划单列市财政厅（局）、地方税务局，财政部驻各省、自治区、直辖市、计划单列市财政监察专员办事处：

最近，一些地方和部门要求对社会团体收取的会费收入是否应征收营业税问题予以明确。经研究，通知如下，请遵照执行。

一、社会团体按财政部门或民政部门规定标准收取的会费，是非应税收入，不属于营业税的征收范围，不征收营业税。

二、社会团体会费，是指社会团体在国家法规、政策许可的范围内，依照社团章程的规定，收取的个人会员和团体会员的款额。

三、本通知所称的社会团体是指在中华人民共和国境内经国家社团主管部门批准成立的非营利性的协会、学会、联合会、研究会、基金会、联谊会、促进会、商会等民间群众社会组织。

四、各党派、共青团、工会、妇联、中科协、青联、台联、侨联收取的党费、会费，比照上述规定执行。

财政部 国家税务总局关于促进科技成果转化有关税收政策的通知

（财税〔1999〕45 号 1999 年 5 月 27 日）

各省、自治区、直辖市、计划单列市财政厅（局）、国家税务局、地方税务局：

为贯彻落实《中华人民共和国科学技术进步法》和《中华人民共和国促进科技成果转化法》，鼓励高新技术产业发展，经国务院批准，现将科研机构、高等学校研究开发高新技术、转化科技成果有关税收政策通知如下：

一、科研机构的技术转让收入继续免征营业税，对高等学校的技术转让收入自 1999 年 5 月 1 日起免征营业税。

二、科研机构、高等学校服务于各业的技术成果转让、技术培训、技术咨询、技术服务、技术承包所取得的技术性服务收入暂免征收企业所得税。

三、自 1999 年 7 月 1 日起，科研机构、高等学校转化职务科技成果以股份或出资比例等股权形式给予个人奖励，获奖人在取得股份、出资比例时，暂不缴纳个人所得税；取得按股份、出资比例分红或转让股权、出资比例所得时，应依法缴纳个人所得税。有关此项的具体操作规定，由国家税务总局另行制定。

财政部 国家税务总局关于医疗卫生机构有关税收政策的通知

（财税〔2000〕42号 2000年7月10日）

各省、自治区、直辖市、计划单列市财政厅（局）、国家税务局、地方税务局：

为了贯彻落实《国务院办公厅转发国务院体改办等部门关于城镇医药卫生体制改革指导意见的通知》（国办发〔2000〕16号），促进我国医疗卫生事业的发展，经国务院批准，现将医疗卫生机构有关税收政策通知如下：

一、关于非营利性医疗机构的税收政策

（一）对非营利性医疗机构按照国家规定的价格取得的医疗服务收入，免征各项税收。不按照国家规定价格取得的医疗服务收入不得享受这项政策。

医疗服务是指医疗服务机构对患者进行检查、诊断、治疗、康复和提供预防保健、接生、计划生育方面的服务，以及与这些服务有关的提供药品、医用材料器具、救护车、病房住宿和伙食的业务（下同）。

（二）对非营利性医疗机构从事非医疗服务取得的收入，如租赁收入、财产转让收入、培训收入、对外投资收入等应按规定征收各项税收。非营利性医疗机构将取得的非医疗服务收入，直接用于改善医疗卫生服务条件的部分，经税务部门审核批准可抵扣其应纳税所得额，就其余额征收企业所得税。

（三）对非营利性医疗机构自产自用的制剂，免征增值税。

（四）非营利性医疗机构的药房分离为独立的药品零售企业，应按规定征收各项税收。

（五）对非营利性医疗机构自用的房产、土地、车船，免征房产税、城镇土地使用税和车船使用税。

二、关于营利性医疗机构的税收政策

（一）对营利性医疗机构取得的收入，按规定征收各项税收。

但为了支持营利性医疗机构的发展，对营利性医疗机构取得的收入，直接用于改善医疗卫生条件的，自其取得执业登记之日起，3 年内给予下列优惠：对其取得的医疗服务收入免征营业税；对其自产自用的制剂免征增值税；对营利性医疗机构自用的房产、土地、车船免征房产税、城镇土地使用税和车船使用税。3 年免税期满后恢复征税。

（二）对营利性医疗机构的药房分离为独立的药品零售企业，应按规定征收各项税收。

三、关于疾病控制机构和妇幼保健机构等卫生机构的税收政策

（一）对疾病控制机构和妇幼保健机构等卫生机构按照国家规定的价格取得的卫生服务收入（含疫苗接种和调拨、销售收入），免征各项税收。不按照国家规定的价格取得的卫生服务收入不得享受这项政策。对疾病控制机构和妇幼保健等卫生机构取得的其他经营收入如直接用于改善本卫生机构卫生服务条件的，经税务部门审核批准可抵扣其应纳税所得额，就其余额征收企业所得税。

（二）对疾病控制机构和妇幼保健机构等卫生机构自用的房产、土地、车船，免征房产税、城镇土地使用税和车船使用税。

医疗机构需要书面向卫生行政主管部门申明其性质，按《医疗机构管理条例》进行设置审批和登记注册，并由接受其登记注册的卫生行政部门核定，在执业登记中注明“非营利性医疗机构”和“营利性医疗机构”。

上述医疗机构具体包括：各级各类医院、门诊部（所）、社区卫生服务中心（站）、急救中心（站）、城乡卫生院、护理院（所）、疗养院、临床检验中心等。上述疾病控制、妇幼保健等卫生机构具体包括：各级政府及有关部门举办的卫生防疫站（疾病控制中心）、各种专科疾病防治站（所），各级政府举办的妇幼保健所（站）、母婴保健机构、儿童保健机构等，各级政府举办的血站（血液中心）。

本通知自发布之日起执行。

财政部 国家税务总局关于对老年服务机构有关税收政策问题的通知

（财税〔2000〕97号　2000年11月24日）

各省、自治区、直辖市、计划单列市财政厅（局）、国家税务局、地方税务局：

为贯彻中共中央、国务院《关于加强老龄工作的决定》（中发〔2000〕13号）精神，现对政府部门和社会力量兴办的老年服务机构有关税收政策问题通知如下：

一、对政府部门和企事业单位、社会团体以及个人等社会力量投资兴办的福利性、非营利性的老年服务机构，暂免征收企业所得税，以及老年服务机构自用房产、土地、车船的房产税、城镇土地使用税、车船使用税。

二、对企事业单位、社会团体和个人等社会力量，通过非营利性的社会团体和政府部门向福利性、非营利性的老年服务机构的捐赠，在缴纳企业所得税和个人所得税前准予全额扣除。

三、本通知所称老年服务机构，是指专门为老年人提供生活照料、文化、护理、健身等多方面服务的福利性、非营利性的机构，主要包括：老年社会福利院、敬老院（养老院）、老年服务中心、老年公寓（含老年护理院、康复中心、托老所）等。

本通知自2000年10月1日起执行。

财政部 国家税务总局关于非营利性科研机构税收政策的通知

（财税〔2001〕5号 2001年2月9日）

各省、自治区、直辖市、计划单列市财政厅（局）、国家税务局、地方税务局：

为了贯彻落实《国务院办公厅转发科技部等部门关于非营利性科研机构管理的若干意见（试行）的通知》（国办发〔2000〕78号），鼓励社会公益类科研事业的发展，经国务院批准，现对非营利性科研机构有关税收政策明确如下：

一、非营利性科研机构要以推动科技进步为宗旨，不以营利为目的，主要从事应用基础研究或向社会提供公共服务。非营利性科研机构的认定标准，由科技部会同财政部、中编办、国家税务总局另行制定。非营利性科研机构需要书面向科技行政主管部门申明其性质，按规定进行设置审批和登记注册，并由接受其登记注册的科技行政部门核定，在执业登记中注明“非营利性科研机构”。

二、非营利性科研机构享受如下税收优惠政策：

1.非营利性科研机构从事技术开发、技术转让业务和与之相关的技术咨询、技术服务所得的收入，按有关规定免征营业税和企业所得税。

2.非营利性科研机构从事与其科研业务无关的其他服务所取得的收入，如租赁收入、财产转让收入、对外投资收入等，应当按规定征收各项税收；非营利性科研机构从事上述非主营业务收入用于改善研究开发条件的投资部分，经税务部门审核批准可抵扣其应纳税所得额，就其余额征收企业所得税。

3.非营利性科研机构自用的房产、土地，免征房产税、城镇土地使用税。

4.社会力量对非关联的非营利性科研机构的新产品、新技术、新工艺所发生的研究开发经费资助，经主管税务机关审核确定，其资助支出可以全额在当年度应纳税所得额中扣除。当年度应纳税所得额不足抵扣的，不得结转抵扣。

三、对非营利性科研机构实行年度检查制度，凡不符合条件的，应取消其免税资格，并按规定补缴当年已免税款。

本通知自 2001 年 1 月 1 日起执行。具体执行办法由国家税务总局另行制定。

财政部 国家税务总局关于教育税收政策的通知

（财税〔2004〕39号 2004年2月5日）

各省、自治区、直辖市、计划单列市财政厅（局）、国家税务局、地方税务局，新疆生产建设兵团财务局：

为了进一步促进教育事业发展，经国务院批准，现将有关教育的税收政策通知如下：

一、关于营业税、增值税、所得税

1. 对从事学历教育的学校提供教育劳务取得的收入，免征营业税。

2. 对学生勤工俭学提供劳务取得的收入，免征营业税。

3. 对学校从事技术开发、技术转让业务和与之相关的技术咨询、技术服务业务取得的收入，免征营业税。

4. 对托儿所、幼儿园提供养育服务取得的收入，免征营业税。

5. 对政府举办的高等、中等和初等学校（不含下属单位）举办进修班、培训班取得的收入，收入全部归学校所有的，免征营业税和企业所得税。

6. 对政府举办的职业学校设立的主要为在校学生提供实习场所、并由学校出资自办、由学校负责经营管理、经营收入归学校所有的企业，对其从事营业税暂行条例“服务业”税目规定的服务项目（广告业、桑拿、按摩、氧吧等除外）取得的收入，免征营业税和企业所得税。

7. 对特殊教育学校举办的企业可以比照福利企业标准，享受国家对福利企业实行的增值税和企业所得税优惠政策。

8. 纳税人通过中国境内非营利的社会团体、国家机关向教育事业的捐赠，准予在企业所得税和个人所得税前全额扣除。

9. 对高等学校、各类职业学校服务于各业的技术转让、技术培训、技术咨询、技术服务、技术承包所取得的技术性服务收入，暂免征收企业所得税。

10. 对学校经批准收取并纳入财政预算管理的或财政预算外资金专户管理

的收费不征收企业所得税；对学校取得的财政拨款，从主管部门和上级单位取得的用于事业发展的专项补助收入，不征收企业所得税。

11. 对个人取得的教育储蓄存款利息所得，免征个人所得税；对省级人民政府、国务院各部委和中国人民解放军军以上单位，以及外国组织、国际组织颁布的教育方面的奖学金，免征个人所得税；高等学校转化职务科技成果以股份或出资比例等股权形式给予个人奖励，获奖人在取得股份、出资比例时，暂不缴纳个人所得税；取得按股份、出资比例分红或转让股权、出资比例所得时，依法缴纳个人所得税。

二、关于房产税、城镇土地使用税、印花税对国家拨付事业经费和企业办的各类学校、托儿所、幼儿园自用的房产、土地，免征房产税、城镇土地使用税；对财产所有人将财产赠给学校所立的书据，免征印花税。

三、关于耕地占用税、契税、农业税和农业特产税

1. 对学校、幼儿园经批准征用的耕地，免征耕地占用税。享受免税的学校用地的具体范围是：全日制大、中、小学校（包括部门、企业办的学校）的教学用房、实验室、操场、图书馆、办公室及师生员工食堂宿舍用地。学校从事非农业生产经营占用的耕地，不予免税。职工夜校、学习班、培训中心、函授学校等不在免税之列。

2. 国家机关、事业单位、社会团体、军事单位承受土地房屋权属用于教学、科研的，免征契税。用于教学的，是指教室（教学楼）以及其他直接用于教学的土地、房屋。用于科研的，是指科学实验的场所以及其他直接用于科研的土地、房屋。对县级以上人民政府教育行政主管部门或劳动行政主管部门审批并颁发办学许可证，由企业事业组织、社会团体及其他社会和公民个人利用非国家财政性教育经费面向社会举办的学校及教育机构，其承受的土地、房屋权属用于教学的，免征契税。

3. 对农业院校进行科学实验的土地免征农业税。对农业院校进行科学实验所取得的农业特产品收入，在实验期间免征农业特产税。

四、关于关税

1. 对境外捐赠人无偿捐赠的直接用于各类职业学校、高中、初中、小学、幼儿园教育的教学仪器、图书、资料和一般学习用品，免征进口关税和进口环节增值税。上述捐赠用品不包括国家明令不予减免进口税的20种商品。其

他相关事宜按照国务院批准的《扶贫、慈善性捐赠物质免征进口税收暂行办法》办理。

2. 对教育部承认学历的大专以上全日制高等院校以及财政部会同国务院有关部门批准的其他学校，不以营利为目的，在合理数量范围内的进口国内不能生产的科学研究和教学用品，直接用于科学研究或教学的，免征进口关税和进口环节增值税、消费税（不包括国家明令不予减免进口税的20种商品）。科学研究和教学用品的范围等有关具体规定，按照国务院批准的《科学研究和教学用品免征进口税收暂行规定》执行。

五、取消下列税收优惠政策

1. 财政部、国家税务总局《关于企业所得税若干优惠政策的通知》〔(94)财税字第001号〕第八条第一款和第三款关于校办企业从事生产经营的所得免征所得税的规定。其中因取消所得税优惠政策而增加的财政收入，按现行财政体制由中央与地方财政分享，专项列入财政预算，仍然全部用于教育事业。应归中央财政的补偿资金，列中央教育专项，用于改善全国特别是农村地区的中小学办学条件和资助家庭经济困难学生；应归地方财政的补偿资金，列省级教育专项，主要用于改善本地区农村中小学办学条件和资助农村家庭经济困难的中小学生。

2.《关于学校办企业征收流转税问题的通知》(国税发〔1994〕156号)第三条第一款和第三款，关于校办企业生产的应税货物，凡用于本校教学科研方面的，免征增值税；校办企业凡为本校教学、科研服务提供的应税劳务免征营业税的规定。

六、本通知自2004年1月1日起执行，此前规定与本通知不符的，以本通知为准。

财政部关于印发《民间非营利组织会计制度》的通知

（财会〔2004〕7号　2004年8月18日）

国务院有关部委、有关直属机构，各省、自治区、直辖市、计划单列市财政厅（局），新疆生产建设兵团财务局：

为了规范民间非营利组织的会计核算，提高会计信息质量，根据《中华人民共和国会计法》以及国家有关法律、行政法规，我部制定了《民间非营利组织会计制度》，现印发给你们，于2005年1月1日起执行。执行中有何问题，请及时反馈我部。

民间非营利组织会计制度

第一章　总则

第一条　为了规范民间非营利组织的会计核算，保证会计信息的真实、完整，根据《中华人民共和国会计法》及国家其他有关法律、行政法规的规定，制定本制度。

第二条　本制度适用于在中华人民共和国境内依法设立的符合本制度规定特征的民间非营利组织。民间非营利组织包括依照国家法律、行政法规登记的社会团体、基金会、民办非企业单位和寺院、宫观、清真寺、教堂等。

适用本制度的民间非营利组织应当同时具备以下特征：（一）该组织不以营利为宗旨和目的；（二）资源提供者向该组织投入资源不取得经济回报；（三）资源提供者不享有该组织的所有权。

第三条　会计核算应当以民间非营利组织的交易或者事项为对象，记录和反映该组织本身的各项业务活动。

第四条 会计核算应当以民间非营利组织的持续经营为前提。

第五条 会计核算应当划分会计期间，分期结算账目和编制财务会计报告。

第六条 会计核算应当以人民币作为记账本位币。业务收支以人民币以外的货币为主的民间非营利组织，可以选定其中一种货币作为记账本位币，但是编制的财务会计报告应当折算为人民币。

民间非营利组织在核算外币业务时，应当设置相应的外币账户。外币账户包括外币现金、外币银行存款、以外币结算的债权和债务账户等，这些账户应当与非外币的各该相同账户分别设置，并分别核算。

民间非营利组织发生外币业务时，应当将有关外币金额折算为记账本位币金额记账。除另有规定外，所有与外币业务有关的账户，应当采用业务发生时的汇率。当汇率波动较小时，也可以采用业务发生当期期初的汇率进行折算。

各种外币账户的外币余额，期末时应当按照期末汇率折合为记账本位币。按照期末汇率折合的记账本位币金额与账面记账本位币金额之间的差额，作为汇兑损益计入当期费用。但是，属于在借款费用应予资本化的期间内发生的与购建固定资产有关的外币专门借款本金及其利息所产生的汇兑差额，应当予以资本化，计入固定资产成本。借款费用应予资本化的期间依照本制度第三十五条加以确定。

本制度所称外币业务是指以记账本位币以外的货币进行的款项收付、往来结算等业务。

本制度所称的专门借款是指为购建固定资产而专门借入的款项。

第七条 会计核算应当以权责发生制为基础。

第八条 民间非营利组织在会计核算时，应当遵循以下基本原则：

（一）会计核算应当以实际发生的交易或者事项为依据，如实反映民间非营利组织的财务状况、业务活动情况和现金流量等信息。

（二）会计核算所提供的信息应当能够满足会计信息使用者（如捐赠人、会员、监管者等）的需要。

（三）会计核算应当按照交易或者事项的实质进行，而不应当仅仅按照它们的法律形式作为其依据。

（四）会计政策前后各期应当保持一致，不得随意变更。如有必要变更，应当在会计报表附注中披露变更的内容和理由、变更的累积影响数，以及累积影响数不能合理确定的理由等。

（五）会计核算应当按照规定的会计处理方法进行，会计信息应当口径一致、相互可比。

（六）会计核算应当及时进行，不得提前或延后。

（七）会计核算和编制的财务会计报告应当清晰明了，便于理解和使用。

（八）在会计核算中，所发生的费用应当与其相关的收入相配比，同一会计期间内的各项收入和与其相关的费用，应当在该会计期间内确认。

（九）资产在取得时应当按照实际成本计量，但本制度有特别规定的，按照特别规定的计量基础进行计量。其后，资产账面价值的调整，应当按照本制度的规定执行；除法律、行政法规和国家统一的会计制度另有规定外，民间非营利组织一律不得自行调整资产账面价值。

（十）会计核算应当遵循谨慎性原则。

（十一）会计核算应当合理划分应当计入当期费用的支出和应当予以资本化的支出。

（十二）会计核算应当遵循重要性原则，对资产、负债、净资产、收入、费用等有较大影响，并进而影响财务会计报告使用者据以做出合理判断的重要会计事项，必须按照规定的会计方法和程序进行处理，并在财务会计报告中予以充分披露；对于非重要的会计事项，在不影响会计信息真实性和不至于误导会计信息使用者做出正确判断的前提下，可适当简化处理。

第九条 会计记账应当采用借贷记账法。

第十条 会计记录的文字应当使用中文。在民族自治地区，会计记录可以同时使用当地通用的一种民族文字。境外民间非营利组织在中华人民共和国境内依法设立的代表处、办事处等机构，也可以同时使用一种外国文字记账。

第十一条 民间非营利组织应当根据有关会计法律、行政法规和本制度的规定，在不违反本制度的前提下，结合其具体情况，制定会计核算办法。

第十二条 民间非营利组织填制会计凭证、登记会计账簿、管理会计档案等，按照《中华人民共和国会计法》、《会计基础工作规范》和《会计档案管理办法》等规定执行。

第十三条 民间非营利组织应当根据国家有关法律、行政法规和内部会计控制规范，结合本单位的业务活动特点，制定相适应的内部会计控制制度，以加强内部会计监督，提高会计信息质量和管理水平。

第二章 资产

第十四条 资产是指过去的交易或者事项形成并由民间非营利组织拥有或者控制的资源，该资源预期会给民间非营利组织带来经济利益或者服务潜力。资产应当按其流动性分为流动资产、长期投资、固定资产、无形资产和受托代理资产等。

第十五条 民间非营利组织应当定期或者至少于每年年度终了，对短期投资、应收款项、存货、长期投资等资产是否发生了减值进行检查，如果这些资产发生了减值，应当计提减值准备，确认减值损失，并计入当期费用。对于固定资产、无形资产等其他资产，如果发生了重大减值，也应当计提减值准备，确认减值损失，并计入当期费用。如果已计提减值准备的资产价值在以后会计期间得以恢复，则应当在该资产已计提减值准备的范围内部分或全部转回已确认的减值损失，冲减当期费用。

第十六条 对于民间非营利组织接受捐赠的现金资产，应当按照实际收到的金额入账。对于民间非营利组织接受捐赠的非现金资产，如接受捐赠的短期投资、存货、长期投资、固定资产和无形资产等，应当按照以下方法确定其入账价值：

（一）如果捐赠方提供了有关凭据（如发票、报关单、有关协议等）的，应当按照凭据上标明的金额作为入账价值。如果凭据上标明的金额与受赠资产公允价值相差较大，受赠资产应当以其公允价值作为其入账价值。

（二）如果捐赠方没有提供有关凭据的，受赠资产应当以其公允价值作为入账价值。

对于民间非营利组织接受的劳务捐赠，不予确认，但应当在会计报表附注中作相关披露。

第十七条 本制度中所称的公允价值是指在公平交易中，熟悉情况的交易双方自愿进行资产交换或者债务清偿的金额。公允价值的确定顺序如下：

（一）如果同类或者类似资产存在活跃市场的，应当按照同类或者类似资产的市场价格确定公允价值。

（二）如果同类或类似资产不存在活跃市场，或者无法找到同类或者类似资产的，应当采用合理的计价方法确定资产的公允价值。

在本制度规定应当采用公允价值的情况下，如果有确凿的证据表明资产的公允价值确实无法可靠计量，则民间非营利组织应当设置辅助账，单独登记所取得资产的名称、数量、来源、用途等情况，并在会计报表附注中作相关披露。在以后会计期间，如果该资产的公允价值能够可靠计量，民间非营利组织应当在其能够可靠计量的会计期间予以确认，并以公允价值计量。

第十八条 民间非营利组织如发生非货币性交易，应当按照以下原则处理：

（一）以换出资产的账面价值，加上应支付的相关税费，作为换入资产的入账价值。

（二）非货币性交易中如果发生补价，应区别不同情况处理：

支付补价的民间非营利组织，应以换出资产的账面价值加上补价和应支付的相关税费，作为换入资产的入账价值。

收到补价的民间非营利组织，应按以下公式确定换入资产的入账价值和应确认的收入或费用：

换入资产入账价值＝换出资产账面价值－（补价 ÷ 换出资产公允价值）× 换出资产账面价值－（补价 ÷ 换出资产公允价值）× 应交税金＋应支付的相关税费

应确认的收入或费用＝补价 ×［1－（换出资产账面价值＋应交税金）÷ 换出资产公允价值］

（三）在非货币性交易中，如果同时换入多项资产，应按换入各项资产的公允价值占换入资产公允价值总额的比例，对换出资产的账面价值总额和应支付的相关税费进行分配，以确定各项换入资产的入账价值。

本制度所称非货币性交易是指交易双方以非货币性资产进行的交换，这种交换不涉及或只涉及少量的货币性资产（即补价）。其中，货币性资产是指持有的现金及将以固定或可确定金额的货币收取的资产；非货币性资产是指货币性资产以外的资产。

第一节　流动资产

第十九条　流动资产是指预期可在1年内（含1年）变现或者耗用的资产，主要包括现金、银行存款、短期投资、应收款项、预付账款、存货、待摊费用等。

第二十条　民间非营利组织应当设置现金和银行存款日记账，按照业务发生顺序逐日逐笔登记。有外币现金和存款的民间非营利组织，还应当分别按人民币和外币进行明细核算。

现金的核算应当做到日清月结，其账面余额必须与库存数相符；银行存款的账面余额应当与银行对账单定期核对，并与按月编制的银行存款余额调节表调节相符。

本制度所称的账面余额是指会计科目的账面实际余额，不扣除作为该科目备抵的项目（如累计折旧、资产减值准备等）。

第二十一条　短期投资是指能够随时变现并且持有时间不准备超过1年（含1年）的投资，包括股票、债券投资等。

（一）短期投资在取得时应当按照投资成本计量。短期投资取得时的投资成本按以下方法确定：

1. 以现金购入的短期投资，按照实际支付的全部价款，包括税金、手续费等相关税费作为其投资成本。实际支付的价款中包含的已宣告但尚未领取的现金股利或已到付息期但尚未领取的债券利息，应当作为应收款项单独核算，不构成短期投资成本。

2. 接受捐赠的短期投资，按照本制度第十六条的规定确定其投资成本。

3. 通过非货币性交易换入的短期投资，按照本制度第十八条的规定确定其投资成本。

（二）短期投资的利息或现金股利应当于实际收到时冲减投资的账面价值，但在购买时已计入应收款项的现金股利或者利息除外。

（三）期末，民间非营利组织应当按照本制度第十五条的规定对短期投资是否发生了减值进行检查。如果短期投资的市价低于其账面价值，应当按照市价低于账面价值的差额计提短期投资跌价准备，确认短期投资跌价损失并计入当期费用。如果短期投资的市价高于其账面价值，应当在该短期投资期初已计提跌价准备的范围内转回市价高于账面价值的差额，冲减当期费用。

（四）处置短期投资时，应当将实际取得价款与短期投资账面价值的差额确认为当期投资损益。

本制度所称的账面价值是指某会计科目的账面余额减去相关的备抵项目后的净额。

民间非营利组织的委托贷款和委托投资（包括委托理财）应当区分期限长短，分别作为短期投资和长期投资核算和列报。

第二十二条 应收款项是指民间非营利组织在日常业务活动过程中发生的各项应收未收债权，包括应收票据、应收账款和其他应收款等。

（一）应收款项应当按照实际发生额入账，并按照往来单位或个人等设置明细账，进行明细核算。

（二）期末，应当分析应收款项的可收回性，对预计可能产生的坏账损失计提坏账准备，确认坏账损失并计入当期费用。

第二十三条 预付账款是指民间非营利组织预付给商品供应单位或者服务提供单位的款项。

预付账款应当按照实际发生额入账，并按照往来单位或个人等设置明细账，进行明细核算。

第二十四条 存货是指民间非营利组织在日常业务活动中持有以备出售或捐赠的，或者为了出售或捐赠仍处在生产过程中的，或者将在生产、提供服务或日常管理过程中耗用的材料、物资、商品等。

（一）存货在取得时，应当以其实际成本入账。存货成本包括采购成本、加工成本和其他成本。其中，采购成本一般包括实际支付的采购价款、相关税费、运输费、装卸费、保险费以及其他可直接归属于存货采购的费用。加工成本包括直接人工以及按照合理方法分配的与存货加工有关的间接费用。其他成本是指除采购成本、加工成本以外的，使存货达到目前场所和状态所发生的其他支出。接受捐赠的存货，按照本制度第十六条的规定确定其成本。通过非货币性交易换入的存货，按照本制度第十八条的规定确定其成本。

（二）存货在发出时，应当根据实际情况采用个别计价法、先进先出法或者加权平均法，确定发出存货的实际成本。

（三）存货应当定期进行清查盘点，每年至少盘点一次。对于发生的盘盈、盘亏以及变质、毁损等存货，应当及时查明原因，并根据民间非营利组织的管理权限，经理事会、董事会或类似权力机构批准后，在期末结账前处理完毕。对于盘盈的存货，应当按照其公允价值入账，并确认为当期收入；对于盘亏或者毁损的存货，应先扣除残料价值、可以收回的保险赔偿和过失人的赔偿等，将净损失确认为当期费用。

（四）期末，民间非营利组织应当按照本制度第十五条的规定对存货是否发生了减值进行检查。如果存货的可变现净值低于其账面价值，应当按照可变现净值低于账面价值的差额计提存货跌价准备，确认存货跌价损失并计入当期费用。如果存货的可变现净值高于其账面价值，应当在该存货期初已计提跌价准备的范围内转回可变现净值高于账面价值的差额，冲减当期费用。

本制度所称的可变现净值是指在正常业务活动中，以存货的估计售价减去至完工将要发生的成本以及销售所必需的费用后的金额。

第二十五条 待摊费用是指民间非营利组织已经支出，但应当由本期和以后各期分别负担的、分摊期在 1 年以内（含 1 年）的各项费用，如预付保险费、预付租金等。待摊费用应当按其受益期限在 1 年内分期平均摊销，计入有关费用。

第二节 长期投资

第二十六条 长期投资是指除短期投资以外的投资，包括长期股权投资和长期债权投资等。

第二十七条 长期股权投资应当按照以下原则核算。

（一）长期股权投资在取得时，应当按取得时的实际成本作为初始投资成本。初始投资成本按以下方法确定：

1. 以现金购入的长期股权投资，按照实际支付的全部价款，包括税金、手续费等相关费用，作为初始投资成本。实际支付的价款中包含的已宣告但尚未领取的现金股利，应当作为应收款项单独核算，不构成初始投资成本。

2. 接受捐赠的长期股权投资，按照本制度第十六条的规定，确定其初始投资成本。

3. 通过非货币性交易换入的长期股权投资，按照本制度第十八条的规定确定其初始投资成本。

（二）长期股权投资应当区别不同情况，分别采用成本法或者权益法核算。如果民间非营利组织对被投资单位无控制、无共同控制且无重大影响，长期股权投资应当采用成本法进行核算；如果民间非营利组织对被投资单位具有控制、共同控制或重大影响，长期股权投资应当采用权益法进行核算。

采用成本法核算时，被投资单位经股东大会或者类似权力机构批准宣告发放的利润或现金股利，作为当期投资收益。采用权益法核算时，按应当享有或应当分担的被投资单位当年实现的净利润或发生的净亏损的份额调整投资账面价值，并作为当期投资损益。按被投资单位宣告分派的利润或现金股利计算分得的部分，减少投资账面价值。

被投资单位宣告分派的股票股利不作账务处理，但应当设置辅助账进行数量登记。

本制度所称的控制是指有权决定被投资单位的财务和经营政策，并能据以从该单位的经济活动中获得利益；本制度所称的共同控制，是指按合同约定对某项经济活动所共有的控制；本制度所称的重大影响，是指对被投资单位的财务和经营政策有参与决策的权力，但并不决定这些政策。

（三）处置长期股权投资时，应当将实际取得价款与投资账面价值的差额确认为当期投资损益。

第二十八条 长期债权投资应当按照以下原则核算。

（一）长期债权投资在取得时，应当按取得时的实际成本作为初始投资成本。初始投资成本按以下方法确定：

1. 以现金购入的长期债权投资，按照实际支付的全部价款，包括税金、手续费等相关费用，作为初始投资成本。实际支付的价款中包含的已到付息期但尚未领取的债券利息，应当作为应收款项单独核算，不构成初始投资成本。

2. 接受捐赠取得的长期债权投资，按照本制度第十六条的规定确定其初始投资成本。

3. 通过非货币性交易换入的长期债权投资，按照本制度第十八条的规定确定其初始投资成本。

（二）长期债权投资应当按照票面价值与票面利率按期计算确认利息收入。长期债券投资的初始投资成本与债券面值之间的差额，应当在债券存续期间，按照直线法于确认相关债券利息收入时予以摊销。

（三）持有可转换公司债券的民间非营利组织，可转换公司债券在转换为股份之前，应当按一般债券投资进行处理。当民间非营利组织行使转换权利，将其持有的债券投资转换为股份时，应当按其账面价值减去收到的现金后的余额，作为股权投资的初始投资成本。

（四）处置长期债权投资时，应当将实际取得价款与投资账面价值的差额，确认为当期投资损益。

第二十九条 民间非营利组织改变投资目的，将短期投资划转为长期投资，应当按短期投资的成本与市价孰低结转。

第三十条 期末，民间非营利组织应当按照本制度第十五条的规定对长期投资是否发生了减值进行检查。如果长期投资的可收回金额低于其账面价值，应当按照可收回金额低于账面价值的差额计提长期投资减值准备，确认长期投资减值损失并计入当期费用。如果长期投资的可收回金额高于其账面价值，应当在该长期投资期初已计提减值准备的范围内转回可收回金额高于账面价值的差额，冲减当期费用。

本制度所称可收回金额是指资产的销售净价与预期从该资产的持续使用和使用寿命结束时的处置中形成的预计未来现金流量的现值两者之中的较高者，其中销售净价是指销售价格减资产处置费用后的余额。

第三节 固定资产

第三十一条 固定资产是指同时具有以下特征的有形资产：

（一）为行政管理、提供服务、生产商品或者出租目的而持有的；

（二）预计使用年限超过 1 年；

（三）单位价值较高。

第三十二条 固定资产在取得时，应当按取得时的实际成本入账。取得时的实际成本包括买价、包装费、运输费、交纳的有关税金等相关费用，以及为使固定资产达到预定可使用状态前所必要的支出。固定资产取得时的实际成本应当根据以下具体情况分别确定：

（一）外购的固定资产，按照实际支付的买价、相关税费以及为使固定资产达到预定可使用状态前所发生的可直接归属于该固定资产的其他支出（如运输费、安装费、装卸费等）确定其成本。

如果以一笔款项购入多项没有单独标价的固定资产，按各项固定资产公允价值的比例对总成本进行分配，分别确定各项固定资产的成本。

（二）自行建造的固定资产，按照建造该项资产达到预定可使用状态前所发生的全部必要支出确定其成本。

（三）接受捐赠的固定资产，按照本制度第十六条的规定确定其成本。

（四）通过非货币性交易换入的固定资产，按照本制度第十八条的规定确定其成本。

（五）融资租入的固定资产，按照租赁协议或者合同确定的价款、运输费、途中保险费、安装调试费以及融资租入固定资产达到预定可使用状态前发生的借款费用等确定其成本。

第三十三条 在建工程，包括施工前期准备、正在施工中的建筑工程、安装工程、技术改造工程等。工程项目较多且工程支出较大的，应当按照工程项目的性质分项核算。

第三十四条 在建工程应当按照所建造工程达到预定可使用状态前实际发生的全部必要支出确定其工程成本，并单独核算。在建工程的工程成本应当根据以下具体情况分别确定：

（一）对于自营工程，按照直接材料、直接人工、直接机械使用费等确定其成本。

（二）对于出包工程，按照应支付的工程价款等确定其成本。

第三十五条 为购建固定资产而发生的专门借款的借款费用在规定的允许资本化的期间内，应当按照专门借款的借款费用的实际发生额予以资本化，计入在建工程成本。这里的借款费用包括因借款而发生的利息、辅助费用以及因外币借款而发生的汇兑差额。

只有在以下三个条件同时具备时，因专门借款所发生的借款费用才允许开始资本化：

（一）资产支出已经发生；

（二）借款费用已经发生；

（三）为使资产达到预定可使用状态所必要的购建活动已经开始。

如果固定资产的购建活动发生非正常中断，并且中断时间连续超过 3 个月（含3个月），应当暂停借款费用的资本化，将中断期间内所发生的借款费用确认为当期费用，直至资产的购建活动重新开始。但是，如果中断是使购建的固定资产达到预定可使用状态所必要的程序，则借款费用的资本化应当继续进行。

当所购建的固定资产达到预定可使用状态时，应当停止借款费用的资本化，之后所发生的借款费用应当于发生时计入当期费用。通常所购建的固定资产达到以下状态时，应当视为所购建的固定资产已经达到预定可使用状态：

（一）固定资产的实体建造（包括安装）工作已经全部完成或者实质上已经完成；

（二）所购建的固定资产与设计要求或者合同要求相符或者基本相符，即使有极个别与设计或者合同要求不相符的地方，也不影响其正常使用；

（三）继续发生在所购建固定资产上的支出金额很少或者几乎不再发生。

第三十六条 所购建的固定资产已达到预定可使用状态时，应当自达到预定可使用状态之日起，将在建工程成本转入固定资产核算。

第三十七条 民间非营利组织应当对固定资产计提折旧，在固定资产的预计使用寿命内系统地分摊固定资产的成本。

民间非营利组织应当根据固定资产的性质和消耗方式，合理地确定固定资产的预计使用年限和预计净残值。

民间非营利组织应当按照固定资产所含经济利益或者服务潜力的预期实现方式选择折旧方法，可选用的折旧方法包括年限平均法、工作量法、双倍余额递减法和年数总和法。折旧方法一经确定，不得随意变更。如果由于固定资产所含经济利益或者服务潜力预期实现方式发生重大改变而确实需要变更的，应当在会计报表附注中披露相关信息。

第三十八条 民间非营利组织应当按月提取折旧，当月增加的固定资产，当月不提折旧，从下月起计提折旧；当月减少的固定资产，当月照提折旧，从下月起不提折旧。

第三十九条 与固定资产有关的后续支出，如果使可能流入民间非营利组织的经济利益或者服务潜力超过了原先的估计，如延长了固定资产的使用寿命，或者使服务质量实质性提高，或者使商品成本实质性降低，则应当计入固定资产账面价值，但其增计后的金额不应当超过该固定资产的可收回金额。其他后续支出，应当计入当期费用。

第四十条 民间非营利组织由于出售、报废或者毁损等原因而发生的固定资产清理净损益，应当计入当期收入或者费用。

第四十一条 用于展览、教育或研究等目的的历史文物、艺术品以及其他具有文化或者历史价值并作长期或者永久保存的典藏等，作为固定资产核算，但不必计提折旧。在资产负债表中，应当单列“文物文化资产”项目予以反映。

第四十二条 民间非营利组织对固定资产应当定期或者至少每年实地盘点一次。对盘盈、盘亏的固定资产，应当及时查明原因，写出书面报告，并根据管理权限经董事会、理事会或类似权力机构批准后，在期末结账前处理完毕。盘盈的固定资产应当按照其公允价值入账，并计入当期收入；盘亏的固定资产在减去过失人或者保险公司等赔款和残料价值之后计入当期费用。

第四十三条 民间非营利组织对固定资产的购建、出售、清理、报废和内部转移等都应当办理会计手续，并应当设置固定资产明细账（或者固定资产卡片）进行明细核算。

第四节 无形资产

第四十四条 无形资产是指民间非营利组织为开展业务活动、出租给他人或为管理目的而持有的且没有实物形态的非货币性长期资产，包括专利权、非专利技术、商标权、著作权、土地使用权等。

第四十五条 无形资产在取得时，应当按照取得时的实际成本入账。

（一）购入的无形资产，按照实际支付的价款确定其实际成本。

（二）自行开发并按法律程序申请取得的无形资产，按依法取得时发生的注册费、聘请律师费等费用，作为无形资产的实际成本。依法取得前，在研究与开发过程中发生的材料费用、直接参与开发人员的工资及福利费、开发过程中发生的租金、借款费用等直接计入当期费用。

（三）接受捐赠的无形资产，按照本制度第十六条的规定确定其实际成本。

（四）通过非货币性交易换入的无形资产，按照本制度第十八条的规定确定其实际成本。

第四十六条 无形资产应当自取得当月起在预计使用年限内分期平均摊

销，计入当期费用。如预计使用年限超过了相关合同规定的受益年限或法律规定的有效年限，该无形资产的摊销年限按如下原则确定：

（一）合同规定了受益年限但法律没有规定有效年限的，摊销期不应超过合同规定的受益年限；

（二）合同没有规定受益年限但法律规定了有效年限的，摊销期不应超过法律规定的有效年限；

（三）合同规定了受益年限，法律也规定了有效年限的，摊销期不应超过受益年限和有效年限两者之中较短者。

如果合同没有规定受益年限，法律也没有规定有效年限的，摊销期不应超过 10 年。

第四十七条 民间非营利组织处置无形资产，应当将实际取得的价款与该项无形资产的账面价值之间的差额，计入当期收入或者费用。

第五节 受托代理资产

第四十八条 受托代理资产是指民间非营利组织接受委托方委托从事受托代理业务而收到的资产。在受托代理过程中，民间非营利组织通常只是从委托方收到受托资产，并按照委托人的意愿将资产转赠给指定的其他组织或者个人，或者按照有关规定将资产转交给指定的其他组织或者个人。民间非营利组织本身只是在委托代理过程中起中介作用，无权改变受托代理资产的用途或者变更受益人。

民间非营利组织应当对受托代理资产比照接受捐赠资产的原则进行确认和计量，但在确认一项受托代理资产时，应当同时确认一项受托代理负债。

第三章 负债

第四十九条 负债是指过去的交易或者事项形成的现时义务，履行该义务预期会导致含有经济利益或者服务潜力的资源流出民间非营利组织。负债应当按其流动性分为流动负债、长期负债和受托代理负债等。

第五十条 或有事项是指过去的交易或者事项形成的一种状况，其结果须通过未来不确定事项的发生或不发生予以证实。

如果与或有事项相关的义务同时符合以下条件，应当将其确认为负债，以清偿该负债所需支出的最佳估计数予以计量，并在资产负债表中单列项目予以反映：

（一）该义务是民间非营利组织承担的现时义务；

（二）该义务的履行很可能导致含有经济利益或者服务潜力的资源流出民间非营利组织；

（三）该义务的金额能够可靠地计量。

第五十一条 流动负债是指将在1年内（含1年）偿还的负债，包括短期借款、应付款项、应付工资、应交税金、预收账款、预提费用和预计负债等。

（一）短期借款是指民间非营利组织向银行或其他金融机构等借入的期限在1年以下（含1年）的各种借款。

（二）应付款项是指民间非营利组织在日常业务活动过程中发生的各项应付票据、应付账款和其他应付款等应付未付款项。

（三）应付工资是指民间非营利组织应付未付的员工工资。

（四）应交税金是指民间非营利组织应交未交的各种税费。

（五）预收账款是指民间非营利组织向服务和商品购买单位预收的各种款项。

（六）预提费用是指民间非营利组织预先提取的已经发生但尚未支付的费用，如预提的租金、保险费、借款利息等。

（七）预计负债是指民间非营利组织对因或有事项所产生的现时义务而确认的负债。

第五十二条 各项流动负债应当按实际发生额入账。短期借款应当按照借款本金和确定的利率按期计提利息，计入当期费用。

第五十三条 长期负债是指偿还期限在1年以上（不含1年）的负债，包括长期借款、长期应付款和其他长期负债。

（一）长期借款是指民间非营利组织向银行或其他金融机构等借入的期限在1年以上（不含1年）的各种借款。

（二）长期应付款主要是指民间非营利组织融资租入固定资产发生的应付租赁款。

（三）其他长期负债是指除长期借款和长期应付款外的长期负债。

第五十四条 各项长期负债应当按实际发生额入账。

第五十五条 受托代理负债是指民间非营利组织因从事受托代理业务、接受受托代理资产而产生的负债。受托代理负债应当按照相对应的受托代理资产的金额予以确认和计量。

第四章 净资产

第五十六条 民间非营利组织的净资产是指资产减去负债后的余额。净资产应当按照其是否受到限制，分为限定性净资产和非限定性净资产等。

如果资产或者资产所产生的经济利益（如资产的投资收益和利息等）的使用受到资产提供者或者国家有关法律、行政法规所设置的时间限制或（和）用途限制，则由此形成的净资产即为限定性净资产，国家有关法律、行政法规对净资产的使用直接设置限制的，该受限制的净资产亦为限定性净资产；除此之外的其他净资产，即为非限定性净资产。

本制度所称的时间限制，是指资产提供者或者国家有关法律、行政法规要求民间非营利组织在收到资产后的特定时期之内或特定日期之后使用该项资产，或者对资产的使用设置了永久限制。

本制度所称的用途限制，是指资产提供者或者国家有关法律、行政法规要求民间非营利组织将收到的资产用于某一特定的用途。

民间非营利组织的董事会、理事会或类似权力机构对净资产的使用所作的限定性决策、决议或拨款限额等，属于民间非营利组织内部管理上对资产使用所作的限制，不属于本制度所界定的限定性净资产。

第五十七条 如果限定性净资产的限制已经解除，应当对净资产进行重新分类，将限定性净资产转为非限定性净资产。

当存在下列情况之一时，可以认为限定性净资产的限制已经解除：

（一）所限定净资产的限制时间已经到期；

（二）所限定净资产规定的用途已经实现（或者目的已经达到）；

（三）资产提供者或者国家有关法律、行政法规撤销了所设置的限制。

如果限定性净资产受到两项或两项以上的限制，应当在最后一项限制解除时，才能认为该项限定性净资产的限制已经解除。

第五章　收入

第五十八条　收入是指民间非营利组织开展业务活动取得的、导致本期净资产增加的经济利益或者服务潜力的流入。收入应当按其来源分为捐赠收入、会费收入、提供服务收入、政府补助收入、投资收益、商品销售收入等主要业务活动收入和其他收入等。

（一）捐赠收入是指民间非营利组织接受其他单位或者个人捐赠所取得的收入。

（二）会费收入是指民间非营利组织根据章程等的规定向会员收取的会费。

（三）提供服务收入是指民间非营利组织根据章程等的规定向其服务对象提供服务取得的收入，包括学费收入、医疗费收入、培训收入等。

（四）政府补助收入是指民间非营利组织接受政府拨款或者政府机构给予的补助而取得的收入。

（五）商品销售收入是指民间非营利组织销售商品（如出版物、药品等）等所形成的收入。

（六）投资收益是指民间非营利组织因对外投资取得的投资净损益。

民间非营利组织如果有除上述捐赠收入、会费收入、提供服务收入、政府补助收入、商品销售收入、投资收益之外的其他主要业务活动收入，也应当单独核算。

（七）其他收入是指除上述主要业务活动收入以外的其他收入，如固定资产处置净收入、无形资产处置净收入等。

对于民间非营利组织接受的劳务捐赠，不予确认，但应当在会计报表附注中作相关披露。

第五十九条　民间非营利组织在确认收入时，应当区分交换交易所形成的收入和非交换交易所形成的收入。

（一）交换交易是指按照等价交换原则所从事的交易，即当某一主体取得资产、获得服务或者解除债务时，需要向交易对方支付等值或者大致等值的现金，或者提供等值或者大致等值的货物、服务等的交易。如按照等价交换原则销售商品、提供劳务等均属于交换交易。

对于因交换交易所形成的商品销售收入，应当在下列条件下同时满足时予以确认：

1. 已将商品所有权上的主要风险和报酬转移给购货方；

2. 既没有保留通常与所有权相联系的继续管理权，也没有对已售出的商品实施控制；

3. 与交易相关的经济利益能够流入民间非营利组织；

4. 相关的收入和成本能够可靠地计量。

对于因交换交易所形成的提供劳务收入，应当按以下规定予以确认：

1. 在同一会计年度内开始并完成的劳务，应当在完成劳务时确认收入；

2. 如果劳务的开始和完成分属不同的会计年度，可以按完工进度或完成的工作量确认收入。

对于因交换交易所形成的因让渡资产使用权而发生的收入应当在下列条件同时满足时予以确认：

1. 与交易相关的经济利益能够流入民间非营利组织；

2. 收入的金额能够可靠地计量。

（二）非交换交易是指除交换交易之外的交易。在非交换交易中，某一主体取得资产、获得服务或者解除债务时，不必向交易对方支付等值或者大致等值的现金，或者提供等值或者大致等值的货物、服务等；或者某一主体在对外提供货物、服务等时，没有收到等值或者大致等值的现金、货物等。如捐赠、政府补助等属于非交换交易。

对于因非交换交易所形成的收入，应当在同时满足下列条件时予以确认：

1. 与交易相关的含有经济利益或者服务潜力的资源能够流入民间非营利组织并为其所控制，或者相关的债务能够得到解除；

2. 交易能够引起净资产的增加；

3. 收入的金额能够可靠地计量。

一般情况下，对于无条件的捐赠或政府补助，应当在捐赠或政府补助收到时确认收入；对于附条件的捐赠或政府补助，应当在取得捐赠资产或政府补助资产控制权时确认收入，但当民间非营利组织存在需要偿还全部或部分捐赠资产（或者政府补助资产）或者相应金额的现时义务时，应当根据需要偿还的金额同时确认一项负债和费用。

第六十条　民间非营利组织对于各项收入应当按是否存在限定区分为非

限定性收入和限定性收入进行核算。

如果资产提供者对资产的使用设置了时间限制或者（和）用途限制，则所确认的相关收入为限定性收入；除此之外的其他收入，为非限定性收入。

民间非营利组织的会费收入、提供服务收入、商品销售收入和投资收益等一般为非限定性收入，除非相关资产提供者对资产的使用设置了限制。民间非营利组织的捐赠收入和政府补助收入，应当视相关资产提供者对资产的使用是否设置了限制，分别限定性收入和非限定性收入进行核算。

第六十一条 期末，民间非营利组织应当将本期限定性收入和非限定性收入分别结转至净资产项下的限定性净资产和非限定性净资产。

第六章 费用

第六十二条 费用是指民间非营利组织为开展业务活动所发生的、导致本期净资产减少的经济利益或者服务潜力的流出。费用应当按照其功能分为业务活动成本、管理费用、筹资费用和其他费用等。

（一）业务活动成本，是指民间非营利组织为了实现其业务活动目标、开展其项目活动或者提供服务所发生的费用。如果民间非营利组织从事的项目、提供的服务或者开展的业务比较单一，可以将相关费用全部归集在“业务活动成本”项目下进行核算和列报；如果民间非营利组织从事的项目、提供的服务或者开展的业务种类较多，民间非营利组织应当在“业务活动成本”项目下分别项目、服务或者业务大类进行核算和列报。

（二）管理费用，是指民间非营利组织为组织和管理其业务活动所发生的各项费用，包括民间非营利组织董事会（或者理事会或者类似权力机构）经费和行政管理人员的工资、奖金、福利费、住房公积金、住房补贴、社会保障费、离退休人员工资及补助，以及办公费、水电费、邮电费、物业管理费、差旅费、折旧费、修理费、租赁费、无形资产摊销费、资产盘亏损失、资产减值损失、因预计负债所产生的损失、聘请中介机构费和应偿还的受赠资产等。其中，福利费应当依法根据民间非营利组织的管理权限，按照董事会、理事会或类似权力机构等的规定据实列支。

（三）筹资费用，是指民间非营利组织为筹集业务活动所需资金而发生的费用，它包括民间非营利组织为了获得捐赠资产而发生的费用以及应当计入当期费用的借款费用、汇兑损失（减汇兑收益）等。民间非营利组织为了获得捐赠资产而发生的费用包括举办募款活动费，准备、印刷和发放募款宣传资料费以及其他与募款或者争取捐赠资产有关的费用。

（四）其他费用，是指民间非营利组织发生的、无法归属到上述业务活动成本、管理费用或者筹资费用中的费用，包括固定资产处置净损失、无形资产处置净损失等。

民间非营利组织的某些费用如果属于多项业务活动或者属于业务活动、管理活动和筹资活动等共同发生的，而且不能直接归属于某一类活动，应当将这些费用按照合理的方法在各项活动中进行分配。

第六十三条 民间非营利组织发生的业务活动成本、管理费用、筹资费用和其他费用，应当在发生时按其发生额计入当期费用。

第六十四条 期末，民间非营利组织应当将本期发生的各项费用结转至净资产项下的非限定性净资产，作为非限定性净资产的减项。

第七章 财务会计报告

第六十五条 财务会计报告是反映民间非营利组织财务状况、业务活动情况和现金流量等的书面文件。

第六十六条 财务会计报告分为年度财务会计报告和中期财务会计报告。以短于一个完整的会计年度的期间（如半年度、季度和月度）编制的财务会计报告称为中期财务会计报告。年度财务会计报告则是以整个会计年度为基础编制的财务会计报告。

第六十七条 财务会计报告由会计报表、会计报表附注和财务情况说明书组成。民间非营利组织对外提供的财务会计报告的内容、会计报表的种类和格式、会计报表附注应予披露的主要内容等，由本制度规定；民间非营利组织内部管理需要的会计报表由单位自行规定。

民间非营利组织在编制中期财务会计报告时，应当采用与年度会计报表相一致的确认与计量原则。中期财务会计报告的内容相对于年度财务会计报告而言可以适当简化，但仍应保证包括与理解中期期末财务状况和中期业务活动情况及其现金流量相关的重要财务信息。

第六十八条 民间非营利组织采用的会计政策前后各期应当保持一致，

不得随意变更，除非符合下列条件之一：

（一）法律或会计制度等行政法规、规章的要求；

（二）这种变更能够提供有关民间非营利组织财务状况、业务活动情况和现金流量等更可靠、更相关的会计信息。

民间非营利组织应当采用追溯调整法核算会计政策的变更，如果追溯调整法不可行，则应当采用未来适用法核算；如果相关法律或会计制度等另有规定，则应当按照相关规定进行核算。

本制度中所称追溯调整法，是指对某项交易或者事项变更会计政策时，如同该交易或者事项初次发生时就开始采用新的会计政策，并以此对相关项目进行调整的方法。本制度所称未来适用法，是指对某项交易或者事项变更会计政策时，新的会计政策适用于变更当期及未来期间发生的交易或者事项的方法。

第六十九条 资产负债表日至财务会计报告批准报出日之间发生的需要调整或说明的有利或不利事项，属于资产负债表日后事项。对于资产负债表日后事项，应当区分调整事项和非调整事项进行处理。

调整事项，是指资产负债表日后至财务会计报告批准报出日之间发生的，为资产负债表日已经存在的情况提供了新的或进一步证据，有助于对资产负债表日存在情况有关的金额作出重新估计的事项。民间非营利组织应当就调整事项，对资产负债表日所确认的相关资产、负债和净资产，以及资产负债表日所属期间的相关收入、费用等进行调整。

非调整事项，是指资产负债表日后至财务会计报告批准报出日之间发生的，不影响资产负债表日的存在情况，但不加以说明将会影响财务会计报告使用者作出正确估计和决策的事项。民间非营利组织应当在会计报表附注中披露非调整事项的性质、内容，以及对财务状况和业务活动情况的影响。如无法估计其影响，应当说明理由。

第七十条 财务会计报告中的会计报表至少应当包括以下三张报表：

（一）资产负债表；

（二）业务活动表；

（三）现金流量表。

第七十一条 会计报表附注至少应当包括下列内容：

（一）重要会计政策及其变更情况的说明；

（二）董事会（或者理事会或者类似权力机构）成员和员工的数量、变动情况以及获得的薪金等报酬情况的说明；

（三）会计报表重要项目及其增减变动情况的说明；

（四）资产提供者设置了时间或用途限制的相关资产情况的说明；

（五）受托代理业务情况的说明，包括受托代理资产的构成、计价基础和依据、用途等；

（六）重大资产减值情况的说明；

（七）公允价值无法可靠取得的受赠资产和其他资产的名称、数量、来源和用途等情况的说明；

（八）对外承诺和或有事项情况的说明；

（九）接受劳务捐赠情况的说明；

（十）资产负债表日后非调整事项的说明；

（十一）有助于理解和分析会计报表需要说明的其他事项。

第七十二条 财务情况说明书至少应当对下列情况作出说明：

（一）民间非营利组织的宗旨、组织结构以及人员配备等情况；

（二）民间非营利组织业务活动基本情况，年度计划和预算完成情况，产生差异的原因分析，下一会计期间业务活动计划和预算等；

（三）对民间非营利组织业务活动有重大影响的其他事项。

第七十三条 民间非营利组织对外投资，而且占对被投资单位资本总额50%以上（不含50%），或者虽然占该单位资本总额不足50%但具有实质上的控制权的，或者对被投资单位具有控制权的，应当编制合并会计报表。

第七十四条 民间非营利组织的年度财务会计报告至少应当于年度终了后4个月内对外提供。如果民间非营利组织被要求对外提供中期财务会计报告的，应当在规定的时间内对外提供。

会计报表的填列，以人民币“元”为金额单位，“元”以下填至“分”。

第七十五条 民间非营利组织对外提供的财务会计报告应当依次编定页数，加具封面，装订成册，加盖公章。封面上应当注明：组织名称、组织登记证号、组织形式、地址、报表所属年度或者中期、报出日期，并由单位负责人和主管会计工作的负责人、会计机构负责人（会计主管人员）签名并盖章；设置总会计师的单位，还应当由总会计师签名并盖章。

第八章　附则

第七十六条　本制度自2005年1月1日起施行。

财政部 民政部关于认真贯彻实施《民间非营利组织会计制度》的通知

（财会〔2004〕17号　2004年10月28日）

各省、自治区、直辖市、计划单列市财政厅（局）、民政厅（局），新疆生产建设兵团财务局、民政局：

2004年8月18日，财政部发布了《民间非营利组织会计制度》（财会〔2004〕7号），自2005年1月1日起在全国适用的民间非营利组织范围内实施。为了做好该制度的贯彻实施工作，现将有关事项通知如下：

一、《民间非营利组织会计制度》有利于规范民间非营利组织的会计行为，促进民间非营利组织的健康发展

为了进一步完善我国民间非营利组织的法律规范体系，适应民间非营利组织快速发展的需要，财政部发布了《民间非营利组织会计制度》。这一制度统一了会计核算标准，要求民间非营利组织按照制度的规定编制和对外提供财务会计报告。

《民间非营利组织会计制度》的发布意义重大，有利于促进民间非营利组织加强内部管理，完善各项规章制度，规范民间非营利组织的会计核算行为，使各项经济业务的处理有章可循、有法可依；有利于提高民间非营利组织的会计信息质量和透明度，从而提升民间非营利组织在社会各界的诚信度，促进民间非营利组织健康、规范发展。

二、切实做好宣传培训工作，掌握《民间非营利组织会计制度》的基本内容和要求

各级财政、民政等部门应当充分重视《民间非营利组织会计制度》的贯彻实施工作，利用各种方式加大宣传和培训力度，促使民间非营利组织单位负责人重视该制度的执行，使广大民间非营利组织会计人员全面掌握《民间非营利组织会计制度》的各项规定和具体办法。政府监管部门也应熟悉了解该制度的基本要求和主要内容，以便于实施有效监管。

在宣传培训过程中，各级财政、民政部门要充分利用各种新闻媒体、组织有关中介机构等社会力量、发挥院校教师的作用，宣传《民间非营利组织会计制度》的重要意义和内容，为全面贯彻实施《民间非营利组织会计制度》奠定基础。

三、民间非营利组织的单位负责人要认真履行法定职责，保证会计信息真实、完整

根据《中华人民共和国会计法》的规定，单位负责人对单位的会计工作和会计资料的真实性、完整性负责。单位的财务会计报告应当由单位负责人和主管会计工作的负责人、会计机构负责人签名并盖章。因此，民间非营利组织的单位负责人应当保证本单位按照《民间非营利组织会计制度》的规定进行会计核算，编制财务会计报告。如果民间非营利组织违反《中华人民共和国会计法》以及国家统一的会计制度，单位负责人将作为第一责任人承担相应的行政责任或刑事责任。

民间非营利组织的单位负责人应当根据本单位的具体情况和会计业务的需要，设置会计机构，或者在有关机构中设置会计人员并指定会计主管人员；不具备条件的，应当委托经批准设立从事会计代理记账业务的中介机构代理记账。民间非营利组织应当严格按照《会计档案管理办法》、《会计基础工作规范》和《内部会计控制规范》的规定，建立健全本单位的会计核算制度、资产管理制度和内部控制制度，加强本单位的财务会计管理工作。

四、抓紧做好民间非营利组织新旧会计制度的衔接，保证平稳过渡

民间非营利组织应当自 2005 年 1 月 1 日起严格按照《民间非营利组织会计制度》进行会计核算。目前执行《事业单位会计制度》或其他会计制度的民间非营利组织，应当抓紧做好新旧会计制度的衔接工作，以实现平稳过渡。

民间非营利组织要根据财政部发布的《民间非营利组织会计制度》和《民间非营利组织新旧会计制度有关衔接问题的处理规定》，对现有资产和负债进行全面清查和盘点，明晰产权，建立固定资产目录，设置固定资产卡片，做好各项会计基础工作和执行新制度的准备工作；要建立健全各项财产管理制度，加强资产管理。对于清查出的资产报废、毁损、盘盈盘亏和应确认而未确认的资产，以及应确认而未确认的负债等，应当在报经批准后及时进行账务处理。

五、全面贯彻实施《民间非营利组织会计制度》，加强对制度执行情况的监督、检查和指导

全面贯彻实施《民间非营利组织会计制度》是一项系统工程，各级财政、民政部门应当加强合作，采取有效措施，做好制度执行情况的监督、检查和指导，切实保证《民间非营利组织会计制度》在本地区民间非营利组织的贯彻实施。财政部门应当依法监督民间非营利组织是否依法建账，会计凭证、账簿、财务会计报告和其他会计资料是否真实、完整，会计核算是否符合《民间非营利组织会计制度》的要求，会计人员是否具备从业资格；将民间非营利组织的会计信息质量作为会计监管的重要工作之一。民政部门在民间非营利组织登记、年检和日常监督管理时，应当检查民间非营利组织财务会计报告是否按照《民间非营利组织会计制度》编制，财务会计报告的内容是否真实、完整，有关财务指标是否符合法定要求。

对于不按照《民间非营利组织会计制度》进行会计核算、编制财务会计报告的，各级财政、民政部门应当依法在自己的职责范围内对民间非营利组织进行行政处罚；对民间非营利组织有违法违规行为，情节严重的，可以撤销登记；对直接负责人和相关责任人构成犯罪的，应当移交司法机关，依法追究刑事责任。

各级财政、民政部门还应当充分利用中介机构的力量，加强对民间非营利组织的审计监督。对于依法要求审计的民间非营利组织，应当在提交财务会计报告的同时，提交注册会计师审计报告。对于注册会计师发表了非标准审计意见审计报告的民间非营利组织，应当作为重点检查的对象，各级民政部门在年检和日常监督检查时，也应当予以重点关注。

财政部 国家税务总局 民政部关于公益性捐赠税前扣除有关问题的通知

（财税〔2008〕160号 2008年12月31日）

各省、自治区、直辖市、计划单列市财政厅（局）、国家税务局、地方税务局、民政厅（局），新疆生产建设兵团财务局、民政局：

为贯彻落实《中华人民共和国企业所得税法》和《中华人民共和国个人所得税法》，现对公益性捐赠所得税税前扣除有关问题明确如下：

一、企业通过公益性社会团体或者县级以上人民政府及其部门，用于公益事业的捐赠支出，在年度利润总额12%以内的部分，准予在计算应纳税所得额时扣除。年度利润总额，是指企业依照国家统一会计制度的规定计算的大于零的数额。

二、个人通过社会团体、国家机关向公益事业的捐赠支出，按照现行税收法律、行政法规及相关政策规定准予在所得税税前扣除。

三、本通知第一条所称的用于公益事业的捐赠支出，是指《中华人民共和国公益事业捐赠法》规定的向公益事业的捐赠支出，具体范围包括：

（一）救助灾害、救济贫困、扶助残疾人等困难的社会群体和个人的活动；

（二）教育、科学、文化、卫生、体育事业；

（三）环境保护、社会公共设施建设；

（四）促进社会发展和进步的其他社会公共和福利事业。

四、本通知第一条所称的公益性社会团体和第二条所称的社会团体均指依据国务院发布的《基金会管理条例》和《社会团体登记管理条例》的规定，经民政部门依法登记、符合以下条件的基金会、慈善组织等公益性社会团体：

（一）符合《中华人民共和国企业所得税法实施条例》第五十二条第（一）项到第（八）项规定的条件；

（二）申请前3年内未受到行政处罚；

（三）基金会在民政部门依法登记 3 年以上（含 3 年）的，应当在申请前连续 2 年年度检查合格，或最近 1 年年度检查合格且社会组织评估等级在 3A 以上（含 3A），登记 3 年以下 1 年以上（含 1 年）的，应当在申请前 1 年年度检查合格或社会组织评估等级在 3A 以上（含 3A），登记 1 年以下的基金会具备本款第（一）项、第（二）项规定的条件；

（四）公益性社会团体（不含基金会）在民政部门依法登记 3 年以上，净资产不低于登记的活动资金数额，申请前连续 2 年年度检查合格，或最近 1 年年度检查合格且社会组织评估等级在 3A 以上（含 3A），申请前连续 3 年每年用于公益活动的支出不低于上年总收入的 70%（含 70%），同时需达到当年总支出的 50% 以上（含 50%）。

前款所称年度检查合格是指民政部门对基金会、公益性社会团体（不含基金会）进行年度检查，作出年度检查合格的结论；社会组织评估等级在 3A 以上（含 3A）是指社会组织在民政部门主导的社会组织评估中被评为 3A、4A、5A 级别，且评估结果在有效期内。

五、本通知第一条所称的县级以上人民政府及其部门和第二条所称的国家机关均指县级（含县级，下同）以上人民政府及其组成部门和直属机构。

六、符合本通知第四条规定的基金会、慈善组织等公益性社会团体，可按程序申请公益性捐赠税前扣除资格。

（一）经民政部批准成立的公益性社会团体，可分别向财政部、国家税务总局、民政部提出申请；

（二）经省级民政部门批准成立的基金会，可分别向省级财政、税务（国、地税，下同）、民政部门提出申请。经地方县级以上人民政府民政部门批准成立的公益性社会团体（不含基金会），可分别向省、自治区、直辖市和计划单列市财政、税务、民政部门提出申请；

（三）民政部门负责对公益性社会团体的资格进行初步审核，财政、税务部门会同民政部门对公益性社会团体的捐赠税前扣除资格联合进行审核确认；

（四）对符合条件的公益性社会团体，按照上述管理权限，由财政部、国家税务总局和民政部及省、自治区、直辖市和计划单列市财政、税务和民政部门分别定期予以公布。

七、申请捐赠税前扣除资格的公益性社会团体，需报送以下材料：

（一）申请报告；

（二）民政部或地方县级以上人民政府民政部门颁发的登记证书复印件；

（三）组织章程；

（四）申请前相应年度的资金来源、使用情况，财务报告，公益活动的明细，注册会计师的审计报告；

（五）民政部门出具的申请前相应年度的年度检查结论、社会组织评估结论。

八、公益性社会团体和县级以上人民政府及其组成部门和直属机构在接受捐赠时，应按照行政管理级次分别使用由财政部或省、自治区、直辖市财政部门印制的公益性捐赠票据，并加盖本单位的印章；对个人索取捐赠票据的，应予以开具。

新设立的基金会在申请获得捐赠税前扣除资格后，原始基金的捐赠人可凭捐赠票据依法享受税前扣除。

九、公益性社会团体和县级以上人民政府及其组成部门和直属机构在接受捐赠时，捐赠资产的价值，按以下原则确认：

（一）接受捐赠的货币性资产，应当按照实际收到的金额计算；

（二）接受捐赠的非货币性资产，应当以其公允价值计算。

捐赠方在向公益性社会团体和县级以上人民政府及其组成部门和直属机构捐赠时，应当提供注明捐赠非货币性资产公允价值的证明，如果不能提供上述证明，公益性社会团体和县级以上人民政府及其组成部门和直属机构不得向其开具公益性捐赠票据。

十、存在以下情形之一的公益性社会团体，应取消公益性捐赠税前扣除资格：

（一）年度检查不合格或最近一次社会组织评估等级低于3A的；

（二）在申请公益性捐赠税前扣除资格时有弄虚作假行为的；

（三）存在偷税行为或为他人偷税提供便利的；

（四）存在违反该组织章程的活动，或者接受的捐赠款项用于组织章程规定用途之外的支出等情况的；

（五）受到行政处罚的。

被取消公益性捐赠税前扣除资格的公益性社会团体，存在本条第一款第

（一）项情形的，1 年内不得重新申请公益性捐赠税前扣除资格，存在第（二）项、第（三）项、第（四）项、第（五）项情形的，3 年内不得重新申请公益性捐赠税前扣除资格。

对本条第一款第（三）项、第（四）项情形，应对其接受捐赠收入和其他各项收入依法补征企业所得税。

十一、本通知从 2008 年 1 月 1 日起执行。本通知发布前已经取得和未取得捐赠税前扣除资格的公益性社会团体，均应按本通知的规定提出申请。《财政部 国家税务总局关于公益救济性捐赠税前扣除政策及相关管理问题的通知》（财税〔2007〕6 号）停止执行。

民政部办公厅关于印发《基金会公益性捐赠税前扣除资格审核工作实施方案》的通知

（民办发〔2009〕10号　2009年3月10日）

各省、自治区、直辖市民政厅（局）：

最近，财政部、国家税务总局与民政部联合印发了《关于公益性捐赠税前扣除有关问题的通知》（财税〔2008〕160号，以下简称《通知》），对于利用税收手段培育和管理基金会，促进基金会健康发展具有重要的作用。

按照《通知》规定，自《通知》发布之日起，基金会即可分别向财政、税务或民政部门提出公益捐赠税前扣除资格的申请；民政部门负责初步审核，财政、税务部门会同民政部门联合进行审核确认。

为了深入贯彻《通知》精神，方便基金会提出申请，加快公益捐赠税前扣除资格的审核，现将《基金会公益性捐赠税前扣除资格审核工作实施方案》印发你们。请你们结合当地实际参照该方案执行，也可以在此基础上与本级财政、税务部门进一步协商具体的实施办法。

基金会公益性捐赠税前扣除资格审核工作实施方案

为贯彻落实《关于公益性捐赠税前扣除有关问题的通知》（财税〔2008〕160号，以下简称《通知》），做好基金会的公益性捐赠税前扣除资格申请受理和审核工作，特制定如下实施方案：

一、关于申请的受理和审核

民政部门根据《通知》的规定，对基金会向民政部门提出的申请和同级财政部门或税务部门转来的基金会的申请进行审查，并提出初审意见。

（一）基金会于2009年3月31日以前向民政部门提出捐赠税前扣除资格申请的，视同于2008年提出申请，对于《通知》规定的第四条第（三）项的要求，按照2008年的条件进行审核。

1. 截至2008年12月31日在民政部门依法登记3年以上的（含3年），满足下列两类条件之一：

（1）2007年和2006年年度检查合格；

（2）2007年年度检查合格且社会组织评估等级在3A以上（含3A）。

2. 截至2008年12月31日登记3年以下1年以上（含1年）的，满足下列两类条件之一：

（1）2007年年度检查合格；

（2）社会组织评估等级在3A以上（含3A）。

3. 截至2008年12月31日登记1年以下的，不考察年度检查和社会组织评估结论。

（二）基金会于2009年3月31日至2009年12月31日向民政部门提出税前捐赠扣除资格申请的，对于《通知》第四条第（三）项规定的要求按照2009年的条件进行审核。

1. 截至申请之日在民政部门依法登记3年以上的（含3年），满足下列两类条件之一：

（1）2008年和2007年年度检查合格；

（2）2008年年度检查合格且社会组织评估等级在3A以上（含3A）。

2. 截至申请之日，登记3年以下1年以上（含1年）的，满足下列两类条件之一：

（1）2008年年度检查合格；

（2）社会组织评估等级在3A以上（含3A）。

3. 截至申请之日登记1年以下的，不考察年度检查和社会组织评估结论。

自2010年始，向民政部门提出税前捐赠扣除资格申请的，对于《通知》第四条第（三）项规定的要求全部按照当年的条件进行审核。

对于每年5月31日以前收到或转来的申请，民政部门应当于当年6月15日以前提出初审意见，告知同级财政、税务部门。对于每年11月30日以前收到或转来的申请，民政部门应当于当年12月15日以前提出初审意见，告知同级财政、税务部门。民政部门向财政、税务部门告知初审意见时，应当将相应年度的年度检查结论、社会组织评估结论与初审意见一并转去。

财政、税务和民政部门联合对基金会提出的申请进行审核，原则上每年分两次公告当前具备公益性捐赠税前扣除资格的基金会名单。

对于2009年3月31日以前受理的申请，民政部门应当于2009年4月15日以前完成初审，并商财政、税务部门尽快公布名单。

经各级民政部门登记的慈善（总）会，已经转为基金会登记或按照基金会管理并参加了基金会年检的，作为基金会申请公益性捐赠税前扣除资格。

二、关于申请材料

基金会向民政部门申请公益捐赠税前扣除资格，应提交下列材料：

1.《基金会公益性捐赠税前扣除资格申请表》并附申请报告。申请报告应当主要载明基金会符合《通知》第四条规定的说明以及申请前相应年度开展公益活动的情况；

2. 登记证书（副本）复印件；

3. 经登记管理机关核准的章程；

4. 申请前相应年度年检时提供的年度工作报告书和审计报告书复印件；审计报告书应当符合登记管理机关的要求，充分反映资金来源和使用情况。

以上材料均需加盖基金会印章。

三、关于资格的取消

民政部门在对具有公益性捐赠税前扣除资格的基金会进行年度检查、评估、行政处罚后，应当在做出结论之日起1个月内将相关结论通报财政、税务部门，属于《通知》第十条规定情形的，应当向财政、税务部门提出取消公益性捐赠税前扣除资格的初步意见。

附件：基金会公益性捐赠税前扣除资格申请表

基金会公益性捐赠税前扣除资格申请表

<table>
<tr><td>基金会名称</td><td colspan="2"></td><td>设立登记时间</td><td></td></tr>
<tr><td>登记管理机关</td><td colspan="2"></td><td>业务主管单位</td><td></td></tr>
<tr><td>法定代表人</td><td colspan="2"></td><td>联系电话</td><td></td></tr>
<tr><td>住所</td><td colspan="2"></td><td>邮政编码</td><td></td></tr>
<tr><td>宗旨</td><td colspan="4"></td></tr>
<tr><td>业务范围</td><td colspan="4"></td></tr>
<tr><td rowspan="8">是否符合税法相关规定</td><td colspan="3">依法登记，具有法人资格；</td><td>□是；□否</td></tr>
<tr><td colspan="3">以发展公益事业为宗旨，且不以营利为目的；</td><td>□是；□否</td></tr>
<tr><td colspan="3">全部资产及其增值为本会所有；</td><td>□是；□否</td></tr>
<tr><td colspan="3">收益和营运结余主要用于符合本会设立目的的事业；</td><td>□是；□否</td></tr>
<tr><td colspan="3">终止后的剩余财产不归属任何个人或者营利组织；</td><td>□是；□否</td></tr>
<tr><td colspan="3">不经营与设立目的无关的业务；</td><td>□是；□否</td></tr>
<tr><td colspan="3">有健全的财务会计制度；</td><td>□是；□否</td></tr>
<tr><td colspan="3">捐赠者不以任何形式参与本会财产的分配。</td><td>□是；□否</td></tr>
<tr><td rowspan="2">最近三年受到行政处罚情况</td><td>行政处罚的种类</td><td>行政处罚的实施机关</td><td>行政处罚时间</td><td>违法行为</td></tr>
<tr><td></td><td></td><td></td><td></td></tr>
<tr><td rowspan="2">最近两次年度检查情况</td><td>年度</td><td colspan="3">□合格；□基本合格；□不合格；□未按规定申报；□新成立未参加</td></tr>
<tr><td>年度</td><td colspan="3">□合格；□基本合格；□不合格；□未按规定申报；□新成立未参加</td></tr>
<tr><td rowspan="3">最近一次社会组织评估情况</td><td colspan="2">评估等级</td><td colspan="2"></td></tr>
<tr><td colspan="2">评估结果公布时间</td><td colspan="2"></td></tr>
<tr><td colspan="2">评估结果有效期</td><td colspan="2"></td></tr>
<tr><td colspan="5">本基金会承诺：以上所填信息真实、准确。
基金会盖章：
法定代表人：（签名）
年　月　日</td></tr>
<tr><td colspan="5">民政部门初审意见：
（盖章）
年　月　日</td></tr>
</table>

民政部关于印发《社会团体公益性捐赠税前扣除资格认定工作指引》的通知

（民发〔2009〕100号 2009年7月15日）

各省、自治区、直辖市民政厅（局），各计划单列市民政局，新疆生产建设兵团民政局，各全国性社会团体：

根据《关于公益性捐赠税前扣除有关问题的通知》（财税字〔2008〕160号）规定，符合条件的社会团体可以申请公益性捐赠税前扣除资格。为此，我部制定了《社会团体公益性捐赠税前扣除资格认定工作指引》，在上述通知规定的基础上，进一步明确了申请条件、审核程序、申请文件、财务审计、监督管理等内容。现印发你们，以便社会团体、审计机构、审核机关等在资格认定工作中有所遵循。

社会团体公益性捐赠税前扣除资格认定工作指引

根据《关于公益性捐赠税前扣除有关问题的通知》（财税〔2008〕160号）规定，符合条件的社会团体可申请公益性捐赠税前扣除资格。为进一步明确申请条件和审核程序，规范申请文件的内容和格式，加强监督管理，确保资格认定工作规范、准确地开展，制定本指引。

一、申请条件

申请公益性捐赠税前扣除资格的社会团体，应当具备下列条件：

1. 符合《中华人民共和国企业所得税法实施条例》第五十二条第（一）项到第（八）项规定的条件；

2. 按照《社会团体登记管理条例》规定，经民政部门依法登记3年以上；

3. 净资产不低于登记的活动资金数额；

4. 申请前 3 年内未受到行政处罚；

5. 申请前连续 2 年年度检查合格，或者最近 1 年年度检查合格且社会组织评估等级在 3 A以上（含 3 A）；

6. 申请前连续 3 年每年用于公益活动的支出，不低于上年总收入的 70% 和当年总支出的 50%。

二、申请文件

社会团体申请公益性捐赠税前扣除资格，应当首先对照申请条件进行自我评价。认为符合条件的，填写《社会团体公益性捐赠税前扣除资格申请表》（见附件 1），并随表提交以下文件：

1. 申请报告，应当载明以下内容：

（1）基本情况，包括：名称、登记管理机关、业务主管单位、成立登记时间、法定代表人、活动资金、上年末净资产数额、住所、联系方式；

（2）宗旨和业务范围；

（3）申请具备公益性捐赠税前扣除资格相关条件的说明；

（4）最近 3 个年度开展公益活动的情况。

2.《社会团体法人登记证书（副本）》的复印件；

3. 社会团体章程；

4. 申请前 3 个年度的资金来源和使用情况、公益活动支出明细、财务报告、注册会计师出具的审计报告；

5. 登记管理机关出具的申请前相应年度的年度检查结论或社会组织评估结论。

三、财务审计

为核实社会团体公益活动支出情况，社会团体应当按照规定格式编制《社会团体公益活动支出明细表》（见附件 2），并提交经有资质的中介机构鉴证的审计报告，包括财务报表审计报告和公益活动支出明细表审计报告。中介机构接受委托进行审计，应当遵循《民间非营利组织会计制度》，按照《社会团体财务审计报告模板》（见附件 3）和《社会团体公益活动支出明细表审计报告模板》（见附件 4）制作审计报告，对于审计过程中发现不符合资格认定要求的，应当在审计结论中据实说明。

四、资格审核

民政部登记的社会团体，由民政部负责初审。地方民政部门登记的社会团体，由省、自治区、直辖市和计划单列市民政部门负责初审。

民政部门初审同意后，将申请文件和初审意见转交同级财政、税务部门联合进行审核确认。

经审核确认符合条件的社会团体，由民政、财政和税务部门定期予以公布。民政部门初步审核认为不符合条件的，应当书面告知申请人。

五、监督管理

对于已经获得公益性捐赠税前扣除资格的社会团体，登记管理机关应当在年度检查中对照相关规定进行检查，重点检查公益活动支出情况。

已经获得公益性捐赠税前扣除资格的社会团体，参加年度检查时，应当在年度工作报告中对接受捐赠情况和公益活动支出进行专项说明，同时应当提交财务报表的审计报告和公益活动支出明细表的审计报告。

六、取消资格

已经获得公益性捐赠税前扣除资格的社会团体，存在《通知》第十条规定的下列情形之一的，应当取消其公益性捐赠税前扣除资格，通报有关部门，并向社会公告：

1. 年度检查不合格或最近一次社会组织评估等级低于 3A 的；

2. 在申请公益性捐赠税前扣除资格时有弄虚作假行为的；

3. 存在偷税行为或为他人偷税提供便利的；

4. 存在违反章程的活动，或者接受的捐赠款项用于章程规定用途之外的支出等情况的；

5. 受到行政处罚的。

附件：

1.《社会团体公益性捐赠税前扣除资格申请表》

2.《社会团体公益活动支出明细表》

3.《社会团体财务审计报告模板》

4.《社会团体公益活动支出审计报告模板》

附件 1

社会团体公益性捐赠税前扣除资格申请表

<table>
<tr><td>社会团体名称</td><td colspan="3"></td><td>成立登记时间</td><td colspan="2"></td></tr>
<tr><td>登记管理机关</td><td colspan="3"></td><td>业务主管单位</td><td colspan="2"></td></tr>
<tr><td>法定代表人</td><td colspan="3"></td><td>联系电话</td><td colspan="2"></td></tr>
<tr><td>住所</td><td colspan="3"></td><td>邮政编码</td><td colspan="2"></td></tr>
<tr><td>宗旨</td><td colspan="6"></td></tr>
<tr><td>业务范围</td><td colspan="6"></td></tr>
<tr><td>公益活动领域</td><td colspan="6">□救助灾害、救济贫困、扶助残疾人等困难的社会群体和个人的活动；
□教育、科学、文化、卫生、体育事业；
□环境保护、社会公共设施建设；
□促进社会发展和进步的其他社会公共和福利事业，具体描述为：</td></tr>
<tr><td rowspan="8">符合税法
相关规定</td><td colspan="5">依法登记，具有法人资格</td><td>□是；□否</td></tr>
<tr><td colspan="5">以发展公益事业为宗旨，且不以营利为目的</td><td>□是；□否</td></tr>
<tr><td colspan="5">全部资产及其增值为本社会团体所有</td><td>□是；□否</td></tr>
<tr><td colspan="5">收益和营运结余主要用于符合本社会团体设立目的的事业</td><td>□是；□否</td></tr>
<tr><td colspan="5">终止后的剩余财产不归属任何个人或者营利组织</td><td>□是；□否</td></tr>
<tr><td colspan="5">不经营与设立目的无关的业务</td><td>□是；□否</td></tr>
<tr><td colspan="5">有健全的财务会计制度</td><td>□是；□否</td></tr>
<tr><td colspan="5">捐赠者不以任何形式参与社会团体财产的分配</td><td>□是；□否</td></tr>
<tr><td>活动资金</td><td colspan="2"></td><td colspan="2">净资产</td><td colspan="2"></td></tr>
<tr><td rowspan="3">行政处罚</td><td colspan="2">××××年</td><td colspan="4">□是；□否</td></tr>
<tr><td colspan="2">××××年</td><td colspan="4">□是；□否</td></tr>
<tr><td colspan="2">××××年</td><td colspan="4">□是；□否</td></tr>
<tr><td rowspan="2">年度检查</td><td colspan="2">××××年度</td><td colspan="4">□合格；□基本合格；□不合格；□未参加</td></tr>
<tr><td colspan="2">××××年度</td><td colspan="4">□合格；□基本合格；□不合格；□未参加</td></tr>
<tr><td rowspan="3">社会组织评估</td><td colspan="2">评估等级</td><td colspan="4"></td></tr>
<tr><td colspan="2">评估结果公布时间</td><td colspan="4"></td></tr>
<tr><td colspan="2">评估结果有效期</td><td colspan="4"></td></tr>
<tr><td rowspan="5">公益支出</td><td>项目
年度</td><td>总收入（人民币元）</td><td>总支出（人民币元）</td><td>公益活动支出（人民币元）</td><td>公益活动支出占上年总收入的比例</td><td>公益活动支出占本年总支出的比例</td></tr>
<tr><td>××××年</td><td></td><td>——</td><td>——</td><td>——</td><td>——</td></tr>
<tr><td>××××年</td><td></td><td></td><td></td><td>%</td><td>%</td></tr>
<tr><td>××××年</td><td></td><td></td><td></td><td>%</td><td>%</td></tr>
<tr><td>××××年</td><td>——</td><td></td><td></td><td>%</td><td>%</td></tr>
<tr><td>财务审计机构</td><td colspan="6"></td></tr>
<tr><td>社会团体
盖章</td><td colspan="3"></td><td>法定代表人
签字</td><td colspan="2"></td></tr>
</table>

附件 2

社会团体 ×××× 年度公益活动支出明细表

社会团体名称：　　　　　　　　　　　　　　　　　　单位：人民币元

公益活动名称	用于公益活动的支出							
	直接用于受助人的款物	开展公益活动的运行费用						总计
		人员费用	办公费用	资产使用费用	直接筹资费用	其他费用	小计	
1.								
2.								
3.								
4.								
5.								
……								
合计								

社会团体法定代表人签字：　　　　　　　　社会团体印章：

日期　　　　　　　　　　　　　　　　　　日期

附件 3

社会团体财务审计报告模板

（社会团体名称）

××××年度

审计报告

审 计 报 告

〔××××〕审字第号

（社会团体名称）：

我们审计了后附的（社会团体名称）财务报表，包括××××年12月31日的资产负债表、××××年度的业务活动表和现金流量表以及会计报表附注。

一、管理层对财务报表的责任

按照《社会团体管理条例》和《民间非营利组织会计制度》的规定编制财务报表是（社会团体名称）管理层的责任。这种责任包括：（1）设计、实施和维护与财务报表编制相关的内部控制，以使财务报表不存在由于舞弊或错误而导致的重大错报；（2）选择和运用恰当的会计政策；（3）作出合理的会计估计。

二、注册会计师的责任

我们的责任是在实施审计工作的基础上对财务报表发表审计意见。我们按照中国注册会计师审计准则的规定执行了审计工作。中国注册会计师审计准则要求我们遵守职业道德规范，计划和实施审计工作以对财务报表是否不存在重大错报获取合理保证。

审计工作涉及实施审计程序，以获取有关财务报表金额和披露的审计证据。选择的审计程序取决于注册会计师的判断，包括对由于舞弊或错误导致财务报表重大错报风险的评估。在进行风险评估时，我们考虑与财务报表编制相关的内部控制，以设计恰当的审计程序，但目的并非对内部控制的有效性发表意见。审计工作还包括评价管理层选用会计政策的恰当性和作出会计估计的合理性，以及评价财务报表的总体列报。

我们相信，我们获取的审计证据是充分、适当的，为发表审计意见提供了基础。

三、基本情况

（社会团体名称）登记证号为社证字第______号，组织机构代码为____。

登记证书有效期为××××年×月×日至××××年×月×日。法定代表人为______，地址为______________________________，业务主管单位为____________________________________。

四、财务状况

1.（社会团体名称）截至××××年12月31日资产总额为____元，其中：货币资金____元，对外投资____元，应收款项____元，其中：应收账款____元、其他应收款____元，固定资产原值____元，累计折旧____元，固定资产净值____元。

2.（社会团体名称）截至××××年12月31日负债总额为____元，其中：流动负债____元、长期负债____元、受托代理负债____元。

3.（社会团体名称）截至××××年12月31日净资产总额为____元，其中：限定性净资产____元，非限定性净资产____元。

4.（社会团体名称）××××年度收入____元，其中：捐赠收入____元，会费收入____元，提供服务收入____元，商品销售收入____元，政府补助收入____元，投资收益____元，其他收入____元。

5.（社会团体名称）××××年度费用____元，其中：业务活动成本____元，管理费用____元，筹资费用____元，其他费用____元。

五、审计意见

经审计，我们发现（社会团体名称）存在以下问题：（违规收费、投资失误、长期应收账款等）。

我们认为，（社会团体名称）财务报表已经按照《社会团体登记管理条例》和《民间非营利组织会计制度》的规定编制，在所有（或未能在，加说明段）重大方面公允反映了（社会团体名称）××××年12月31日的财务状况以及××××年度的业务活动成果和现金流量。

（应按审计准则的要求，发表无保留意见、保留意见及其他类型的审计意见）

中国注册会计师：

××××会计师事务所

（盖章）

中国注册会计师：

中国 · 北京

××××年××月××日

社会团体基本情况统计表

年　月　日

社会团体名称			
登记证号		组织机构代码	
登记时间		法定代表人	
住所		邮编	
主要经费来源		电话	
个人会员数		单位会员数	
开户银行			
银行账号			
财务机构名称			
财务机构负责人		专业技术职称	
会计姓名		专职 / 兼职	
代理记账中介机构名称			
税务登记号码			
会费标准	个人会员	事业单位、社会团体会员	企业会员
设有银行账号的分支机构、代表机构			
实体机构			

资产负债表

编制单位： ××××年12月31日 单位：元

资产	行次	年初数	年末数	负债和净资产	行次	年初数	年末数
流动资产：				流动负债：			
货币资产	1			短期借款	23		
短期投资	2			应付款项	24		
应收款项	3			应付工资	25		
预付账款	4			应交税金	26		
存货	5			预收账款	27		
待摊费用	6			预提费用	28		
一年内到期的长期债权投资	7			预计负债	29		
其他流动资产	8			一年内到期的长期负债	30		
流动资产合计	9			其他流动负债	31		
				流动负债合计	32		
长期投资：							
长期股权投资	10			长期负债：			
长期债权投资	11			长期借款	33		
长期投资合计	12			长期应付款	34		
固定资产：				其他长期负债	35		
固定资产原价	13			长期负债合计	36		
减：累计折旧	14						
固定资产净值	15			受托代理负债：			
在建工程	16			受托代理负债	37		
文物文化资产	17			负债合计	38		
固定资产清理	18						
固定资产合计	19						
				净资产：			
无形资产：				非限定性净资产	39		
无形资产	20			限定性净资产	40		
				净资产合计	41		
受托代理资产：							
受托代理资产	21						
资产合计	22			负债和净资产总计	42		

单位负责人： 制表： 复核：

业务活动表

会民非 03 表

编制单位：×××× 年 12 月 31 日　　　　单位：元

项目	行次	上年数			本年数		
		非限定性	限定性	合计	非限定性	限定性	合计
一、收入							
其中：捐赠收入	1						
会费收入	2						
提供服务收入	3						
商品销售收入	4						
政府补助收入	5						
投资收益	6						
其他收入	9						
收入合计	11						
二、费用							
（一）业务活动成本	12						
其中：①捐赠项目成本							
②提供服务成本							
③销售商品成本							
④会员服务成本							
⑤业务活动税金及附加							
（二）管理费用	21						
（三）筹资费用	24						
（四）其他费用	28						
费用合计	35						
三、限定性净资产转为非限定性净资产	40						
四、净资产变动额（若为净资产减少额，以“–”号填列）	45						

单位负责人：　　　　制表：　　　　复核：

现金流量表

会民非 03 表

编制单位：××××年　　　　单位：元

项目	行次	金额
一、业务活动产生的现金流量	1	
接受捐赠收到的现金	2	
收到会费收到的现金	3	
提供服务收到的现金	4	
销售商品收到的现金	5	
政府补助收到的现金	6	
收到的其他与业务活动有关的现金	7	
现金流入小计	8	
提供捐赠或者资助支付的现金	9	
支付给员工以及为员工支付的现金	10	
购买商品接受劳务支付的现金	11	
支付的其他与业务活动有关的现金	12	
现金流出小计	13	
业务活动产生的现金净流量	14	
二、投资活动产生的现金净流量	15	
收回投资所收到的现金	16	
取得投资收益所收的现金	17	
处置固定资和产无形资产所收回的现金	18	
收到的其他与投资活动有关的现金	19	
现金流入小计	20	
购建固定资产和无形资产所支付的现金	21	
对外投资所支付的现金	22	
支付的其他与投资活动有关的现金	23	
现金流出小计	24	
投资活动产生的现金流量净额	25	
三、筹资活动产生的现金流量	26	
借款所收到的现金	27	
收到的其他与筹资活动有关的现金	28	
现金流入小计	29	
偿还借款所支付的现金	30	
偿付利息所支付的现金	31	
支付的其他与筹资活动有关的现金	32	
现金流出小计	33	
筹资活动产生的现金流量净额	34	
四、汇率变动对现金的影响	35	
五、现金及现金等价物净增加额	36	

单位负责人：　　　　制表：　　　　复核：

会计报表附注

截止________年____月____日

（除特别说明，以人民币元表述）

一、基本情况

（社会团体名称）（以下简称本社会团体）于××××年×月×日经中华人民共和国民政部批准登记。登记证号社证字第________号。组织机构代码____。法定代表人______。

业务主管单位：　　　　　　　　　　　　　　　　　　　　　　　　。

业务范围：　　　　　　　　　　　　　　　　　　　　　　　　　　。

二、财务报表的编制基础

本社会团体财务报表的编制符合《民间非营利组织会计制度》的要求，真实、完整地反映了本社会团体的财务状况、业务活动情况和现金流量。

三、主要会计政策

1. 会计制度

本社会团体执行中华人民共和国财政部颁布的《民间非营利组织会计制度》及其补充规定。

2. 会计期间

本社会团体以1月1日起12月31日止为一个会计年度。

3. 记账本位币

本社会团体以人民币为记账本位币。

4. 记账基础和计价原则

本社会团体会计核算以权责发生制为记账基础，资产以历史成本为计价原则。

5. 外币业务核算方法

本社会团体会计年度内涉及的外币经营业务，按业务实际发生日（当月1日）市场汇价（中间价）折合为人民币记账，月（年）末对货币性项目按月

（年）末的市场汇率进行调整，由此产生的汇兑损益，按用途及性质计入当期财务费用或予以资本化。

6. 短期投资核算方法

短期投资指本社会团体持有的能够随时变现并且持有时间不准备超过一年（含一年）的投资，包括股票、债券投资等。

短期投资在取得时按照投资成本计量。

处置短期投资时，应将实际取得的价款与短期投资账面价值的差额确认为当期投资损益。

7. 坏账核算办法

本社会团体的坏账核算采用备抵法，坏账准备的计提采用（余额百分比法、账龄分析法），坏账准备按应收款项（包括应收账款、其他应收款）年末数的______%提取。也可按账龄分析，即对账龄在一年以内的账款余额提取______%的坏账准备；对账龄在一年以上两年以内的账款余额提取______%的坏账准备；对账龄在两年以上三年以内的账款余额提取______%的坏账准备；对账龄在三年以上的账款余额，提取______%的坏账准备。

本社会团体的坏账确认标准：

（1）债务人破产或死亡，以其破产财产或遗产清偿后，仍然不能收回的；

（2）债务人较长时期内未履行其偿债义务，并有足够的证据表明无法收回或收回的可能性极小。

8. 存货核算方法

（1）存货分类：本社会团体存货包括在日常业务活动中持有以备出售或捐赠的，或者为了出售或捐赠仍处在生产过程中的，或者将在生产、提供服务或日常管理过程中耗用的材料、物资、商品等。

（2）取得和发出的计价方法：本社会团体材料、物资、商品等按取得时的实际成本计价，发出材料、物资、商品等按（先进先出法、加权平均法、移动加权平均法或个别计价法）计价。

（3）存货的盘存制度：

本社会团体存货每年定期盘点一次。

（4）存货跌价准备的确认原则：

本社会团体在期末按可变现净值与账面价值孰低确定存货的期末价值。

对可变现净值低于账面价值的差额计提存货跌价准备。如下年度可变现净值回升，应在原已确认的跌价损失的金额内转回。

9. 长期投资核算方法

（1）长期股权投资。

本社会团体长期股权投资在取得时按初始投资成本计价。对被投资单位没有控制、共同控制和重大影响的，采用成本法核算；对被投资单位具有控制、共同控制和重大影响的，采用权益法核算。

（2）长期债权投资。

本社会团体长期债权投资按取得时的实际成本作为初始投资成本。长期债权投资按直线法计提利息及摊销债券折溢价。

（3）长期投资减值准备。

本社会团体期末对长期投资逐项进行检查，按单项投资可回收金额低于账面价值的差额计提长期投资减值准备。

10. 固定资产计价及其折旧方法

固定资产是指为行政管理、提供服务、生产商品或者出租目的而持有的，预计使用年限超过 1 年，且单位价值较高的资产。

（1）固定资产按取得时实际成本计价。

（2）固定资产折旧采用（年限平均法、工作量法、双倍余额递减法、年数总和法）计算。

年限平均法（直线法）按固定资产的原值和估计使用年限扣除残值率（原值的 5% 以内）确定其折旧率，年分类折旧率如下：

资产类别	使用年限	残值率	年折旧率
房屋建筑	年		%
机器设备	年		%
运输设备	年		%
电子设备	年		%
融资租入固定资产	年		%
其他设备	年		%

（3）不计提折旧的固定资产。

用于展览、教育或研究等目的的历史文物、艺术品以及其他具有文化或者历史价值并作为长期或者永久保存的典藏等，作为固定资产核算，不必计提折旧。

11. 在建工程核算方法

在建工程应当按照实际发生的支出确定其工程成本，包括施工前期准备、正在施工中的建筑工程、安装工程、技术改造工程等。

12. 无形资产计价和摊销方法

本社会团体对购入或按法律程序申请取得的无形资产，按取得时的实际成本入账。各种无形资产在其有效期内按直线法摊销，具体如下：

按　年摊销

按　年摊销

按　年摊销

（注：如果计提了减值准备，应说明减值准备的确认标准和计提方法。）

13. 受托代理资产

受托代理资产是指本社会团体接受委托方委托从事受托代理业务而收到的资产。

14. 预计负债的确认原则

如果与或有事项相关的义务同时符合以下条件，本社会团体将其确认为负债，以清偿该负债所需支出的最佳估计数予以计量，并在资产负债表中单列项目予以反映：

（1）该义务是社会团体承担的现时义务。

（2）该义务的履行很可能导致经济利益流出。

（3）该义务的金额能够可靠地计量。

15. 限定性净资产、非限定性净资产确认原则

资产或资产所产生的经济利益（如资产的投资利益和利息等）的使用受到资产提供者或者国家有关法律、行政法规所设置的时间限定或（和）用途限定，则由此形成的净资产为限定性净资产；除此之外的其他净资产，为非限定性净资产。

16. 收入确认原则

收入是指民间非营利组织开展业务活动取得的、导致本期净资产增加的经济利益或者服务潜力的流入。收入应当按照其来源分为捐赠收入、政府补助收入、提供服务收入、投资收益、商品销售收入和其他收入等。

本社会团体按以下规定确认收入实现，并按已实现的收入记账，计入当期损益。

社会团体在确认收入时，应当区分交换交易所形成的收入和非交换交易所形成的收入。

销售商品，已将商品所有权上的主要风险和报酬转换给购货方；既没有保留通常与所有权相联系的继续管理权，也没有对已出售的商品实施控制；与交易相关的经济利益能够流入；相关收入和成本能够可靠地计量时确认收入。

提供劳务，在同一会计年度内开始并完成的劳务，应当在完成劳务时确认收入；如果劳务的开始和完成分属不同的会计年度，可以按照完工进度完成的工作量确认收入。

让渡资产使用权，与交易相关的经济利益能够流入；收入的金额能够可靠地计量。

无条件的捐赠或政府补助，在收到时确认收入；附条件的捐赠或政府补助，在取得捐赠资产或政府补助资产控制权时确认收入；但当社会团体存在需要偿还全部或部分捐赠资产或者相应金额的现时义务时，应当根据需要偿还的金额确认一项负债和费用。

（审计人员根据实际情况选择并具体说明确认标准。以上会计政策可根据社会团体的具体情况，对不适用的项目予以删减。）

四、会计报表主要项目注释

1. 货币资金

货币资金种类	币种	年初数	年末数
现金	人民币		
银行存款	人民币		
合计			

2. 短期投资

短期投资种类	年初数			年末数		
	账面余额	计提跌价准备	账面价值	账面余额	计提跌价准备	账面价值
1. 股票投资						
2. 国债投资						
3. 债券投资（不含国债）						
4. 基金投资						
5. 其他						
合计						

3. 应收账款

（1）应收账款账龄：

账龄	年初数			年末数		
	账面余额	坏账准备	账面价值	账面余额	坏账准备	账面价值
1 年以内						
1—2 年						
2—3 年						
3 年以上						
合计						

（2）应收账款主要客户：

客户名称		年初数		年末数		欠款时间	欠款原因
		账面余额	占应收账款总额的比例	账面余额	占应收账款总额的比例		
1							
2							
3							
4							
5							
合计							

4. 预付账款

（1）预付账款账龄：

账龄	年初数			年末数		
	账面余额	坏账准备	账面价值	账面余额	坏账准备	账面价值
1 年以内						
1—2 年						
2—3 年						
3 年以上						
合计						

（2）预付账款主要客户：

客户名称		年初数		期末数		欠款时间	欠款原因
		账面余额	占应收账款总额的比例	账面余额	占应收账款总额的比例		
1							
2							
3							
4							
5							
合计						——	——

5. 其他应收款

（1）其他应收款账龄：

账龄	年初数			年末数		
	账面余额	坏账准备	账面价值	账面余额	坏账准备	账面价值
1 年以内						
1—2 年						
2—3 年						
3 年以上						
合计						

（2）其他应收款主要客户：

客户名称		年初数		期末数		欠款时间	欠款原因
		账面余额	占应收账款总额的比例	账面余额	占应收账款总额的比例		
1							
2							
3							
4							
5							
合计						——	——

6. 存货

（1）存货明细如下：

存货种类	年初账面余额	本年增加额	本年减少额	年末账面余额
1．原材料				
2．库存商品				
3．接受捐赠物资				
4．低值易耗品				
……				
合计				

（2）存货跌价准备明细如下：

存货种类	年初账面余额	本年计提额	本年减少额		年末账面余额
			转回	转销	
1．原材料					
2．库存商品					
3．接受捐赠物资					
4．低值易耗品					
……					
合计					

7. 待摊费用

明细项目	年初数	本年增加	本年摊销	年末数
合计		0		

8. 长期投资

被投资单位	初始投资额	年初账面余额	年末账面余额	所占比例	核算方法
1.					
2.					
……					
合计					

9. 长期债权投资

项目	年初数	年末数
1. 国债投资		
2.		
……		
合计		

10. 固定资产、累计折旧

（1）固定资产类别如下：

项目	年初账面余额	本期增加额	本期减少额	期末账面余额
一、固定资产原价合计				
其中：房屋、建筑物				
机器设备				
运输工具				
……				
二、累计折旧合计				
其中：房屋、建筑物				
机器设备				
运输工具				
……				
三、固定资产账面价值合计				
其中：房屋、建筑物				
机器设备				
运输工具				
……				

（2）固定资产用途如下：

用途	年初数			期末数		
	原价	累计折旧	账面价值	原价	累计折旧	账面价值
自用						
出租						
公益项目						
……						
合计						

注：有已设立抵押和担保的固定资产，应予说明。

11. 在建工程

工程名称	预算数	年初账面余额	本年增加投入	本年完工交付	年末账面余额	已投入额占预算数比例	资金来源
合计							

12. 文物文化资产

项目	年初账面余额	年末账面余额
1.		
2.		
……		
合计		

因公允价值无法可靠取得而未确认的文物文化资产，应当披露其名称、来源、数量、用途等情况。

13. 无形资产

项目	年初账面余额	本年增加额	本年减少额	年末账面余额
一、原价合计				
1.				
……				
二、累计摊销额合计				
1.				
……				
三、无形资产账面价值合计				
1.				
……				

注：有已设立抵押和担保的无形资产，应予说明。

14. 受托代理资产

项目	年初数	本年增加	本年摊销	年末数
合计				

受托代理业务情况的说明，包括受托代理资产的构成、计价基础和依据、用途等。

15. 应付账款

项目	年初账面余额	本年增加额	本年减少额	年末账面余额
……				
合计				

16. 其他应付款

项目	年初账面余额	本年增加额	本年减少额	年末账面余额
……				
合计				

17. 应付工资

项目	年初账面余额	本年增加额	本年支付额	年末账面余额
一、工资、奖金、津贴和补贴				
二、职工福利费				
三、社会保险费				
其中：1. 医疗保险费				
2. 基本养老保险费				
3. 年金缴费				
4. 失业保险费				
5. 工伤保险费				
6. 生育保险费				
四、住房公积金				
五、工会经费和职工教育经费				
六、非货币性福利				
七、其他				
合计				

18. 应交税金

税费项目	年初账面余额	年末账面余额	适用税率
1．营业税			
2．增值税			
3．企业所得税			
4．土地增值税			
5．城市维护建设税			
6．房产税			
7．土地使用税			
8．车船使用税			
9．教育费附加			
10．代扣代缴个人所得税			
……			
合计			

19. 预提费用

项目	年初数	本年提取	本年支付	年末数
合 计				

20. 长期应付款

项目	年初数	本年增加	本年减少	年末数
合计				

21. 受托代理负债

项目	年初数	本年增加	本年减少	年末数
合计				

受托代理负债情况的说明，包括受托代理负债的构成、计价基础和依据。

22. 净资产

项目	年初数	本年增加	本年减少	年末数
1. 限定性净资产				
2. 非限定性净资产				
合计				

净资产比上年增加或减少的主要原因：

23. 提供服务收入

项目	本年发生额	上年发生额
1. 培训		
2. 咨询		
3. 会议		
4. 展览		
……		
合计		

24. 商品销售收入

项目	本年发生额	上年发生额
1.		
2.		
……		
合计		

25. 投资收益

产生投资收益的来源	本年发生额	上年发生额
1.		
2.		
……		
合计		

26. 业务活动成本

项目	本年发生额	上年发生额
1. 捐赠项目成本		
……		
2. 提供服务成本		
……		
3. 销售商品成本		
……		
4. 会员服务成本		
……		
5. 业务活动税金及附加		
其中：营业税		
增值税		
城市维护建设税		
教育费附加		
……		
6.……		
合计		

27. 管理费用

项目	本年发生额	上年发生额
1．行政管理人员费用		
2．行政管理事务物品耗费和服务开支		
3．行政管理事务所用资产折旧（摊销）及运行维护费用		
其中：房地产损耗及使用费		
交通费		
无形资产摊销		
其他		
4．资产减值及处置损失		
5．记入管理费用的税费		
其中：房产税		
车船使用税		
土地使用税		
……		
6.……		
7.……		
合计		

28. 其他费用

项目	本年发生额	上年发生额
所得税费用		
资产处置损失		
……		
合计		

五、负责人和职工的数量、变动情况以及获得的薪金等报酬情况的说明

1. 列示本社会团体负责人（会长、副会长、秘书长）的姓名、工作单位、在本社会团体领取报酬的负责人数、领取报酬的金额。

2. 列示本社会团体工作人员总数（含支付劳务费人数）、各部门职工数量、工资总额、人均工资（不含支付的劳务费）。

六、固定资产清查明细表

名称	来源	时间	单位	数量	单价	金额	用途	备注
1.								
2.								
……								

说明：

1. 本表按固定资产原值科目明细账期末信息填列。

2. 来源包括“自购”或“受赠”，时间为自购或受赠时间、用途为“自用”或“非自用”。

（如果没有，应说明“本社会团体无固定资产”）

七、资产提供者设置了时间或用途限制的相关资产情况的说明

对于资产提供者设置了时间或用途限制的相关资产，民间非营利组织应当披露其来源、时间或用途限定的具体内容、使用情况等。

（如果没有，应说明“本社会团体无资产提供者设置了时间或用途限制的相关资产”）

八、受托代理业务情况的说明

包括受托代理资产的构成、计价基础和依据、用途等。

（如果没有，应说明“本社会团体无受托代理业务”）

九、重大资产减值情况的说明

应收款项、短期投资、长期股权投资、长期债权投资、固定资产、无形资产等资产发生重大减值的，应当披露减值金额、减值原因等相关情况。

（如果没有，应说明“本社会团体无重大资产减值情况”）

十、公允价值无法可靠取得的受赠资产和其他资产的说明

对于公允价值无法可靠取得的受赠资产和其他资产，应当披露其名称、数量、来源和用途等情况。

（如果没有，应说明“本社会团体无公允价值无法可靠取得的受赠资产和其他资产”）

十一、接受劳务捐赠情况的说明

简要说明接受志愿者服务等劳务捐赠的服务项目、人次等情况。

（如果没有，应说明“本社会团体无接受劳务捐赠情况”）

十二、对外承诺和或有事项情况的说明

简要说明重大承诺和或有事项的有关情况，包括种类、形成原因、因或有事项确认的预计负债金额等。

（如果没有，应说明“本社会团体无对外承诺和或有事项”）

十三、资产负债表日后非调整事项的说明

每项重要的资产负债表日后非调整事项的性质、内容，及其对财务状况和业务活动情况的影响。无法做出估计的，应当说明原因。

（如果没有，应说明“本社会团体无资产负债表日后非调整事项”）

十四、需要说明的其他事项

上述××××年度会计报表和会计报表有关附注，系我们按《民间非营利组织会计制度》编制。

社会团体名称：（印章）

社会团体负责人：（签字）　　　　社会团体财务负责人：（签字）

日期：××××年×月×日　　　　日期：××××年×月×日

附件 4

社会团体公益活动支出审计报告模板

（社会团体名称）

×××× 年度至 ×××× 年度

公益支出明细表及审计报告

审 计 报 告

（社会团体名称）：

我们审计了后附的（社会团体名称）××××、××××和××××年度的公益活动支出明细表及有关编制说明。编制该申报明细表是为了满足（社会团体名称）申报公益性捐赠税前扣除资格认定的需要。

一、社会团体管理层的责任

按照《中华人民共和国公益事业捐赠法》、《社会团体登记管理条例》、《民间非营利组织会计制度》及相关补充规定、《财政部国家税务总局民政部关于公益性捐赠税前扣除有关问题的通知》（财税〔2008〕160号）的规定编制公益支出明细表是社会团体管理层的责任。这种责任包括：（1）设计、实施和维护与公益活动支出明细表编制相关的内部控制，以使公益支出明细表及有关编制说明不存在由于舞弊或错误而导致的重大错报；（2）选择和运用恰当的会计政策；（3）作出合理的会计估计；（4）恰当界定公益活动支出的具体范围。

申报公益性捐赠税前扣除资格认定的社会团体应当建立健全有关核算体系，正确归集公益活动支出，提供相关凭证及明细表，如实反映社会团体用于公益活动的费用。

二、注册会计师的责任

我们的责任是在实施审计工作的基础上对公益活动支出明细表发表审计意见。我们按照中国注册会计师审计准则执行了审计工作。中国注册会计师审计准则要求我们遵守职业道德规范，计划和实施审计工作以对公益活动支出明细表是否不存在重大错报获取合理保证。

审计工作涉及实施审计程序，以获取有关公益活动支出明细表金额和披露的审计证据。选择的审计程序取决于注册会计师的判断，包括对由于舞弊或错误导致的公益活动支出明细表重大错报风险的评估。在进行风险评估时，我们考虑与公益活动支出明细表编制相关的内部控制，以设计恰当的审计程序，但目的并非对内部控制的有效性发表意见。审计工作还包括评价管理层选用相关会计政策的恰当性和作出相关会计估计的合理性，以及评价公益活动支出明细表的总体列报。

我们相信，我们获取的审计证据是充分、适当的，为发表审计意见提供了基础。

三、说明

当出具非无保留意见的专项审计报告时，注册会计师应当在此清楚地说明导致发表保留意见、否定意见或无法发表意见的所有原因，并在可能的情况下，指出其对公益活动支出明细表的影响程度。

四、审计意见

我们认为，(社会团体名称)××××、××××和××××年度的公益活动支出明细表已经按照《社会团体登记管理条例》、《民间非营利组织会计制度》及相关补充规定、《财政部国家税务总局民政部关于公益性捐赠税前扣除有关问题的通知》(财税〔2008〕160号)的规定编制，在所有重大方面公允反映了(社会团体名称)××××、××××和××××年度的公益活动支出情况。

(社会团体名称)××××年度用于公益活动的支出____元，××××年度用于公益活动的支出____元，××××年度用于公益活动的支出____元。

五、申报明细表编制基础

我们注意到如申报明细表编制说明第××所述，(社会团体名称)×××××、××××和××××年度的公益活动支出明细表是按照《中华人民共和国公益事业捐赠法》、《社会团体登记管理条例》、《民间非营利组织会计制度》及相关补充规定、《财政部国家税务总局民政部关于公益性捐赠税前扣除有关问题的通知》(财税〔2008〕160号)的规定编制的，用于申报公益性捐赠税前扣除资格认定，因此可能不适用于其他目的。

中国注册会计师：

××××会计师事务所

(盖章)中国注册会计师：

中国·北京××××年××月××日

××××年度公益活动支出明细表

（按最近三个年度逐一填报）

社会团体名称：　　　　　　　　　　　　　　　　　　单位：人民币元

<table>
<tr><th rowspan="3">公益活动名称</th><th colspan="8">用于公益活动的支出</th></tr>
<tr><th rowspan="2">直接用于受助人的款物</th><th colspan="6">开展公益活动的运行费用</th><th rowspan="2">总计</th></tr>
<tr><th>人员费用</th><th>办公费用</th><th>资产使用费用</th><th>直接筹资费用</th><th>其他费用</th><th>小计</th></tr>
<tr><td>1.</td><td></td><td></td><td></td><td></td><td></td><td></td><td></td><td></td></tr>
<tr><td>2.</td><td></td><td></td><td></td><td></td><td></td><td></td><td></td><td></td></tr>
<tr><td>3.</td><td></td><td></td><td></td><td></td><td></td><td></td><td></td><td></td></tr>
<tr><td>4.</td><td></td><td></td><td></td><td></td><td></td><td></td><td></td><td></td></tr>
<tr><td>5.</td><td></td><td></td><td></td><td></td><td></td><td></td><td></td><td></td></tr>
<tr><td>……</td><td></td><td></td><td></td><td></td><td></td><td></td><td></td><td></td></tr>
<tr><td>合计</td><td></td><td></td><td></td><td></td><td></td><td></td><td></td><td></td></tr>
</table>

公益活动支出明细表附注

截止 ×××× 年____月____日

（按照最近三个年度逐一填报）

一、基本情况

（社会团体名称）（以下简称本社会团体）于 ×××× 年 × 月 × 日经中华人民共和国民政部批准登记。

登记证号：组织机构代码：

法定代表人：业务主管单位：

住所：活动资金：

业务范围：

二、公益支出活动明细表的编制基础

本社会团体财务报表的编制符合《民间非营利组织会计制度》及相关补充规定、《财政部、国家税务总局、民政部关于公益性捐赠税前扣除有关问题的通知》（财税〔2008〕160 号）的要求，真实、完整地反映了本社会团体公益活动的支出情况。

三、主要会计政策、会计估计和公益活动支出明细表的编制方法

1. 公益活动的确认

根据《公益事业捐赠法》和《财政部、国家税务总局、民政部关于公益性捐赠税前扣除有关问题的通知》（财税〔2008〕160 号）的规定，社会团体开展的活动，在下列范围以内属于公益活动：

救助灾害、救济贫困、扶助残疾人等困难的社会群体和个人的活动；

教育、科学、文化、卫生、体育事业；

环境保护、社会公共设施建设；

促进社会发展和进步的其他社会公共和福利事业。

2. 公益活动所在的公益事业领域

公益活动所在的公益事业领域，是指根据《中华人民共和国公益事业捐赠法》和《财政部、国家税务总局、民政部关于公益性捐赠税前扣除有关问题的通知》（财税〔2008〕160号）规定，具体包括以下领域：

①救助灾害；

②救济贫困；

③扶助残疾人等困难的社会群体和个人；

④教育事业；

⑤科学事业；

⑥文化事业；

⑦卫生事业；

⑧体育事业；

⑨环境保护；

⑩社会公共设施建设；

⑪ 其他社会公共和福利事业。

3. 公益活动支出的确认

社会团体开展的活动如确认为公益活动，其完成活动和达到活动的目的所发生的支出可确认为公益活动支出。

4. 公益活动支出的范围

公益活动的实现形式，可以是直接资助受助人，也可以是具体实施某个公益项目。公益活动支出的范围，包括直接用于受助人的款物和开展公益活动过程中发生的运行费用。开展公益活动的运行费用，是指为实施公益活动所发生的雇佣人力、办公经费、使用资产和筹资费用等支出。

四、公益活动支出明细表主要项目注释

公益活动（按照公益活动支出明细表填写的公益活动，每项公益活动填写一份本表）

名称	
公益事业领域	
起止时间	
支出数额	（人民币元）

内容说明	

五、其他说明

（提示：详细阐述公益活动支出明细表中需要特别说明的有关项目和申报人认为需要说明的其他事项）

（社会团体名称）

××××年×月×日

财政部关于企业公益性捐赠股权有关财务问题的通知

（财企〔2009〕213 号　2009 年 10 月 20 日）

党中央有关部门，国务院各部委、各直属机构，全国人大常委会办公厅，全国政协办公厅，解放军总后勤部、武警总部，各省、自治区、直辖市、计划单列市财政厅（局），新疆生产建设兵团财务局，各中央管理企业：

《财政部关于加强企业对外捐赠财务管理的通知》（财企〔2003〕95 号）印发后，为规范境内企业的对外捐赠行为，维护所有者权益，促进社会公益事业的发展，发挥了积极作用。随着我国资本市场的不断完善和社会公益意识的增强，企业对外捐赠出现了新的情况。为了进一步推进社会公益事业的发展，引导企业规范开展公益性捐赠，现就企业以持有的股权（含企业产权、公司股份，下同）进行公益性捐赠有关财务问题通知如下：

一、由自然人、非国有的法人及其他经济组织投资控股的企业，依法履行内部决策程序，由投资者审议决定后，其持有的股权可以用于公益性捐赠。

二、企业以持有的股权进行公益性捐赠，应当以不影响企业债务清偿能力为前提，且受赠对象应当是依法设立的公益性社会团体和公益性非营利的事业单位。企业捐赠后，必须办理股权变更手续，不再对已捐赠股权行使股东权利，并不得要求受赠单位予以经济回报。

三、公益性捐赠涉及上市公司股权的，捐赠方和受赠方应当遵照《证券法》及有关证券监管的其他规定，履行相关承诺和信息披露义务。

四、本通知自印发之日起执行。财政部原有关财务规定与本通知不符的，以本通知规定为准。

财政部 国家税务总局关于非营利组织企业所得税免税收入问题的通知

（财税〔2009〕122号 2009年11月11日）

各省、自治区、直辖市、计划单列市财政厅（局）、国家税务局、地方税务局，新疆生产建设兵团财务局：

根据《中华人民共和国企业所得税法》第二十六条及《中华人民共和国企业所得税法实施条例》（国务院令第512号）第八十五条的规定，现将符合条件的非营利组织企业所得税免税收入范围明确如下：

一、非营利组织的下列收入为免税收入：

（一）接受其他单位或者个人捐赠的收入；

（二）除《中华人民共和国企业所得税法》第七条规定的财政拨款以外的其他政府补助收入，但不包括因政府购买服务取得的收入；

（三）按照省级以上民政、财政部门规定收取的会费；

（四）不征税收入和免税收入孳生的银行存款利息收入；

（五）财政部、国家税务总局规定的其他收入。

二、本通知从2008年1月1日起执行。

财政部 国家税务总局 民政部关于公益性捐赠税前扣除有关问题的补充通知

（财税〔2010〕45号 2010年7月21日）

各省、自治区、直辖市、计划单列市财政厅（局）、国家税务局、地方税务局、民政厅（局），新疆生产建设兵团财务局、民政局：

为进一步规范公益性捐赠税前扣除政策，加强税收征管，根据《财政部国家税务总局民政部关于公益性捐赠税前扣除有关问题的通知》（财税〔2008〕160号）的有关规定，现将公益性捐赠税前扣除有关问题补充通知如下：

一、企业或个人通过获得公益性捐赠税前扣除资格的公益性社会团体或县级以上人民政府及其组成部门和直属机构，用于公益事业的捐赠支出，可以按规定进行所得税税前扣除。

县级以上人民政府及其组成部门和直属机构的公益性捐赠税前扣除资格不需要认定。

二、在财税〔2008〕160号文件下发之前已经获得公益性捐赠税前扣除资格的公益性社会团体，必须按规定的条件和程序重新提出申请，通过认定后才能获得公益性捐赠税前扣除资格。

符合财税〔2008〕160号文件第四条规定的基金会、慈善组织等公益性社会团体，应同时向财政、税务、民政部门提出申请，并分别报送财税〔2008〕160号文件第七条规定的材料。

民政部门负责对公益性社会团体资格进行初步审查，财政、税务部门会同民政部门对公益性捐赠税前扣除资格联合进行审核确认。

三、对获得公益性捐赠税前扣除资格的公益性社会团体，由财政部、国家税务总局和民政部以及省、自治区、直辖市、计划单列市财政、税务和民政部门每年分别联合公布名单。名单应当包括当年继续获得公益性捐赠税前扣除资格和新获得公益性捐赠税前扣除资格的公益性社会团体。

企业或个人在名单所属年度内向名单内的公益性社会团体进行的公益性捐赠支出，可按规定进行税前扣除。

四、2008 年 1 月 1 日以后成立的基金会，在首次获得公益性捐赠税前扣除资格后，原始基金的捐赠人在基金会首次获得公益性捐赠税前扣除资格的当年进行所得税汇算清缴时，可按规定进行税前扣除。

五、对于通过公益性社会团体发生的公益性捐赠支出，企业或个人应提供省级以上（含省级）财政部门印制并加盖接受捐赠单位印章的公益性捐赠票据，或加盖接受捐赠单位印章的《非税收入一般缴款书》收据联，方可按规定进行税前扣除。

对于通过公益性社会团体发生的公益性捐赠支出，主管税务机关应对照财政、税务、民政部门联合公布的名单予以办理，即接受捐赠的公益性社会团体位于名单内的，企业或个人在名单所属年度向名单内的公益性社会团体进行的公益性捐赠支出可按规定进行税前扣除；接受捐赠的公益性社会团体不在名单内，或虽在名单内但企业或个人发生的公益性捐赠支出不属于名单所属年度的，不得扣除。

六、对已经获得公益性捐赠税前扣除资格的公益性社会团体，其年度检查连续两年基本合格视同为财税〔2008〕160 号文件第十条规定的年度检查不合格，应取消公益性捐赠税前扣除资格。

七、获得公益性捐赠税前扣除资格的公益性社会团体，发现其不再符合财税〔2008〕160 号文件第四条规定条件之一，或存在财税〔2008〕160 号文件第十条规定情形之一的，应自发现之日起 15 日内向主管税务机关报告，主管税务机关可暂时明确其获得资格的次年内企业或个人向该公益性社会团体的公益性捐赠支出，不得税前扣除。同时，提请审核确认其公益性捐赠税前扣除资格的财政、税务、民政部门明确其获得资格的次年不具有公益性捐赠税前扣除资格。

税务机关在日常管理过程中，发现公益性社会团体不再符合财税〔2008〕160 号文件第四条规定条件之一，或存在财税〔2008〕160 号文件第十条规定情形之一的，也按上述规定处理。

民政部关于印发《全国性社会团体公益性捐赠税前扣除资格初审暂行办法》的通知

（民发〔2011〕81号　2011年5月18日）

各全国性社会团体：

为进一步做好全国性社会团体公益性捐赠税前扣除资格认定的初审工作，我部根据有关法律法规及《关于公益性捐赠税前扣除有关问题的通知》（财税字〔2008〕160号）规定，制定了《全国性社会团体公益性捐赠税前扣除资格初审暂行办法》。现印发你们，请遵照执行。

全国性社会团体公益性捐赠税前扣除资格初审暂行办法

一、根据有关法律法规及《关于公益性捐赠税前扣除有关问题的通知》（财税字〔2008〕160号）规定，为做好全国性社会团体公益性捐赠税前扣除资格认定的资格初审工作，特制定本办法。

二、本办法中社会团体是指按照《社会团体登记管理条例》经民政部批准登记的社会团体法人。

三、申请获得公益性捐赠税前扣除资格的社会团体应当具备以下条件：

（一）有确定的公益目的。社会团体设立的宗旨、目的、业务范围等应当符合《公益事业捐赠法》相关规定，服务对象面向社会公众。

（二）财产权利属性清晰。社会团体应当由捐赠资金设立，捐赠者不以任何形式参与财产分配。净资产不低于登记的活动资金数额。全部资产及其增值属于社会团体法人所有，终止后的剩余财产应当交由其他公益性社会组织管理。

(三)公益活动特点突出。公益活动以捐赠、资助、志愿服务为主要形式。公益活动的受益人或者服务对象应当是会员以外的不特定的社会公众。公益活动应当由社会公众自愿参与。社会团体申请前连续3年每年用于公益活动的支出不低于上年总收入的70%，同时需达到当年总支出的50%以上（含50%）。

(四)财务会计工作规范。执行《民间非营利组织会计制度》，设立银行账号，使用规定票据，实行独立会计核算，财务制度健全，内控制度完善。

(五)活动信息公开透明。社会团体组织机构、业务活动、财务管理、负责人和工作人员工资福利支出、捐赠款物管理使用、公益活动支出情况等信息始终公开透明，并通过指定媒体及时向社会公布。

(六)遵纪守法情况良好。在民政部门依法登记3年以上，申请前的3年内未受过行政处罚，申请前连续2年年度检查合格或者最近一次年度检查合格且评估等级为3A以上（含3A）。

四、下列社会团体不属于公益性捐赠税前扣除资格的认定范围：

(一)以企业、事业单位为会员主体和服务对象的行业协会、商会等行业性社会团体。

(二)以从事同一职业或者具有相同职务称谓、职业资格或者执业资格的自然人为会员主体和服务对象的职业性、专业性社会团体。

(三)以具有相同或者相近的教育背景、职业经历、兴趣爱好的自然人为会员主体和服务对象的联谊性、联合性社会团体。

(四)经批准参照公务员管理，工作人员工资福利由国家财政拨款，业务活动由国家财政资金支持的社会团体。

五、社会团体计算公益活动支出比例时，不得将会议、访问、评比表彰、有偿服务等活动的支出计入公益活动支出，不得将社会团体专职工作人员工资福利和行政办公支出计入公益活动成本。

六、申请资格初审的社会团体应当委托民政部门推荐的会计师事务所，按照财税字〔2008〕160号文件及本通知规定，对社会团体的公益活动支出进行逐项审计，在审计报告中对列举的各项公益活动逐项书面说明，包括活动的性质、目的、受益人或者服务对象、活动形式、参与方式、活动支出、活动成果等详细情况。

七、民政部负责对全国性社会团体获得公益捐赠税前扣除资格进行初审，必要时可以通过评估专家委员会进行事前审议。

财政部 民政部关于印发《中央财政支持社会组织参与社会服务项目资金使用管理办法》的通知

（财社〔2012〕138号 2012年9月7日）

各省、自治区、直辖市、计划单列市财政厅（局）、民政厅（局），新疆生产建设兵团财务局、民政局：

为加强和规范中央财政支持社会组织参与社会服务项目资金的使用管理，提高资金使用效益，特制定《中央财政支持社会组织参与社会服务项目资金使用管理办法》。现印发给你们，请遵照执行。

中央财政支持社会组织参与社会服务项目资金使用管理办法

第一条 为了加强中央财政支持社会组织参与社会服务项目资金的使用管理，提高资金的使用效益，根据财政专项资金管理的有关规定和部门预算管理的相关要求，制定本办法。

第二条 本办法所称社会组织是指在各级民政部门登记成立的社会团体、基金会和民办非企业单位。

第三条 本办法所称中央财政支持社会组织参与社会服务项目资金（以下简称项目资金）是指中央财政通过民政部部门预算安排的专项用于支持社会组织参与社会服务的补助资金。

第四条 项目资金用于以下方面：

（一）发展示范项目：资助西部地区困难社会组织必要的服务设备购置和

服务设施完善等，支持其提高经费保障水平，改善服务条件，增强开展公益慈善项目的能力。

（二）承接社会服务试点项目：资助规模较大、职能重要的全国性社会组织和具有较强区域辐射功能的社会组织承接社会救助、扶贫救灾、社会福利、社区服务等方面的社会服务。

（三）社会工作服务示范项目：资助符合条件的社会组织重点围绕城市流动人口、农村留守儿童、社区老年人、社区矫正人员、受灾群众等特殊群体的需求，开展困难救助、心理辅导、综合性社会支持网络构建等社会服务。

（四）人员培训示范项目：对社会组织负责人、业务工作人员进行法律法规、项目运作、业务技能、专业知识等方面的培训。

（五）根据社会管理工作需要，财政部、民政部确定的其他示范项目。

（六）项目评审、招投标、宣传、评估、研讨等方面支出。

第五条 民政部会同财政部根据中央财政当年社会组织参与社会服务项目预算安排、上年度项目进展等情况，研究制定项目年度实施方案，明确项目申报条件、资助标准、评审规程、资金拨付以及项目实施和监管要求等内容。项目年度实施方案应当向社会公布。

第六条 符合条件的社会组织可以按照项目年度实施方案要求申报相关项目。

全国性社会组织应当直接向民政部提出申请。

地方性社会组织应当向登记注册所在地民政部门提出申请，由地方各级民政部门逐级上报省、自治区、直辖市、计单列市民政部门。各省、自治区、直辖市、计划单列市民政部门对申报材料的真实性、合规性、可行性进行初审后，统一汇总报送民政部。

第七条 申报项目资金应当提供以下材料：

（一）项目申请报告。主要内容包括：社会组织基本信息、从事社会服务工作的情况、项目实施方案、项目预算安排以及当年申请中央财政补助资金规模等。

（二）经本级民政部门年检合格的登记证书、荣誉证书、评估等级证明等材料的复印件。

（三）民政部要求提供的其他材料。

第八条 民政部负责对各地报送的申请报告进行审核，并组织专家进行评审，确定中央财政支持的项目名单和补助金额，并按照部门预算管理规程及时拨付项目资金。

第九条 中央财政对有地方政府投入和社会资金资助的项目优先给予支持。

第十条 各项目单位应当按照“专款专用、单独核算、注重绩效”的原则，及时建立健全内控制度，加强对项目资金的管理，严格按照申报用途使用资金，加快项目预算执行进度，提高资金使用效益。

第十一条 民政部负责组织或委托有关机构对项目实施情况进行绩效考评，绩效考评结果作为以后年度项目评审和资金安排的参考因素。

第十二条 各项目单位应当自觉接受社会各界的监督，并积极配合有关部门做好审计、稽查等工作。

地方各级民政部门应当加强对本地区项目资金使用的监管，建立追踪问效机制，保证项目资金科学、合理、有效使用。

财政部、民政部应当不定期地对各地项目资金使用管理等情况进行检查。

第十三条 任何单位和个人不得骗取、截留、挤占、挪用项目资金。对违反规定使用项目资金的，依据《财政违法行为处罚处分条例》（国务院令第427号）等有关规定追究责任。

第十四条 本办法由财政部、民政部负责解释。

第十五条 本办法自发布之日起执行。

国务院办公厅关于政府向社会力量购买服务的指导意见

（国办发〔2013〕96号　2013年9月26日）

各省、自治区、直辖市人民政府，国务院各部委、各直属机构：

党的十八大强调，要加强和创新社会管理，改进政府提供公共服务方式。新一届国务院对进一步转变政府职能、改善公共服务作出重大部署，明确要求在公共服务领域更多利用社会力量，加大政府购买服务力度。经国务院同意，现就政府向社会力量购买服务提出以下指导意见。

一、充分认识政府向社会力量购买服务的重要性

改革开放以来，我国公共服务体系和制度建设不断推进，公共服务提供主体和提供方式逐步多样化，初步形成了政府主导、社会参与、公办民办并举的公共服务供给模式。同时，与人民群众日益增长的公共服务需求相比，不少领域的公共服务存在质量效率不高、规模不足和发展不平衡等突出问题，迫切需要政府进一步强化公共服务职能，创新公共服务供给模式，有效动员社会力量，构建多层次、多方式的公共服务供给体系，提供更加方便、快捷、优质、高效的公共服务。政府向社会力量购买服务，就是通过发挥市场机制作用，把政府直接向社会公众提供的一部分公共服务事项，按照一定的方式和程序，交由具备条件的社会力量承担，并由政府根据服务数量和质量向其支付费用。近年来，一些地方立足实际，积极开展向社会力量购买服务的探索，取得了良好效果，在政策指导、经费保障、工作机制等方面积累了不少好的做法和经验。

实践证明，推行政府向社会力量购买服务是创新公共服务提供方式、加快服务业发展、引导有效需求的重要途径，对于深化社会领域改革，推动政府职能转变，整合利用社会资源，增强公众参与意识，激发经济社会活力，增加公共服务供给，提高公共服务水平和效率，都具有重要意义。地方各级人民政府要结合当地经济社会发展状况和人民群众的实际需求，因地制宜、积极稳妥地推进政府向社会力量购买服务工作，不断创新和完善公共服务供给模式，加快建设服务型政府。

二、正确把握政府向社会力量购买服务的总体方向

（一）指导思想。

以邓小平理论、“三个代表”重要思想、科学发展观为指导，深入贯彻落实党的十八大精神，牢牢把握加快转变政府职能、推进政事分开和政社分开、在改善民生和创新管理中加强社会建设的要求，进一步放开公共服务市场准入，改革创新公共服务提供机制和方式，推动中国特色公共服务体系建设和发展，努力为广大人民群众提供优质高效的公共服务。

（二）基本原则。

——积极稳妥，有序实施。立足社会主义初级阶段基本国情，从各地实际出发，准确把握社会公共服务需求，充分发挥政府主导作用，有序引导社会力量参与服务供给，形成改善公共服务的合力。

——科学安排，注重实效。坚持精打细算，明确权利义务，切实提高财政资金使用效率，把有限的资金用在刀刃上，用到人民群众最需要的地方，确保取得实实在在的成效。

——公开择优，以事定费。按照公开、公平、公正原则，坚持费随事转，通过竞争择优的方式选择承接政府购买服务的社会力量，确保具备条件的社会力量平等参与竞争。加强监督检查和科学评估，建立优胜劣汰的动态调整机制。

——改革创新，完善机制。坚持与事业单位改革相衔接，推进政事分开、政社分开，放开市场准入，释放改革红利，凡社会能办好的，尽可能交给社会力量承担，有效解决一些领域公共服务产品短缺、质量和效率不高等问题。及时总结改革实践经验，借鉴国外有益成果，积极推动政府向社会力量购买服务的健康发展，加快形成公共服务提供新机制。

（三）目标任务。

“十二五”时期，政府向社会力量购买服务工作在各地逐步推开，统一有效的购买服务平台和机制初步形成，相关制度法规建设取得明显进展。到2020年，在全国基本建立比较完善的政府向社会力量购买服务制度，形成与经济社会发展相适应、高效合理的公共服务资源配置体系和供给体系，公共服务水平和质量显著提高。

三、规范有序开展政府向社会力量购买服务工作

（一）购买主体。

政府向社会力量购买服务的主体是各级行政机关和参照公务员法管理、具有行政管理职能的事业单位。纳入行政编制管理且经费由财政负担的群团组织，也可根据实际需要，通过购买服务方式提供公共服务。

（二）承接主体。

承接政府购买服务的主体包括依法在民政部门登记成立或经国务院批准免予登记的社会组织，以及依法在工商管理或行业主管部门登记成立的企业、机构等社会力量。承接政府购买服务的主体应具有独立承担民事责任的能力，具备提供服务所必需的设施、人员和专业技术的能力，具有健全的内部治理结构、财务会计和资产管理制度，具有良好的社会和商业信誉，具有依法缴纳税收和社会保险的良好记录，并符合登记管理部门依法认定的其他条件。承接主体的具体条件由购买主体会同财政部门根据购买服务项目的性质和质量要求确定。

（三）购买内容。

政府向社会力量购买服务的内容为适合采取市场化方式提供、社会力量能够承担的公共服务，突出公共性和公益性。教育、就业、社保、医疗卫生、住房保障、文化体育及残疾人服务等基本公共服务领域，要逐步加大政府向社会力量购买服务的力度。非基本公共服务领域，要更多更好地发挥社会力量的作用，凡适合社会力量承担的，都可以通过委托、承包、采购等方式交给社会力量承担。对应当由政府直接提供、不适合社会力量承担的公共服务，以及不属于政府职责范围的服务项目，政府不得向社会力量购买。各地区、各有关部门要按照有利于转变政府职能，有利于降低服务成本，有利于提升服务质量水平和资金效益的原则，在充分听取社会各界意见基础上，研究制定政府向社会力量购买服务的指导性目录，明确政府购买的服务种类、性质和内容，并在总结试点经验基础上，及时进行动态调整。

（四）购买机制。

各地要按照公开、公平、公正原则，建立健全政府向社会力量购买服务机制，及时、充分向社会公布购买的服务项目、内容以及对承接主体的要求和绩效评价标准等信息，建立健全项目申报、预算编报、组织采购、项目监管、绩效评价的规范化流程。购买工作应按照政府采购法的有关规定，采用公开招标、邀请招标、竞争性谈判、单一来源、询价等方式确定承接主体，严禁转包行为。购买主体要按照合同管理要求，与承接主体签订合同，明确所购买服务的范围、标的、数量、质量要求，以及服务期限、资金支付方式、权利义务和违约责任等，按照合同要求支付资金，并加强对服务提供全过程的跟踪监管和对服务成果的检查验收。承接主体要严格履行合同义务，按时完成服务项目任务，保证服务数量、质量和效果。

（五）资金管理。

政府向社会力量购买服务所需资金在既有财政预算安排中统筹考虑。随着政府提供公共服务的发展所需增加的资金，应按照预算管理要求列入财政预算。要严格资金管理，确保公开、透明、规范、有效。

（六）绩效管理。

加强政府向社会力量购买服务的绩效管理，严格绩效评价机制。建立健全由购买主体、服务对象及第三方组成的综合性评审机制，对购买服务项目数量、质量和资金使用绩效等进行考核评价。评价结果向社会公布，并作为以后年度编制政府向社会力量购买服务预算和选择政府购买服务承接主体的重要参考依据。

四、扎实推进政府向社会力量购买服务工作

（一）加强组织领导。

推进政府向社会力量购买服务，事关人民群众切身利益，是保障和改善民生的一项重要工作。地方各级人民政府要把这项工作列入重要议事日程，加强统筹协调，立足当地实际认真制定并逐步完善政府向社会力量购买服务的政策措施和实施办法，并抄送上一级政府财政部门。财政部要会同有关部门加强对各地开展政府向社会力量购买服务工作的指导和监督，总结推广成功经验，积极推动相关制度法规建设。

（二）健全工作机制。

政府向社会力量购买服务，要按照政府主导、部门负责、社会参与、共同监督的要求，确保工作规范有序开展。地方各级人民政府可根据本地区实际情况，建立“政府统一领导，财政部门牵头，民政、工商管理以及行业主管部门协同，职能部门履职，监督部门保障”的工作机制，拟定购买服务目录，确定购买服务计划，指导监督购买服务工作。相关职能部门要加强协调沟通，做到各负其责、齐抓共管。

（三）严格监督管理。

各地区、各部门要严格遵守相关财政财务管理规定，确保政府向社会力量购买服务资金规范管理和使用，不得截留、挪用和滞留资金。购买主体应建立健全内部监督管理制度，按规定公开购买服务相关信息，自觉接受社会监督。承接主体应当健全财务报告制度，并由具有合法资质的注册会计师对财务报告进行审计。财政部门要加强对政府向社会力量购买服务实施工作的组织指导，严格资金监管，监察、审计等部门要加强监督，民政、工商管理以及行业主管部门要按照职能分工将承接政府购买服务行为纳入年检、评估、执法等监管体系。

（四）做好宣传引导。

地方各级人民政府和国务院有关部门要广泛宣传政府向社会力量购买服务工作的目的、意义、目标任务和相关要求，做好政策解读，加强舆论引导，主动回应群众关切，充分调动社会参与的积极性。

财政部关于做好政府购买服务工作有关问题的通知

（财综〔2013〕111号　2013年12月4日）

国务院各部委、直属各机构，各省、自治区、直辖市、计划单列市财政厅（局），新疆建设兵团财务局，财政部驻各省、自治区、直辖市、计划单列市财政监察专员办事处：

为贯彻落实党的十八届三中全会精神和《国务院办公厅关于政府向社会力量购买服务的指导意见》（国办发〔2013〕96号，以下简称《指导意见》），加快推进政府购买服务工作，现就有关事项通知如下：

一、充分认识推进政府购买服务工作的重要性和紧迫性

推进政府购买服务是新时期全面深化改革的必然要求。当前，我国发展进入新阶段，社会结构、利益格局、思想观念发生了深刻变化，人民群众日益增长的公共服务需求对政府管理和服务模式提出了新要求。在全面深化改革的关键时期，大力推进政府购买服务，逐步建立健全政府购买服务制度，是正确处理政府和市场、社会的关系，建设服务型政府，推进国家治理体系和治理能力现代化的客观要求；是创新公共服务供给方式、提高公共服务供给水平和效率的迫切需要；是培育和引导社会组织、加快服务业发展、扩大服务业开放、引导有效需求的重要举措，对于深化社会领域改革，推动政府职能转变，整合利用社会资源，增强公众参与意识，激发经济社会活力，提高财政资金使用效益，为人民群众提供更加优质的公共服务具有重要意义。

党中央、国务院高度重视政府购买服务工作，作出了一系列部署和要求。党的十八大强调要改进政府提供公共服务方式，新一届国务院明确要求在公共服务领域更多利用社会力量，加大政府购买服务力度，党的十八届三中全会通过的《中共中央关于全面深化改革若干重大问题的决定》明确提出，推广政府购买服务，凡属事务性管理服务，原则上都要引入竞争机制，通过合同、委托等方式向社会购买。国务院领导多次作出重要批示，要求财政部会同有关部门抓紧推进政府购买公共服务改革。

当前和今后一个时期，大力推进政府购买服务是贯彻落实三中全会精神和《指导意见》的一项重要工作任务。《指导意见》是推动我国政府购买服务工作的重要指导性文件，各地区、各部门要认真学习领会、准确把握精神，将思想和行动统一到党中央、国务院的决策部署上来，统一到《指导意见》的精神上来，将推进政府购买服务工作摆在发展改革的重要位置，增强紧迫感、使命感和责任感，按照中央的部署和要求，积极稳妥、扎实有效地开展工作，确保《指导意见》顺利实施。

二、积极有序推进政府购买服务工作

《指导意见》的基本定位是注重原则性、方向性、统筹性和指导性，既鼓励支持地方和部门先行先试，发挥做好政府购买服务工作的主动性、积极性和创新精神，也明确了工作的总体目标和基本要求。根据《指导意见》的精神，目前，为进一步做好顶层设计，财政部正抓紧研究政府购买服务管理办法以及相关预算、政府采购、税收等具体政策措施。各地区、各部门要结合实际，积极行动起来，主动部署开展工作，抓紧制定相关政策文件，尽快形成中央和地方共同推进购买服务工作的氛围和机制。

（一）坚持正确方向，积极探索创新。开展政府购买服务工作要以改革的决心和勇气，正确处理当前和长远、全局和局部的关系，正确对待利益格局调整，不拖不等不靠，积极创新，大胆探索。要根据《指导意见》精神，抓紧制定本地区、本部门政府购买服务的实施意见、办法和具体措施，尽快形成中央与地方衔接配套、操作性强的政府购买服务政策体系。已经出台相关文件的，要对照《指导意见》进一步细化和完善相关政策措施，不断健全与本地经济社会发展相适应的政府购买服务制度体系。尚未出台政策性文件的，要按照《指导意见》要求，结合工作实际，在调查研究基础上，抓紧研究针对性的政策措施和办法，积极探索试点，积累经验，逐步推开。

（二）坚持突出重点，稳妥有序推广。要结合实际，在准确把握公众需求的基础上，全面梳理并主动提出购买服务的内容和事项，精心研究制定指导性目录，明确购买的服务种类、性质和内容。在公共服务需求日趋多样化的形势下，应突出公共性和公益性，重点考虑、优先安排与保障和改善民生密切相关的领域和项目，把有限的财政资金用到人民群众最需要的地方。对于政府新增的或临时性、阶段性的公共服务事项，凡适合社会力量承担的，原则上都按照政府购买服务的方式进行。看得准、拿得稳的先推下去，一时看不准、有疑问的要深入研究，条件成熟了再推进。要通过购买服务，推动政府简政放权，防止“大包大揽”。要确保政府全面正确履行职能，防止“卸包袱”，将应当由政府直接提供、不适合社会力量承担的公共服务事项推向市场。购买服务的范围、内容和目录应倾听群众呼声，反映群众意愿，根据经济社会和政府职能的发展变化，及时进行动态调整。

（三）坚持规范操作，完善购买程序。要按照公开、公平、公正的原则，完善政府购买服务的各项程序规定，建立以项目申报、项目评审、组织采购、资质审核、合同签订、项目监管、绩效评估、经费兑付等为主要内容的规范化购买流程，有序开展工作。要将政府购买服务资金纳入预算，并严格资金管理，加强绩效评价。要及时充分地向社会公开购买服务的项目内容、承接主体条件、绩效评价标准等信息，确保社会力量公平参与竞争，严禁层层转包、豪华购买、暗箱操作等违规违法行为，筑牢预防腐败的制度防线。

（四）坚持政策衔接，注重建章立制。要处理好积极推进和制度建设的关系，做好相关政策的完善和相互衔接。既要考虑当前政府购买服务工作的重点是鼓励和推进改革，在坚持大的原则不变和透明预算的前提下，注重研究解决现行政府采购、预算编制、会计处理等技术性管理难题，必要时可适当做出政策调整，为政府购买服务工作的顺利推进创造条件；又要兼顾长远，在实践中不断总结经验，注重体制机制建设，为将来建立购买服务制度打基础。同时，要做好政府购买服务与事业单位分类改革、行业协会商会脱钩等相关改革的衔接，按照国务院关于“财政供养人员只减不增”的要求，在有效增加公共服务供给的同时，积极研究探索通过政府购买服务方式支持改革的政策措施，实现“费随事转”。要通过政府购买服务，推动公办事业单位与主管部门理顺关系和去行政化，推进有条件的事业单位转为企业或社会组织，坚决防止一边购买服务，一边又养人办事、“两头占”的现象发生。

三、切实加强对政府购买服务工作的组织实施

推广政府购买服务是一项新的综合性改革工作，是全面深化改革的重要举措和方向，政策性强，涉及面广，任务艰巨，要用发展的眼光、改革的理念切实加强对这项工作的组织实施。

（一）加强组织领导。各地区、各部门要按照政府主导、部门负责、社会参与、共同监督的要求，切实加强对政府购买服务的组织和指导。要尽快建立工作机制，制定工作计划和实施方案，扎实推进。同时，加强对下一级政府购买服务的指导，督促其积极开展工作。

（二）发挥牵头作用。各地区、各部门财政（务）部门要切实履行职责，发挥好牵头作用，当好参谋助手，加强沟通协调，形成工作合力。各地财政部门要尽快明确牵头处室，明确分工，落实责任。中央国家机关各部门要尽快明确牵头司局和责任处室，积极支持配合财政部统筹推进政府购买服务工作，并主动做好本部门、本行业、本系统相关工作。

（三）加强培训宣传。各地区、各部门要切实加大宣传和培训力度，确保广大干部群众及相关社会力量负责人、工作人员了解、熟悉和掌握有关背景知识、政策措施及操作规范。要充分利用广播、电视、网络、报刊等媒体，广泛宣传实施政府购买服务工作的重要意义、指导思想、基本原则和主要政策措施，为推进工作营造良好的舆论环境。

各地区、各部门要按照党的群众路线教育实践活动要求，切实加强调查研究，认真总结好经验、好做法，及时发现并解决实施过程中出现的问题，逐步完善政策措施和制度设计，确保近期工作取得实质性进展，中长期形成比较完善的政府购买服务制度体系。各地区、各部门的工作进展情况、工作中遇到的新情况和重大问题，以及有关意见和建议，请及时报财政部，以便统筹研究解决。

财政部 国家税务总局关于非营利组织免税资格认定管理有关问题的通知

（财税〔2014〕13号 2014年1月29日）

各省、自治区、直辖市、计划单列市财政厅（局）、国家税务局、地方税务局，新疆生产建设兵团财务局：

根据《中华人民共和国企业所得税法》（以下简称《企业所得税法》）第二十六条及《中华人民共和国企业所得税法实施条例》（以下简称《实施条例》）第八十四条的规定，现对非营利组织免税资格认定管理有关问题明确如下：

一、依据本通知认定的符合条件的非营利组织，必须同时满足以下条件：

（一）依照国家有关法律法规设立或登记的事业单位、社会团体、基金会、民办非企业单位、宗教活动场所以及财政部、国家税务总局认定的其他组织；

（二）从事公益性或者非营利性活动；

（三）取得的收入除用于与该组织有关的、合理的支出外，全部用于登记核定或者章程规定的公益性或者非营利性事业；

（四）财产及其孳息不用于分配，但不包括合理的工资薪金支出；

（五）按照登记核定或者章程规定，该组织注销后的剩余财产用于公益性或者非营利性目的，或者由登记管理机关转赠给与该组织性质、宗旨相同的组织，并向社会公告；

（六）投入人对投入该组织的财产不保留或者享有任何财产权利，本款所称投入人是指除各级人民政府及其部门外的法人、自然人和其他组织；

（七）工作人员工资福利开支控制在规定的比例内，不变相分配该组织的财产，其中：工作人员平均工资薪金水平不得超过上年度税务登记所在地人均工资水平的两倍，工作人员福利按照国家有关规定执行；

（八）除当年新设立或登记的事业单位、社会团体、基金会及民办非企业单位外，事业单位、社会团体、基金会及民办非企业单位申请前年度的检查结论为“合格”；

（九）对取得的应纳税收入及其有关的成本、费用、损失应与免税收入及其有关的成本、费用、损失分别核算。

二、经省级（含省级）以上登记管理机关批准设立或登记的非营利组织，凡符合规定条件的，应向其所在地省级税务主管机关提出免税资格申请，并提供本通知规定的相关材料；经市（地）级或县级登记管理机关批准设立或登记的非营利组织，凡符合规定条件的，分别向其所在地市（地）级或县级税务主管机关提出免税资格申请，并提供本通知规定的相关材料。

财政、税务部门按照上述管理权限，对非营利组织享受免税的资格联合进行审核确认，并定期予以公布。

三、申请享受免税资格的非营利组织，需报送以下材料：

（一）申请报告；

（二）事业单位、社会团体、基金会、民办非企业单位的组织章程或宗教活动场所的管理制度；

（三）税务登记证复印件；

（四）非营利组织登记证复印件；

（五）申请前年度的资金来源及使用情况、公益活动和非营利活动的明细情况；

（六）具有资质的中介机构鉴证的申请前会计年度的财务报表和审计报告；

（七）登记管理机关出具的事业单位、社会团体、基金会、民办非企业单位申请前年度的年度检查结论；

（八）财政、税务部门要求提供的其他材料。

四、非营利组织免税优惠资格的有效期为五年。非营利组织应在期满前三个月内提出复审申请，不提出复审申请或复审不合格的，其享受免税优惠的资格到期自动失效。

非营利组织免税资格复审，按照初次申请免税优惠资格的规定办理。

五、非营利组织必须按照《中华人民共和国税收征收管理法》（以下简称《税收征管法》）及《中华人民共和国税收征收管理法实施细则》（以下简称《实施细则》）等有关规定，办理税务登记，按期进行纳税申报。取得免税资格的非营利组织应按照规定向主管税务机关办理免税手续，免税条件发生变化的，应当自发生变化之日起十五日内向主管税务机关报告；不再符合免税条件的，应当依法履行纳税义务；未依法纳税的，主管税务机关应当予以追缴。取得免税资格的非营利组织注销时，剩余财产处置违反本通知第一条第五项规定的，主管税务机关应追缴其应纳企业所得税款。

主管税务机关应根据非营利组织报送的纳税申报表及有关资料进行审查，当年符合《企业所得税法》及其《实施条例》和有关规定免税条件的收入，免予征收企业所得税；当年不符合免税条件的收入，照章征收企业所得税。主管税务机关在执行税收优惠政策过程中，发现非营利组织不再具备本通知规定的免税条件的，应及时报告核准该非营利组织免税资格的财政、税务部门，由其进行复核。

核准非营利组织免税资格的财政、税务部门根据本通知规定的管理权限，对非营利组织的免税优惠资格进行复核，复核不合格的，取消其享受免税优惠的资格。

六、已认定的享受免税优惠政策的非营利组织有下述情况之一的，应取消其资格：

（一）事业单位、社会团体、基金会及民办非企业单位逾期未参加年检或年度检查结论为“不合格”的；

（二）在申请认定过程中提供虚假信息的；

（三）有逃避缴纳税款或帮助他人逃避缴纳税款行为的；

（四）通过关联交易或非关联交易和服务活动，变相转移、隐匿、分配该组织财产的；

（五）因违反《税收征管法》及其《实施细则》而受到税务机关处罚的；

（六）受到登记管理机关处罚的。

因上述第（一）项规定的情形被取消免税优惠资格的非营利组织，财政、税务部门在一年内不再受理该组织的认定申请；因上述规定的除第（一）项以外的其他情形被取消免税优惠资格的非营利组织，财政、税务部门在五年内不再受理该组织的认定申请。

七、本通知自 2013 年 1 月 1 日起执行。《财政部国家税务总局关于非营利组织免税资格认定管理有关问题的通知》（财税〔2009〕123 号）同时废止。

国家税务总局 财政部 人力资源社会保障部 教育部 民政部关于支持和促进重点群体创业就业有关税收政策具体实施问题的公告

（国家税务总局公告2014年第34号　2014年5月30日）

为贯彻落实《财政部 国家税务总局 人力资源社会保障部关于继续实施支持和促进重点群体创业就业有关税收政策的通知》（财税〔2014〕39号）精神，现将创业就业有关税收政策的具体实施意见公告如下：

一、个体经营税收政策

（一）申请

1. 在人力资源社会保障部门公共就业服务机构登记失业半年以上的人员、零就业家庭或享受城市居民最低生活保障家庭劳动年龄内的登记失业人员，可持《就业失业登记证》、个体工商户登记执照和税务登记证向创业地县以上（含县级，下同）人力资源社会保障部门提出申请。县以上人力资源社会保障部门应当按照财税〔2014〕39号文件的规定，核实创业人员是否享受过税收扶持政策。核实后，对符合条件人员在《就业失业登记证》上注明“自主创业税收政策”。

2. 毕业年度高校毕业生在校期间创业的，可注册登录教育部大学生创业服务网（网址：http://cy.ncss.org.cn），提交《高校毕业生自主创业证》申请表，由所在高校进行网上信息审核确认，学校所在地省级教育行政部门依据学生学籍学历电子注册数据库，对高校毕业生身份、学籍学历、是否是应届高校毕业生等信息进行核实后，向高校毕业生发放《高校毕业生自主创业证》，并在数据库中将其标注为“已领取《高校毕业生自主创业证》”。高校毕业生持《高校毕业生自主创业证》向创业地人力资源社会保障部门提出申请，由创业地人力资源社会保障部门相应核发《就业失业登记证》。

3．毕业年度高校毕业生离校后创业的，可凭毕业证，直接向创业地县以上人力资源社会保障部门提出申请。县以上人力资源社会保障部门在对人员范围、就业失业状态、已享受政策情况核实后，对符合条件人员相应核发《就业失业登记证》，并注明“自主创业税收政策”。

（二）税款减免顺序及额度

符合条件人员从事个体经营的，按照财税〔2014〕39号文件第一条的规定，在年度减免税限额内，依次扣减营业税、城市维护建设税、教育费附加、地方教育附加和个人所得税。纳税人的实际经营期不足一年的，应当以实际月份换算其减免税限额。换算公式为：减免税限额＝年度减免税限额 ÷12×实际经营月数。

纳税人实际应缴纳的营业税、城市维护建设税、教育费附加、地方教育附加和个人所得税小于减免税限额的，以实际应缴纳的营业税、城市维护建设税、教育费附加、地方教育附加和个人所得税税额为限；实际应缴纳的营业税、城市维护建设税、教育费附加、地方教育附加和个人所得税大于减免税限额的，以减免税限额为限。

（三）税收减免备案

纳税人在享受税收优惠政策后的当月，持《就业失业登记证》（注明“自主创业税收政策”或附着《高校毕业生自主创业证》）和税务机关要求的相关材料向其主管税务机关备案。

二、企业、民办非企业单位吸纳税收政策

（一）申请

符合条件的企业、民办非企业单位持下列材料向县以上人力资源社会保障部门递交申请：

1．新招用人员持有的《就业失业登记证》。

2．企业、民办非企业单位与新招用持《就业失业登记证》人员签订的劳动合同（副本），企业、民办非企业单位为职工缴纳的社会保险费记录。

3.《持〈就业失业登记证〉人员本年度实际工作时间表》（见附件）。

4．人力资源社会保障部门要求的其他材料。

其中，劳动就业服务企业要提交《劳动就业服务企业证书》，民办非企业单位提交《民办非企业单位登记证书》。

县以上人力资源社会保障部门接到企业、民办非企业单位报送的材料后，应当按照财税〔2014〕39 号文件的规定，重点核实以下情况：

1. 新招用人员是否属于享受税收优惠政策人员范围，以前是否已享受过税收优惠政策；

2. 企业、民办非企业单位是否与新招用人员签订了 1 年以上期限劳动合同，为新招用人员缴纳社会保险费的记录；

3. 企业、民办非企业单位的经营范围是否符合税收政策规定。

核实后，对符合条件的人员，在《就业失业登记证》上注明“企业吸纳税收政策”，对符合条件的企业、民办非企业单位核发《企业实体吸纳失业人员认定证明》。

（二）税款减免顺序及额度

1. 纳税人按本单位吸纳人数和签订的劳动合同时间核定本单位减免税总额，在减免税总额内每月依次扣减营业税、城市维护建设税、教育费附加和地方教育附加。纳税人实际应缴纳的营业税、城市维护建设税、教育费附加和地方教育附加小于核定减免税总额的，以实际应缴纳的营业税、城市维护建设税、教育费附加、地方教育附加为限；实际应缴纳的营业税、城市维护建设税、教育费附加和地方教育附加大于核定减免税总额的，以核定减免税总额为限。

纳税年度终了，如果纳税人实际减免的营业税、城市维护建设税、教育费附加和地方教育附加小于核定的减免税总额，纳税人在企业所得税汇算清缴时，以差额部分扣减企业所得税。当年扣减不足的，不再结转以后年度扣减。

减免税总额 = ∑每名失业人员本年度在本企业工作月份 ÷12× 定额

企业、民办非企业单位自吸纳失业人员的次月起享受税收优惠政策。

2. 第二年及以后年度当年新招用人员、原招用人员及其工作时间按上述程序和办法执行。每名失业人员享受税收优惠政策的期限最长不超过 3 年。

（三）税收减免备案

1. 经县以上人力资源社会保障部门核实后，纳税人依法享受税收优惠政策。纳税人持县以上人力资源社会保障部门核发的《企业实体吸纳失业人员认定证明》《持〈就业失业登记证〉人员本年度实际工作时间表》和税务机关要求的其他材料，在享受税收优惠政策后的当月向主管税务机关备案。

2. 企业、民办非企业单位纳税年度终了前招用失业人员发生变化的，应当在人员变化次月按照前项规定重新备案。

三、管理

（一）严格各项凭证的审核发放。任何单位或个人不得伪造、涂改、转让、出租相关凭证，违者将依法予以惩处；对采取上述手段已经获取减免税的企业、民办非企业单位和个人，主管税务机关要追缴其已减免的税款，并依法予以处罚；对出借、转让《就业失业登记证》的人员，主管人力资源社会保障部门要收回其《就业失业登记证》并记录在案。

（二）《就业失业登记证》采用实名制，限持证者本人使用。创业人员从事个体经营的，《就业失业登记证》由本人保管；被用人单位录用的，享受税收优惠政策期间，证件由用人单位保管。《就业失业登记证》由人力资源社会保障部统一样式，各省、自治区、直辖市人力资源社会保障部门负责印制，统一编号备案，作为审核劳动者就业失业状况和享受政策情况的有效凭证。

（三）《企业实体吸纳失业人员认定证明》由人力资源社会保障部统一式样，各省、自治区、直辖市人力资源社会保障部门统一印制，统一编号备案。

（四）《高校毕业生自主创业证》采用实名制，限持证者本人使用。《高校毕业生自主创业证》由教育部统一样式，各省、自治区、直辖市教育行政部门负责印制，其中注明申领人姓名、身份证号、毕业院校等信息，并粘贴申领人本人照片。

（五）县以上税务、财政、人力资源社会保障、教育、民政部门要建立劳动者就业信息交换和协查制度。人力资源社会保障部建立全国统一的就业信息平台，供各级人力资源社会保障、税务、财政、民政部门查询《就业失业登记证》信息。地方各级人力资源社会保障部门要及时将《就业失业登记证》信息（包括发放信息和内容更新信息）按规定上报人力资源社会保障部。教育部门要按季将《高校毕业生自主创业证》发放情况以电子、纸质文件等形式通报同级人力资源社会保障部门和税务机关。

（六）主管税务机关应当在纳税人备案时，在《就业失业登记证》中加盖戳记，注明减免税所属时间。各级税务机关对《就业失业登记证》有疑问的，可提请同级人力资源社会保障部门予以协查，同级人力资源社会保障部门应根据具体情况规定合理的工作时限，并在时限内将协查结果通报提请协查的税务机关。

四、本公告自2014年1月1日起施行。《国家税务总局财政部人力资源社会保障部教育部关于支持和促进就业有关税收政策具体实施问题的公告》（国家税务总局公告2010年第25号）同时废止。

特此公告。

附件：持《就业失业登记证》人员本年度实际工作时间表（略）

中国残疾人联合会 民政部 关于促进助残社会组织发展的指导意见

（残联发〔2014〕66号 2014年11月20日）

各省、自治区、直辖市及计划单列市残联、民政厅（局），新疆生产建设兵团残联、民政局：

多年来，助残社会组织为维护残疾人合法权益、健全残疾人公共服务体系、促进残疾人事业发展、实现残疾人安居乐业、衣食无忧、过上幸福美好生活目标作出了积极贡献。但从总体看，由于认识的局限性、体制机制不健全、扶持力度不够、规范管理不到位等原因，助残社会组织依然存在数量少、规模小、服务质量参差不齐、作用发挥有待提高等问题，与广大残疾人的迫切需求和创新社会治理的要求相比还有较大差距。为贯彻落实党的十八大和十八届三中、四中全会精神，进一步引导助残社会组织健康有序规范发展，更好地满足残疾人多层次、个性化、类别化需求，现就促进助残社会组织发展提出如下意见：

一、改革登记管理制度

贯彻落实《国务院机构改革和职能转变方案》有关精神，将助残社会组织纳入公益慈善类等社会组织范畴，实行直接登记制度。重点引导在残疾人基本生活、医疗康复、教育就业、托养服务、扶贫济困、法律救助、文化体育、无障碍建设、社工服务等方面提供服务的社会组织，成立这些社会组织可直接向民政部门依法申请登记。在法律法规允许的范围内，积极做好基层助残社会组织登记服务工作，简化登记程序，为助残社会组织登记提供便利条件。

二、推进政府购买服务

贯彻落实《国务院办公厅关于政府向社会力量购买服务的指导意见》（国办发〔2013〕96号）和财政部、民政部、中国残联等部门《关于做好政府购买残疾人服务试点工作的意见》（财社〔2014〕13号）的精神，积极开展政府购买助残社会组织服务试点工作并逐步推广试点经验，将适合由社会组织开展的残疾人服务工作通过购买服务项目、服务岗位等形式交由助残社会组织承担。不断探索和完善政府购买助残社会组织服务的服务内容、服务方式、标准规范、监管机制、绩效评价和保障措施等。各级残联、民政部门要积极会同财政等部门不断完善政府向社会组织购买残疾人服务的目录，制定具备承接项目资质的助残社会组织的规范和标准，为政府购买残疾人服务提供服务平台和依据，推动政府购买服务规范化、制度化、法制化。

三、优化发展环境

建立健全助残社会组织孵化培育机制，支持助残社会组织优先进驻现有社会组织孵化培育中心，探索整合利用各级残联、民政部门现有综合服务设施或服务场地，为初创期助残社会组织提供支持。加大财政金融支持力度，建立健全财政性资金对助残社会组织的扶持机制。积极协调有关部门落实促进助残社会组织发展的各项财税优惠政策。鼓励有条件的助残社会组织参与国际合作与交流。激励、引导各种社会力量、社会资金资助支持或捐资设立助残社会组织。充分利用各种媒体，广泛宣传促进助残社会组织发展的重要意义、主要内容、政策措施，加强助残社会组织理论研究和文化建设，营造关心、理解、支持助残社会组织健康有序发展的良好社会氛围。

四、加强规范管理

进一步做好助残社会组织的年度检查和等级评估工作，并将其结果作为承接政府购买服务、接受财政补贴、享受相关优惠政策等的重要依据。加大执法监察力度，加强资金监管，建立和完善退出机制。强化基础管理建设，充分发挥民政部门社会组织管理信息系统和各级残联助残社会组织统计台账信息系统作用，为促进助残社会组织发展提供基础信息保障。引导助残社会组织在自愿基础上成立自律性联合组织，发挥管理服务中的枢纽作用，建立助残社会组织服务标准、行为准则和行业自律规则，增强自我约束、自我管理、自我监督能力。推进信息公开，加强职业道德建设和廉洁自律建设，提升助残社会组织公信力。将助残社会组织公益服务和自律建设情况纳入征信管理系统，建立奖诚信罚失信的奖惩机制。

五、强化自身建设

督促助残社会组织建立健全以章程为核心的各项规章制度，完善现代社会组织法人治理结构，建立健全民主机制，推进民主选举、民主决策、民主管理、民主监督，加强法治化、规范化建设，提升依法治理能力。帮助助残社会组织加大员工的培养和优秀人才的引进力度，畅通员工职称评定渠道，不断提升其专业水平和服务能力。建立助残社会组织专家人才库和专家咨询评审委员会，为开展助残社会组织工作提供人才和智力支持。加强助残社会组织党建工作，充分发挥党组织战斗堡垒作用和党员先锋模范作用。推进协商民主机制建设，鼓励助残社会组织依法依规参政议政，提高其对残疾人公共事务的参与度。

六、建立健全各司其职、协调配合的工作机制

各级残联及所属的残疾人服务机构、有关残疾人专门协会要充分利用在残疾人服务领域的资源和专业优势，开展助残社会组织的业务指导、人员培训、政策咨询、智力引进、服务购买等工作，协助政府相关部门做好助残社会组织的服务管理。各级社会组织登记管理机关要切实履行职责，将促进助残社会组织发展作为推动政府职能转变、完善社会服务体系、创新社会治理体制的重要内容，重点培育、优先发展，强化评估、规范和监督，加强与相关部门的统筹协调。各级残联、民政部门要加强合作、及时沟通、明确职责、密切配合，共同推进助残社会组织健康有序可持续发展。

本意见所称助残社会组织，是指在民政部门依法登记，以为残疾人提供服务、增进残疾人福利、促进残疾人平等参与社会生活和共享社会发展成果为宗旨，以开展残疾人所需的各项服务为主要业务的社会团体、民办非企业单位和基金会。

财政部 民政部关于支持和规范社会组织承接政府购买服务的通知

（财综〔2014〕87号　2014年11月25日）

各省、自治区、直辖市、计划单列市财政厅（局）、民政厅（局），新疆生产建设兵团财务局、民政局：

为全面贯彻落实党的十八届三中全会精神，加快转变政府职能，推广政府购买服务，激发社会组织活力，根据《中共中央关于全面深化改革若干重大问题的决定》、《国务院办公厅关于政府向社会力量购买服务的指导意见》（国办发〔2013〕96号）有关要求，现就支持和规范社会组织承接政府购买服务有关工作通知如下：

一、充分认识社会组织在政府购买服务中的重要作用

党的十八届三中全会提出，适合由社会组织提供的公共服务和解决的事项，交由社会组织承担，对社会组织承接政府购买服务工作提出了新的更高要求。

改革开放以来，我国社会组织稳步发展，秉持非营利性、公益性和公共性原则，在教育科技、健康卫生、文化体育、社会福利、社会治理等公共服务领域发挥了重要作用，已成为社会治理和社会事业的重要主体。充分发挥社会组织在公共服务供给中的独特功能和积极作用，有利于加快转变政府职能，创新公共服务供给方式，提高公共服务供给水平和效率；有利于培育和引导社会组织，加快形成政社分开、权责明确、依法自治的现代社会组织体制；有利于推动整合利用社会资源，增强公众参与意识，激发社会发展活力。

随着政府购买服务工作的推进，社会组织承接政府公共服务能力不足的问题日益显现。突出表现为，社会组织在数量、规模等方面相对滞后，专业素质不够高，内部治理不健全，政社不分、管办一体、责任不清，独立运作能力较弱，社会公信力偏低，筹集和整合社会资源能力不强，这些问题成为影响社会组织承接政府购买服务工作的重要因素。各地要认真贯彻落实党的十八届三中全会精神，按照国办发〔2013〕96号文件的要求，在推广政府购买服务改革中，将提升社会组织公共服务能力作为开展政府购买服务的基础性工作，支持和引导社会组织健康有序发展，充分发挥社会组织在承接政府购买服务中的主体作用。

二、加大对社会组织承接政府购买服务的支持力度

（一）加强社会组织培育发展。加快培育一批独立公正、行为规范、运作有序、公信力强、适应社会主义市场经济发展要求的社会组织。重点培育和优先发展行业协会商会类、科技类、公益慈善类、城乡社区服务类社会组织。统筹利用现有公共服务设施，以适当方式为社会组织开展服务创造必要条件，大力支持社会组织积极参与政府购买公共服务活动。各地要根据本地区经济社会发展情况和社会组织需要，为社会组织充分发挥作用给予政策支持和引导，提升社会组织自主发展、自我管理、筹资和社会服务等能力。鼓励采取孵化培育、人员培训、项目指导、公益创投等多种途径和方式，提升社会组织承接政府购买服务的能力。

（二）按照突出公共性和公益性原则，逐步扩大承接政府购买服务的范围和规模。充分发挥社会组织在公共服务供给中的独特功能和作用，在购买民生保障、社会治理、行业管理等公共服务项目时，同等条件下优先向社会组织购买。在民生保障领域，重点购买社会事业、社会福利、社会救助等服务项目。在社会治理领域，重点购买社区服务、社会工作、法律援助、特殊群体服务、矛盾调解等服务项目。在行业管理领域，重点购买行业规范、行业评价、行业统计、行业标准、职业评价、等级评定等服务项目。公平对待社会组织承接政府购买服务，鼓励社会组织进入法律法规未禁入的公共服务行业和领域，形成公共服务供给的多元化发展格局，满足人民群众多样化需求。

（三）探索多种有效方式，加大社会组织承接政府购买服务支持力度。按照政府采购法和国办发〔2013〕96号文件规定，采用公开招标、邀请招标、竞争性谈判、单一来源采购等方式确定承接主体，有针对性地培育和发展一批社会组织，促进社会组织的发展。有条件的地方可推广利用财政资金支持社会组织参与服务示范项目，逐步加大政府向社会组织购买服务的力度，适合采取市场化方式提供、社会组织能够承担的公共服务，都可以由社会组织参与、承接，所需资金按照预算管理要求在财政预算安排中统筹考虑。引导、支持社会组织募集资金参与服务。贯彻落实国家对社会组织各项税收优惠政策，符合条件的社会组织按照有关税收法律法规规定，享受相关税收优惠。

三、进一步建立健全社会组织承接政府购买服务信用记录管理机制

（一）社会组织承接政府购买服务应当具备以下条件：具有独立承担民事责任的能力；具有开展工作所必需的条件，具有固定的办公场所，有必要的专职工作人员；具有健全的法人治理结构，完善的内部管理、信息公开和民主监督制度；有完善的财务核算和资产管理制度，有依法缴纳税收、社会保险费的良好记录；近三年内无重大违法记录；法律、行政法规规定的其他条件。

（二）社会组织在承接政府购买服务时，应当按要求提供登记证书、年检结论、年度报告、财务审计报告、依法缴纳税收和社会保险费，无重大违法记录的声明等相关证明材料，供购买主体审查。购买主体可根据购买内容的特点规定社会组织的特定条件，但不得对承接主体实行歧视性差别待遇。

（三）按照公开、公正、公平原则，推进社会组织登记管理和承接政府购买服务的信息公开和信息共享，加强政府向社会组织购买服务的绩效管理和绩效评价。建立健全由购买主体、服务对象及专业机构组成的综合性评价机制。各级财政部门要配合购买主体及相关机构加强政府购买服务活动的监管和绩效评价，在推广政府购买服务过程中，对守信社会组织予以支持和激励，对失信社会组织予以限制和禁止。各级民政部门要建立完善社会组织信用体系，协助核实社会组织的资质及相关条件，及时收录承接政府购买服务的社会组织绩效评价结果和对违法社会组织的处罚决定等内容，每年按时向社会公布社会组织名录和信用记录。有关部门要将社会组织承接政府购买服务情况纳入年检、评估和执法工作体系，加大对违法违规行为的执法监管力度。

四、切实做好社会组织承接政府购买服务的组织实施

各地要建立健全部门联动机制，统筹规划、协调指导政府向社会组织购买服务工作。及时披露、公开信息，鼓励社会监督，充分调动社会参与的积极性。要结合实际，制定支持和规范社会组织承接政府购买服务的具体政策，确保工作落到实处，取得成效。切实加强调查研究，认真总结好经验、好做法，及时发现并解决政府向社会组织购买服务工作中出现的问题。

执行中遇到的新情况和重大问题，以及有关意见和建议，请及时报送财政部、民政部。

财政部 民政部 工商总局关于印发《政府购买服务管理办法（暂行）》的通知

（财综〔2014〕96 号　2014 年 12 月 15 日）

党中央有关部门，国务院各部委、各直属机构，全国人大常委会办公厅，全国政协办公厅，高法院，高检院，有关人民团体，各民主党派中央，全国工商联，各省、自治区、直辖市、计划单列市财政厅（局）、民政厅（局）、工商行政管理局，新疆生产建设兵团财务局、民政局、工商行政管理局：

根据党的十八届三中全会有关精神和《国务院办公厅关于政府向社会力量购买服务的指导意见》（国办发〔2013〕96 号）部署，为加快推进政府购买服务改革，我们制定了《政府购买服务管理办法（暂行）》。现印发给你们，请认真贯彻执行。

附件

政府购买服务管理办法（暂行）

第一章　总　则

第一条　为了进一步转变政府职能，推广和规范政府购买服务，更好发挥市场在资源配置中的决定性作用，根据《中华人民共和国预算法》、《中华人民共和国政府采购法》、《中共中央关于全面深化改革若干重大问题的决定》、《国务院办公厅关于政府向社会力量购买服务的指导意见》（国办发〔2013〕96号）等有关要求和规定，制定本办法。

第二条　本办法所称政府购买服务，是指通过发挥市场机制作用，把政府直接提供的一部分公共服务事项以及政府履职所需服务事项，按照一定的方式和程序，交由具备条件的社会力量和事业单位承担，并由政府根据合同约定向其支付费用。

政府购买服务范围应当根据政府职能性质确定，并与经济社会发展水平相适应。属于事务性管理服务的，应当引入竞争机制，通过政府购买服务方式提供。

第三条　政府购买服务遵循以下基本原则：

（一）积极稳妥，有序实施。从实际出发，准确把握社会公共服务需求，充分发挥政府主导作用，探索多种有效方式，加大社会组织承接政府购买服务支持力度，增强社会组织平等参与承接政府购买公共服务的能力，有序引导社会力量参与服务供给，形成改善公共服务的合力。

（二）科学安排，注重实效。突出公共性和公益性，重点考虑、优先安排与改善民生密切相关、有利于转变政府职能的领域和项目，明确权利义务，切实提高财政资金使用效率。

（三）公开择优，以事定费。按照公开、公平、公正原则，坚持费随事转，通过公平竞争择优选择方式确定政府购买服务的承接主体，建立优胜劣汰的动态调整机制。

（四）改革创新，完善机制。坚持与事业单位改革、社会组织改革相衔接，推进政事分开、政社分开，放宽市场准入，凡是社会能办好的，都交给社会力量承担，不断完善体制机制。

第二章　购买主体和承接主体

第四条　政府购买服务的主体（以下简称购买主体）是各级行政机关和具有行政管理职能的事业单位。

第五条　党的机关、纳入行政编制管理且经费由财政负担的群团组织向社会提供的公共服务以及履职服务，可以根据实际需要，按照本办法规定实施购买服务。

第六条　承接政府购买服务的主体（以下简称承接主体），包括在登记管理部门登记或经国务院批准免予登记的社会组织、按事业单位分类改革应划入公益二类或转为企业的事业单位，依法在工商管理或行业主管部门登记成立的企业、机构等社会力量。

第七条　承接主体应当具备以下条件：

（一）依法设立，具有独立承担民事责任的能力；

（二）治理结构健全，内部管理和监督制度完善；

（三）具有独立、健全的财务管理、会计核算和资产管理制度；

（四）具备提供服务所必需的设施、人员和专业技术能力；

（五）具有依法缴纳税收和社会保障资金的良好记录；

（六）前三年内无重大违法记录，通过年检或按要求履行年度报告公示义务，信用状况良好，未被列入经营异常名录或者严重违法企业名单；

（七）符合国家有关政事分开、政社分开、政企分开的要求；

（八）法律、法规规定以及购买服务项目要求的其他条件。

第八条　承接主体的资质及具体条件，由购买主体根据第六条、第七条规定，结合购买服务内容具体需求确定。

第九条　政府购买服务应当与事业单位改革相结合，推动事业单位与主管部门理顺关系和去行政化，推进有条件的事业单位转为企业或社会组织。

事业单位承接政府购买服务的，应按照“费随事转”原则，相应调整财政预算保障方式，防止出现既通过财政拨款养人办事，同时又花钱购买服务的行为。

第十条 购买主体应当在公平竞争的原则下鼓励行业协会商会参与承接政府购买服务，培育发展社会组织，提升社会组织承担公共服务能力，推动行业协会商会与行政机构脱钩。

第十一条 购买主体应当保障各类承接主体平等竞争，不得以不合理的条件对承接主体实行差别化歧视。

第三章 购买内容及指导目录

第十二条 政府购买服务的内容为适合采取市场化方式提供、社会力量能够承担的服务事项。政府新增或临时性、阶段性的服务事项，适合社会力量承担的，应当按照政府购买服务的方式进行。不属于政府职能范围，以及应当由政府直接提供、不适合社会力量承担的服务事项，不得向社会力量购买。

第十三条 各级财政部门负责制定本级政府购买服务指导性目录，确定政府购买服务的种类、性质和内容。

财政部门制定政府购买服务指导性目录，应当充分征求相关部门意见，并根据经济社会发展变化、政府职能转变及公众需求等情况及时进行动态调整。

第十四条 除法律法规另有规定外，下列服务应当纳入政府购买服务指导性目录：

（一）基本公共服务。公共教育、劳动就业、人才服务、社会保险、社会救助、养老服务、儿童福利服务、残疾人服务、优抚安置、医疗卫生、人口和计划生育、住房保障、公共文化、公共体育、公共安全、公共交通运输、三农服务、环境治理、城市维护等领域适宜由社会力量承担的服务事项。

（二）社会管理性服务。社区建设、社会组织建设与管理、社会工作服务、法律援助、扶贫济困、防灾救灾、人民调解、社区矫正、流动人口管理、安置帮教、志愿服务运营管理、公共公益宣传等领域适宜由社会力量承担的服务事项。

（三）行业管理与协调性服务。行业职业资格和水平测试管理、行业规范、行业投诉等领域适宜由社会力量承担的服务事项。

（四）技术性服务。科研和技术推广、行业规划、行业调查、行业统计分析、检验检疫检测、监测服务、会计审计服务等领域适宜由社会力量承担的服务事项。

（五）政府履职所需辅助性事项。法律服务、课题研究、政策（立法）调研草拟论证、战略和政策研究、综合性规划编制、标准评价指标制定、社会调查、会议经贸活动和展览服务、监督检查、评估、绩效评价、工程服务、项目评审、财务审计、咨询、技术业务培训、信息化建设与管理、后勤管理等领域中适宜由社会力量承担的服务事项。

（六）其他适宜由社会力量承担的服务事项。

第十五条　纳入指导性目录的服务事项，应当实施购买服务。

第四章　购买方式及程序

第十六条　购买主体应当根据购买内容的供求特点、市场发育程度等因素，按照方式灵活、程序简便、公开透明、竞争有序、结果评价的原则组织实施政府购买服务。

第十七条　购买主体应当按照政府采购法的有关规定，采用公开招标、邀请招标、竞争性谈判、单一来源采购等方式确定承接主体。

与政府购买服务相关的采购限额标准、公开招标数额标准、采购方式审核、信息公开、质疑投诉等按照政府采购相关法律制度规定执行。

第十八条　购买主体应当在购买预算下达后，根据政府采购管理要求编制政府采购实施计划，报同级政府采购监管部门备案后开展采购活动。

购买主体应当及时向社会公告购买内容、规模、对承接主体的资质要求和应提交的相关材料等相关信息。

第十九条　按规定程序确定承接主体后，购买主体应当与承接主体签订合同，并可根据服务项目的需求特点，采取购买、委托、租赁、特许经营、战略合作等形式。

合同应当明确购买服务的内容、期限、数量、质量、价格等要求，以及资金结算方式、双方的权利义务事项和违约责任等内容。

第二十条　购买主体应当加强购买合同管理，督促承接主体严格履行合同，及时了解掌握购买项目实施进度，严格按照国库集中支付管理有关规定和合同执行进度支付款项，并根据实际需求和合同规定积极帮助承接主体做好与相关政府部门、服务对象的沟通、协调。

第二十一条 承接主体应当按合同履行提供服务的义务，认真组织实施服务项目，按时完成服务项目任务，保证服务数量、质量和效果，主动接受有关部门、服务对象及社会监督，严禁转包行为。

第二十二条 承接主体完成合同约定的服务事项后，购买主体应当及时组织对履约情况进行检查验收，并依据现行财政财务管理制度加强管理。

第五章 预算及财务管理

第二十三条 政府购买服务所需资金，应当在既有财政预算中统筹安排。购买主体应当在现有财政资金安排的基础上，按规定逐步增加政府购买服务资金比例。对预算已安排资金且明确通过购买方式提供的服务项目，按相关规定执行；对预算已安排资金但尚未明确通过购买方式提供的服务项目，可以根据实际情况转为通过政府购买服务方式实施。

第二十四条 购买主体应当充分发挥行业主管部门、行业组织和专业咨询评估机构、专家等专业优势，结合项目特点和相关经费预算，综合物价、工资、税费等因素，合理测算安排政府购买服务所需支出。

第二十五条 财政部门在布置年度预算编制工作时，应当对购买服务相关预算安排提出明确要求，在预算报表中制定专门的购买服务项目表。

购买主体应当按要求填报购买服务项目表，并将列入集中采购目录或采购限额标准以上的政府购买服务项目同时反映在政府采购预算中，与部门预算一并报送财政部门审核。

第二十六条 财政部门负责政府购买服务管理的机构对购买主体填报的政府购买服务项目表进行审核。

第二十七条 财政部门审核后的购买服务项目表，随部门预算批复一并下达给相关购买主体。购买主体应当按照财政部门下达的购买服务项目表，组织实施购买服务工作。

第二十八条 承接主体应当建立政府购买服务台账，记录相关文件、工作计划方案、项目和资金批复、项目进展和资金支付、工作汇报总结、重大活动和其它有关资料信息，接受和配合相关部门对资金使用情况进行监督检查及绩效评价。

第二十九条 承接主体应当建立健全财务制度，严格遵守相关财政财务规定，对购买服务的项目资金进行规范的财务管理和会计核算，加强自身监督，确保资金规范管理和使用。

第三十条 承接主体应当建立健全财务报告制度，按要求向购买主体提供资金的使用情况、项目执行情况、成果总结等材料。

第六章 绩效和监督管理

第三十一条 财政部门应当按照建立全过程预算绩效管理机制的要求，加强成本效益分析，推进政府购买服务绩效评价工作。

财政部门应当推动建立由购买主体、服务对象及专业机构组成的综合性评价机制，推进第三方评价，按照过程评价与结果评价、短期效果评价与长远效果评价、社会效益评价与经济效益评价相结合的原则，对购买服务项目数量、质量和资金使用绩效等进行考核评价。评价结果作为选择承接主体的重要参考依据。

第三十二条 财政、审计等有关部门应当加强对政府购买服务的监督、审计，确保政府购买服务资金规范管理和合理使用。对截留、挪用和滞留资金以及其他违反本办法规定的行为，依照《中华人民共和国政府采购法》、《财政违法行为处罚处分条例》等国家有关规定追究法律责任；涉嫌犯罪的，依法移交司法机关处理。

第三十三条 民政、工商管理及行业主管等部门应当按照职责分工将承接主体承接政府购买服务行为信用记录纳入年检（报）、评估、执法等监管体系，不断健全守信激励和失信惩戒机制。

第三十四条 购买主体应当加强服务项目标准体系建设，科学设定服务需求和目标要求，建立服务项目定价体系和质量标准体系，合理编制规范性服务标准文本。

第三十五条 购买主体应当建立监督检查机制，加强对政府购买服务的全过程监督，积极配合有关部门将承接主体的承接政府购买服务行为纳入年检（报）、评估、执法等监管体系。

第三十六条 财政部门和购买主体应当按照《中华人民共和国政府信息公开条例》、《政府采购信息公告管理办法》以及预算公开的相关规定，公开财政预算及部门和单位的政府购买服务活动的相关信息，涉及国家秘密、商业秘密和个人隐私的信息除外。

第三十七条 财政部门应当会同相关部门、购买主体建立承接主体承接政府购买服务行为信用记录，对弄虚作假、冒领财政资金以及有其他违法违规行为的承接主体，依法给予行政处罚，并列入政府购买服务黑名单。

第七章 附 则

第三十八条 本办法由财政部会同有关部门负责解释。

第三十九条 本办法自 2015 年 1 月 1 日起施行。

五、综合

取缔非法民间组织暂行办法

（中华人民共和国民政部令第21号　2000年4月10日）

第一条　为了维护社会稳定和国家安全，根据《社会团体登记管理条例》和《民办非企业单位登记管理暂行条例》及有关规定，制定本办法。

第二条　具有下列情形之一的属于非法民间组织：（一）未经批准，擅自开展社会团体筹备活动的；（二）未经登记，擅自以社会团体或者民办非企业单位名义进行活动的；（三）被撤销登记后继续以社会团体或者民办非企业单位名义进行活动的。

第三条　社会团体和民办非企业单位登记管理机关（以下统称登记管理机关）负责对非法民间组织进行调查，收集有关证据，依法作出取缔决定，没收其非法财产。

第四条　取缔非法民间组织，由违法行为发生地的登记管理机关负责。

涉及两个以上同级登记管理机关的非法民间组织的取缔，由它们的共同上级登记管理机关负责，或者指定相关登记管理机关予以取缔。

对跨省（自治区、直辖市）活动的非法民间组织，由国务院民政部门负责取缔，或者指定相关登记管理机关予以取缔。

第五条　对非法民间组织，登记管理机关一经发现，应当及时进行调查，涉及有关部门职能的，应当及时向有关部门通报。

第六条　登记管理机关对非法民间组织进行调查时，执法人员不得少于两人，并应当出示证件。

第七条　登记管理机关对非法民间组织进行调查时，有关单位和个人应当如实反映情况，提供有关资料，不得拒绝、隐瞒、出具伪证。

第八条　登记管理机关依法调查非法民间组织时，对与案件有关的情况和资料，可以采取记录、复制、录音、录像、照相等手段取得证据。

在证据可能灭失或者以后难以取得的情况下，经登记管理机关负责人批准可以先行登记保存，并应当在七日内及时作出处理决定，在此期间，当事人或者有关人员不得销毁或者转移证据。

第九条 对经调查认定的非法民间组织，登记管理机关应当依法作出取缔决定，宣布该组织为非法，并予以公告。

第十条 非法民间组织被取缔后，登记管理机关依法没收的非法财物必须按照国家规定公开拍卖或者按照国家有关规定处理。

登记管理机关依法没收的违法所得和没收非法财物拍卖的款项，必须全部上缴国库。

第十一条 对被取缔的非法民间组织，登记管理机关应当收缴其印章、标识、资料、财务凭证等，并登记造册。

需要销毁的印章、资料等，应当经登记管理机关负责人批准，由两名以上执法人员监督销毁，并填写销毁清单。

第十二条 登记管理机关取缔非法民间组织后，应当按照档案管理的有关规定及时将有关档案材料立卷归档。

第十三条 非法民间组织被取缔后，继续开展活动的，登记管理机关应当及时通报有关部门共同查处。

第十四条 本办法自发布之日起施行。

中宣部办公厅 民政部办公厅关于加强对民间组织宣传报道管理的通知

（民办函〔2001〕170号　2001年9月25日）

各省、自治区、直辖市党委宣传部，各省、自治区、直辖市人民政府民政厅（局）：

随着我国社会主义市场经济体制的建立和不断完善，民间组织有了较快发展。各类民间组织在社会政治、经济、科技、文化、体育、卫生等领域发挥着越来越重要的作用。但也出现了一些不容忽视的问题，一些人未经民政部依法登记，擅自以社会团体或民办非企业单位名义组织社会活动，进行违法经营、经济诈骗，甚至从事违法政治活动。尤其值得注意的是，他们在进行非法活动时，采取隐瞒、欺骗的手段，骗取一些新闻单位的信任，为其活动做宣传报道，在社会上产生了极大欺骗性，严重干扰正常的经济秩序，影响社会政治稳定。为了进一步贯彻落实中央关于加强民间组织管理工作的精神，加强对民间组织宣传报道的管理，根据《社会团体登记管理条例》和《民办非企业单位登记管理暂行条例》的规定，现就民间组织宣传报道有关问题通知如下：

一、各级宣传部门和民政部要高度重视民间组织宣传报道工作，增强政治责任和敏锐性，坚持正确的舆论导向，保障社会经济发展和政治稳定，防微杜渐，堵塞漏洞，坚决杜绝为非法民间组织活动作宣传报道。

二、各级民政部门要加强对民间组织的法制宣传教育，不断增强民间组织的法制意识。民间组织召开国际研讨会、举办国际展览会和大型慈善捐赠活动，应严格执行报批制度，持证活动。在邀请或接受新闻单位为其活动进行宣传报道时，要主动向新闻单位出示登记证书及有关部门的批准文件，积极配合新闻单位做好宣传报道工作。

三、各级宣传部门和有关新闻单位要对民间组织宣传工作从严把关，新闻单位在对民间组织开展的活动进行报道前，应首先确认该组织的合法性，验证其是否具有民政部门制发的登记证书及需要有关部门批准的有效文件，经核实无误后再进行报道。对未经民政部门登记，擅自以社会团体或民办非企业单位名义进行活动的非法民间组织，不得公开宣传报道。

四、各级民政部门要进一步健全监管措施，充分利用舆论和社会监督信息，加大管理力度，对非法民间组织和民间组织的违法行为，一经发现，应依法果断予以查处，将其消除在萌芽状态之中。对于查处中的典型案例，通过新闻媒体及时予以曝光。

五、各级民政部门应加强与宣传部门和新闻单位的联系，及时沟通有关情况，共同分析、研究解决工作中的有关问题，按照中央的要求，做好民间组织的宣传报道工作，引导支持民间组织在社会主义物质文明和精神文明建设中建功立业。促进我国社会主义现代化建设事业的顺利进行。

民政部关于促进慈善类民间组织发展的通知

（民函〔2005〕679号　2005年12月8日）

各省（自治区、直辖市）民政厅（局），各计划单列市民政局，新疆生产建设兵团民政局：

为了深入贯彻落实十六届四中、五中全会精神，进一步培育发展慈善类民间组织，发挥其在社会保障事业中的积极作用，构建社会主义和谐社会，通知如下：

一、培育发展慈善事业，是我国物质文明和精神文明建设的需要，是坚持以人为本和落实科学发展观的重要内容，是构建社会主义和谐社会的必然要求。要深刻领会新时期发展慈善事业的重要意义，创造性地做好慈善类民间组织发展工作。

二、培育发展慈善类民间组织，要坚持以群众需求为导向，实行国家鼓励、社会参与、民间自愿的方针，发展与规范并重。各级民政部门应加强组织领导，结合实际工作，制定发展慈善类民间组织的规划，鼓励群众参与慈善事业，解决发展中存在的问题。对于涉及社会福利、社会救助等类型的慈善类民间组织，民政部门可以承担业务主管单位的职能。要在慈善组织成立和运作的初期给予帮助和扶持，有条件的地方，民政部门和业务主管单位可在办公场地、启动资金、项目开展等方面给予慈善类民间组织必要的支持。要充分发挥民间组织登记管理机关和业务主管单位双重管理体制的积极作用。

三、围绕和谐社区和社会主义新农村建设，鼓励慈善类民间组织在乡镇和社区建设中发挥作用。发挥慈善类民间组织在安老扶弱、助残养孤方面的作用，缓解当前社会福利事业资金不足、机构偏少的矛盾；发挥慈善类民间组织在扶危济困、救助赈灾中的作用，引导慈善类民间组织开展医疗、教育、住房、法律援助等专项救助，体现社会关怀。在农村乡镇和城市社区中开展这些活动的慈善类民间组织，不具备法人条件的，登记管理机关可予以备案，免收登记费、公告费；法人条件成熟的，可予以登记。

四、规范慈善类民间组织的行为。制定和完善民间组织年度工作报告制度、评估制度、信息披露制度、财产管理制度和行为准则，督促慈善类民间组织建立以章程为核心的内部治理结构，保证慈善类民间组织民主、规范运行。

五、表彰先进，树立典型。利用多种形式宣传慈善类民间组织的典型事迹，扩大慈善类民间组织的社会认知度，增强社会大众的慈善意识，引导公众积极参与公益慈善事业。

六、加强信息披露工作。指导慈善类民间组织接受社会的监督。凡规定应当披露的信息，应要求慈善类民间组织真实、准确、完整地披露；与捐赠人有合同约定需要披露的，应当严格按合同要求披露。

七、鼓励慈善类民间组织结合自身业务特点和优势，开展活动。善款要专款专用。要提高服务技能，拓展服务领域，把活动深入到基层，使服务对象切实受益。开展多种形式慈善活动，注重慈善项目开发的科学性和针对性，提高组织与动员社会资源的能力，创立慈善项目品牌，重视扩大慈善类民间组织的社会影响。

八、促进慈善类民间组织的人才队伍建设。采取有效措施，帮助慈善类民间组织吸引更多专业人才从事慈善事业，发挥志愿者的作用，形成职业人才与志愿者相结合的人才队伍。

九、登记管理机关要规范登记程序，理顺审批环节，推行政务公开，完善窗口建设。打击假慈善之名，行谋私利、骗钱财之实的行为，以及侵吞和挪用慈善类民间组织财产的行为，维护慈善类民间组织的合法权益。

十、加强对慈善类民间组织的研究。注意总结国内外发展慈善事业的经验。及时发现典型，研究规律，制定方针，推动我国慈善事业的健康发展。

劳动和社会保障部 人事部 民政部 关于事业单位、民间非营利组织工作人员工伤有关问题的通知

（劳社部发〔2005〕36号　2005年12月29日）

各省、自治区、直辖市劳动保障、人事、民政、财政厅（局）：

为保障事业单位、民间非营利组织因工作遭受事故伤害或者患职业病的工作人员依法享受工伤保险待遇，根据《工伤保险条例》规定，经国务院批准，现就有关问题通知如下：

一、事业单位、民间非营利组织工作人员因工作遭受事故伤害或者患职业病的，其工伤范围、工伤认定、劳动能力鉴定、待遇标准等按照《工伤保险条例》规定执行。

二、不属于财政拨款支持范围或没有经常性财政拨款的事业单位、民间非营利组织，参加统筹地区的工伤保险。缴纳工伤保险费所需费用在社会保障缴费中列支。

三、依照或者参照国家公务员制度管理的事业单位、社会团体的工作人员，执行国家机关工作人员的工伤政策。

四、第二条、第三条规定范围以外的事业单位、民间非营利组织，可参加统筹地区的工伤保险，也可按照国家机关工作人员的有关工伤政策执行。具体办法由省级人民政府根据当地经济社会发展和事业单位、民间非营利组织的具体情况确定。

五、本通知自下发之日起施行。参加工伤保险的事业单位、民间非营利组织，其工作人员在本通知下发前已发生工伤的，其原享受的工伤待遇不变。

六、本通知所称民间非营利组织是指社会团体、基金会和民办非企业等单位。

事业单位、民间非营利组织的工伤保险，关系广大职工的切身利益，涉及面广。劳动保障、人事、民政、财政等有关部门要认真履行各自的职责。各地区、各部门要密切配合，加强对事业单位、民间非营利组织工伤保险运行情况的监督和管理，确保事业单位、民间非营利组织工伤保险工作的正常开展，维护职工的合法权益，促进社会稳定和发展。重大问题请及时报告。

民政部关于推进民间组织评估工作的指导意见

（民发〔2007〕127 号　2007 年 8 月 16 日）

各省、自治区、直辖市民政厅（局），计划单列市民政局，新疆生产建设兵团民政局：

为了贯彻党的十六届六中全会关于“发挥各类社会组织提供服务、反映诉求、规范行为的作用”以及“引导各类社会组织加强自身建设，提高自律性和诚信度”的精神，落实《国务院办公厅关于加快推进行业协会商会改革和发展的若干意见》（国办发〔2007〕36 号）关于“加快建立评估机制”、“建立行业协会综合评价体系，定期跟踪评估”的要求，现就建立政府指导、社会参与、独立运作的民间组织综合评估机制，推进民间组织评估工作，提出以下意见：

一、开展民间组织评估工作的重要意义

近年来，随着我国经济发展和社会进步，民间组织得到稳步发展，在提供公共服务、促进公益事业、繁荣文化艺术、发展市场经济等方面发挥了重要作用。但是，一些民间组织在发展中还存在着组织机构不健全、内部治理不完善、组织行为不规范、社会公信力不高等问题。解决这些问题的重要手段是建立民间组织评估机制。做好民间组织评估工作，有利于加强民间组织的自身建设，促进民间组织的自我管理和自我完善；有利于优化政府对民间组织的监督管理，促进监管方式的科学化和规范化；有利于增加民间组织的透明度，强化社会监督，提高民间组织的社会公信力。

二、开展民间组织评估工作的基本要求

（一）指导思想。开展民间组织评估工作要按照政府指导、社会参与、独立运作的总体要求，建立科学合理的评估指标体系，制定公开、公平、公正的评估制度，形成组织健全、程序完备、操作规范、运转协调的评估工作机制，发挥评估的导向、激励和约束作用，促进民间组织健康有序发展。

（二）主要原则。一是分级管理。按照民间组织登记管理权限，各地民政部门负责对本辖区内民间组织评估工作的组织和管理。二是分类评定。根据民间组织类型按照不同指标分别开展评估。三是坚持客观公正。评估的内容、指标、程序、方法等要遵循科学性、客观性、公正性、公开性。四是坚持循序渐进。紧密结合民间组织发展现状和民间组织管理工作实际，因地制宜，先行试点，分步推进，逐步完善。

（三）评估机构。各级民政部门可以根据当地的实际情况组建评估委员会，负责民间组织评估工作的指导协调和监督管理。评估委员会的组成人员要具有代表性、专业性和权威性。民间组织评估的具体工作可以通过建立或委托相应的评估机构进行操作。

（四）评估内容。民间组织评估要按照组织类型分类开展，社会团体、基金会开展综合评估，民办非企业单位开展诚信评估。评估内容从基础条件、组织建设、工作绩效（自律与诚信建设）、社会评价等方面进行评估。各地可以参考民政部制订的民间组织评估指标体系（见附件），结合本地实际，制订科学、有效、可行的具体评估指标及实施细则。

（五）评估程序。民间组织评估要遵循被评估单位自我评估、评估机构评估、评估委员会审核、评估委员会公示评估结论、民政部门确认评估结果并颁发证书和牌匾的基本程序。各地可以据此制定具体的实施程序，评估程序要公正、合理、公开。

（六）评估等级。民间组织评估结果等级从高到低依次为5A（AAAAA）、4A（AAAA）、3A（AAA）、2A（AA）、1A（A）。证书和牌匾的样式由民政部统一制定。民间组织评估结果要实施动态管理，设定科学的有效期限和相应的淘汰机制。要建立相应的奖励和激励机制，根据评估结果及有关规定给予政策优惠、资助或奖励。各地4A以上等级（含4A级）的民间组织评估结论需要报民政部备案。

三、加强对民间组织评估工作的领导

（一）各级民政部门要充分认识开展民间组织评估工作的重要意义，将民间组织评估工作作为当前和今后一段时期民间组织管理工作的一项重要内容，高度重视，周密部署，积极动员，统筹协调，根据民间组织管理工作实际，有效结合民间组织管理重点工作和专项工作，积极稳妥地推进民间组织评估工作。

（二）各级民政部门要加强与民间组织业务主管单位、相关政府部门及科研机构的沟通与合作，主动听取各部门的意见和建议，共同推进民间组织评估工作。

（三）各级民政部门要加强对民间组织评估工作的宣传和培训，帮助广大民间组织和社会公众增加评估知识，提高对评估工作的认识，消除疑虑，扩大共识，营造有利的舆论环境。

（四）各级民政部门要采取切实措施为民间组织评估工作创造必要的条件，在人员、经费等方面给予保障，加强对民间组织评估机构的监督和管理，不得因为评估工作加重民间组织的负担。各地要及时总结经验，不断完善评估机制，充实评估内容，提高工作水平。

附件：

1. 行业性社会团体评估指标（略）
2. 公益性社会团体评估指标（略）
3. 学术性社会团体评估指标（略）
4. 联合性社会团体评估指标（略）
5. 基金会评估指标（略）
6. 民办非企业单位诚信评估指标（略）

民政部关于印发《全国性民间组织评估实施办法》的通知

（民函〔2007〕232号　2007年8月16日）

各全国性民间组织业务主管单位：

为贯彻落实党的十六届六中全会关于“引导各类社会组织加强自身建设，提高自律性和诚信度”的精神，增强民间组织服务社会功能，提高民间组织社会公信力，促进民间组织健康有序地发展，现将《全国性民间组织评估实施办法》印发给你们，请做好评估的宣传和动员实施工作。

全国性民间组织评估实施办法

为做好全国性民间组织评估工作，规范评估程序，促进民间组织健康有序地发展，制定本办法。

第一条　全国性民间组织评估，是指依照一定的程序，根据相关指标体系，对全国性民间组织进行全面、综合的分析和评判。

第二条　全国性民间组织评估工作，遵循政府指导、社会参与、分类评定、动态管理、客观公正的原则。

第三条　全国性民间组织评估不收取评估费用，所需经费由民间组织管理工作专项经费列支。

第四条　凡依法经民政部登记满一年以上的全国性社会团体、基金会、民办非企业单位均可参加评估。

第五条 全国性民间组织有下列情形之一的，评估机构不予评估：

（一）连续 2 年不参加年检的；

（二）上年度年检不合格的；

（三）上年度被登记管理机关处罚过的；

（四）全国性民间组织评估委员会认为其他不符合评估条件的。

第六条 民政部设立全国性民间组织评估委员会，并负责对全国性民间组织评估委员会的管理、监督工作。

第七条 全国性民间组织评估委员会是民间组织评估工作期间的非常设机构，根据民政部的授权，负责民间组织评估的审定工作。其主要职责：

（一）对评估小组的初审结果进行审核；

（二）公示评估结果，发布评估结果公告；

（三）负责将审核意见和评估结果报送民政部。

第八条 全国性民间组织评估委员会由 11—15 名委员组成，设主任 1 名、副主任 2—3 名。委员由有关政府部门、研究机构和社会组织推荐，民政部聘任。

第九条 全国性民间组织评估委员会对审核结果进行表决，表决采取记名投票方式，每位委员 1 票，设同意票和反对票，不得弃权，投票结果以超过到会委员半数以上为准。每位委员须在审核意见和表决结果资料上签名确认。

第十条 全国性民间组织评估委员会委员应当符合下列条件：

（一）熟悉民间组织管理工作法律法规和方针政策；

（二）坚持原则，公正廉洁，忠于职守；

（三）精通业务，在所从事的领域内有较高声誉。

第十一条 全国性民间组织评估委员会的日常工作由民政部民间组织服务中心承担。其主要职责：

（一）制定评估工作程序和实施方案；

（二）建立评估专家数据库，聘请评估专家；

（三）接受民间组织评估申报材料，并对其参评资格进行审核；

（四）组织评估小组进行实地考察和初评；

（五）受理复核申请和社会检举。

第十二条 民间组织评估专家由民间组织登记管理机关、业务主管单位、政府有关部门、民间组织科研机构、会计师事务所、律师事务所和民间组织等有关专家组成。

第十三条 民间组织评估专家应当符合下列条件：

（一）熟悉民间组织管理工作法律法规和方针政策，具有丰富的专业知识；

（二）坚持原则，公道正派，廉洁自律；

（三）敬业合作，认真履行职责。

第十四条 全国性民间组织评估委员会和评估小组在评估工作中，应严格遵照评估标准和本办法的规定，不得随意简化评审流程，在评估结果公布前不得对外泄露评审情况。

第十五条 全国性民间组织评估工作依照下列程序进行：

（一）发布评估通知或公告；

（二）参评民间组织在规定时间内完成自评，并将自评材料报送全国性民间组织评估委员会；

（三）对申报参加评估的全国性民间组织的参评资格和提交的自评材料进行审核；

（四）组织进行实地考察和初评；

（五）全国性民间组织评估委员会对初评材料进行审核，作出结论；

（六）将评估结论向社会公示；

（七）民政部根据全国性民间组织评估委员会的评估结论和公示结果，授予评估等级，并颁发证书和牌匾。

第十六条 被评估民间组织对评估结果有异议的，可以自收到通知书之日起 15 日内向全国性民间组织评估委员会申请复核，全国性民间组织评估委员会自接到复核申请之日起 60 日内，给予书面答复。

第十七条 民间组织评估结果分为 5 个等级，依次为 5A 级（AAAAA）、4A 级（AAAA）、3A 级（AAA）、2A 级（AA）、1A 级（A）。

评估等级证书和牌匾的名称为“等级＋民间组织类别”。

第十八条 获得评估等级的民间组织应当将等级牌匾悬挂在服务场所或办公场所的明显位置，也可以在开展对外活动和宣传时，将评估等级证书作为信誉证明出示。

第十九条 民间组织评估等级有效期3年。在有效期内，获得等级的民间组织，可依照有关规定给予奖励；获得3A级（含3A级）以上的民间组织，可优先享受政府购买服务等有关政策。

第二十条 参加评估的民间组织在评估中，应积极予以配合，如实提供有关情况和资料。对提供虚假情况和资料，或者与评估机构及人员串通作弊，致使评估结果失实的，由民政部宣布评估结果无效，并给予通报。

第二十一条 民间组织在获得评估等级有效期内，出现年检不合格记录或违纪违法行为的，民政部将视情节轻重，降低或者取消其评估等级，并予以公告。

第二十二条 被取消评估等级的民间组织须在收到通知书之日起10日内将评估等级证书和牌匾退回民政部；被降低评估等级的民间组织须在收到通知书之日起15日内将评估等级证书和牌匾退回民政部，换发相应的评估等级证书和牌匾。拒不退回（换）的，由民政部公告作废。

第二十三条 全国性民间组织评估委员会委员、评估专家在民间组织评估工作中，玩忽职守、弄虚作假、徇私舞弊，致使评估结果有失公正的，取消其全国性民间组织评估委员会委员或者评估专家资格，并按照有关规定处理。

第二十四条 评估指标、评分细则、评估申报书、等级证书、牌匾式样等，由民政部统一制定。

民政部办公厅关于修改民政事业统计台账民间组织分类的通知

（民办函〔2007〕210号　2007年8月28日）

各省、自治区、直辖市民政厅（局），计划单列市民政局，新疆生产建设兵团民政局：

为加强对民间组织的分类指导，更好地与国民经济行业分类标准及联合国推荐的非营利组织分类标准衔接，我们对现行的2006年《民政事业统计台账》中的民间组织分类方法进行了修订，以便及时分析和判断民间组织管理过程中存在的问题，为民间组织健康发展创造条件。

各地要高度重视民间组织的统计工作，做好新旧台卡的数据转换和衔接，确保统计数据的质量。

附件1. 民间组织分类标准及指标解释

附件2. 07版民非分类与08版民非分类对照表

附件 1

民间组织分类标准及指标解释

大类	门类	代码	类别名称	指标解释
经济	S	1.	工商服务业	从事工业、商业、服务业等经济类组织，包括商会
	S	2.	农业及农村发展	直接为农业及农村发展服务的组织
科学研究	M	3.	科学研究	从事自然科学、社会科学研究的组织，包括思想政治工作研究会
社会事业	P	4.	教育	从事各种教育活动的组织
	Q	5.	卫生	从事各种医疗、卫生、保健服务的组织
	R	6.	文化	从事文学、艺术、娱乐、收藏、新闻、媒体、出版等方面的组织
	R	7.	体育	从事各种体育运动、健身活动的组织
	N	8.	生态环境	从事动物、植物保护，环境保护以及环境治理的组织
慈善	Q	9.	社会服务	从事社会福利、救灾救助、社会保障及社会事务的组织
综合	S	10.	法律	从事各种法律研究、咨询、援助、代理的组织
	S	11.	宗教	各类宗教及宗教交流组织
	S	12.	职业及从业者组织	职业协会、专门行业从事者组织
	T	13.	国际及涉外组织	国际性非营利组织、外国商会、境外非营利组织驻华机构等
	K	14.	其他	校友会、友好协会，及其他未列明的组织

附件 2

07 版民非分类与 08 版民非分类对照表

大类	序号	08 版民非分类	序号	07 版民非分类
经济	1	工商服务业	八	社会中介服务业
	2	农业及农村发展		
科学研究	3	科学研究	四	科技
	4	教育	一	教育
社会事业	5	卫生	二	卫生
	6	文化	三	文化
	7	体育	五	体育
	8	生态环境		
慈善	9	社会服务	六、七	劳动民政
	10	法律	九	法律服务业
	11	宗教		
综合	12	职业及从业者组织		
	13	国际及涉外组织		
	14	其他	十	其他

07 版民非分类与 08 版分类对应关系：

1= 八，3= 四，4= 一，5= 二，6= 三，7= 五，9= 六、七，10= 九，14= 十

劳动和社会保障部 民政部关于社会组织专职工作人员参加养老保险有关问题的通知

（劳社部发〔2008〕11号　2008年3月18日）

各省、自治区、直辖市劳动和社会保障厅（局）、民政厅（局），新疆生产建设兵团劳动和社会保障局、民政局：

为进一步完善社会保障体系，扩大养老保险覆盖面，促进社会组织的健康发展，维护劳动者的合法权益，根据国家有关政策规定，现就社会组织专职工作人员参加养老保险的有关问题通知如下：

一、凡依法在各级民政部门登记的社会团体（包括社会团体分支机构和代表机构）、基金会（包括基金会分支机构和代表机构）、民办非企业单位、境外非政府组织驻华代表机构及其签订聘用合同或劳动合同的专职工作人员（不包括兼职人员、劳务派遣人员、返聘的离退休人员和纳入行政事业编制的人员），按属地管理原则，参加当地企业职工基本养老保险。

二、尚未参加企业职工基本养老保险的社会组织，应在当地规定的时间内，持民政部门颁发的《社会团体法人登记证书》、《社会团体分支机构、代表机构登记证书》、《基金会法人登记证书》、《基金会分支机构、代表机构登记证书》、《境外基金会代表机构登记证书》或《民办非企业单位登记证书》及参保所需的文件材料，到住所所在地社会保险经办机构办理社会保险登记手续，参加企业职工基本养老保险。本通知下发之后成立的社会组织，应当自登记注册起30日内办理社会保险登记手续，参加企业职工基本养老保险。

三、社会组织及其专职工作人员应按规定缴纳基本养老保险费，其中社会组织的缴费基数为全部参保专职工作人员个人缴费工资之和。

四、社会组织及其专职工作人员在本通知下发前签订聘用合同或劳动合同的，可按当地有关规定补缴基本养老保险费。

五、社会组织专职工作人员曾在机关事业单位工作的，其符合国家规定的工作年限视同为基本养老保险缴费年限；曾在企业或以个人身份参保的，要按有关规定做好养老保险关系的接续工作。

六、鼓励有条件的社会组织按照有关规定为专职工作人员建立年金制度，以提高工作人员退休后的保障水平。

切实做好社会组织专职工作人员参加养老保险的工作，对保障他们的合法权益、构建和谐社会具有重要意义。各级劳动和社会保障、民政部门要密切配合，认真贯彻落实国家有关政策规定，做好组织实施工作。

民政部办公厅关于社会组织撤销登记有关问题的复函

（民办函〔2008〕225号　2008年11月6日）

广东省民政厅：

你厅《关于社会组织撤销登记有关问题的请示》（粤民民〔2008〕42号）收悉。经研究，答复如下：

一、关于撤销登记的定性问题

撤销登记属于行政处罚。社会组织被撤销登记后，除组织清算、办理注销及进行诉讼活动外，不得开展任何其他活动。社会组织被撤销登记后，其主体资格、债权债务关系依然存在，只有在注销登记后，社会组织的主体资格才完全灭失。

二、关于撤销登记的程序问题

登记管理机关对社会组织进行撤销登记，相关处罚法律文书无法采取直接送达、挂号邮寄等方式送达的，可以采取公告方式送达。社会组织被撤销登记后，应当办理注销登记。社会组织在办理注销登记前，应当在其业务主管单位及其他有关机关的指导下成立清算组织，完成清算工作。依据《社会团体登记管理条例》、《基金会管理条例》和《民办非企业单位登记管理暂行条例》的规定，注销登记是依申请的注销，登记管理机关不能依职权主动注销社会组织。

民政部关于进一步加强社会捐助信息公示工作的指导意见

（民函〔2009〕307号　2009年12月1日）

各省（自治区、直辖市）民政厅（局），各计划单列市民政局，新疆生产建设兵团民政局：

近年来，随着我国社会经济的发展，社会各界越来越重视和支持慈善事业，社会捐赠数量日益增大，参与人员和救助范围日趋广泛，慈善事业在改善民生、建设和谐社会中发挥了重要作用，尤其是2008年汶川特大地震发生后，社会各界踊跃奉献爱心，积极捐赠款物，为取得抗灾救灾的伟大胜利做出了重大贡献。伴随慈善事业的发展，社会对慈善事业的关注度与日俱增，如何促进慈善信息公开透明，提高慈善组织的社会公信力，已经成为党和政府高度重视、社会各界广泛关注的重要问题。

社会捐助信息公示工作是慈善工作的重要环节，也是民政部门履行慈善事业发展政府职责的重要内容。为完善社会捐助信息公示制度，规范捐赠款物管理和使用，维护捐赠者和受赠者合法权益，保护公众参与慈善活动积极性，促进慈善事业健康有序发展，现就进一步做好社会捐助信息公示工作提出以下指导意见：

一、信息公示原则

一是实事求是原则，保证社会捐助信息公示真实可靠。

二是依法依规原则，遵守《中华人民共和国公益事业捐赠法》、《基金会管理条例》、《基金会信息公布办法》、《救灾捐赠管理办法》等法律法规、部门规章的有关规定和要求。

三是分类公示原则，区分集中性的社会捐助活动和经常性的社会捐助工作，采取有针对性的公示办法。

四是尊重当事人意愿原则，对捐赠人和受助人不愿意公开相关信息的意愿要予以满足。

二、信息公示要求

信息公示机构的重点是：组织开展社会募捐的基金会、公益性社会团体和其他公益性事业单位。

信息公示的内容主要是：上述信息公示机构开展社会募捐的情况；社会捐赠款物接收和管理情况；社会捐赠款物的拨付使用情况；向捐赠人反馈信息的情况等。

信息公示方式主要是：通过年报、公报、信息发布会及报刊、网络、广播、电视等方式，及时公布社会捐助信息。除不能公开的信息外，公民、法人或其他组织都可以向有关部门和慈善组织查询有关社会捐助信息，有关部门和慈善组织应及时答复。

三、信息公示监督与管理

进一步明确民政部门在社会捐助信息公示中的职能作用，加强与有关部门及慈善组织业务主管单位的协调、沟通与配合，完善相关工作机制。加强重大慈善活动的监督，及时向社会公示相关信息。发挥会计和审计事务机构的作用，重点对捐赠款物的接收、管理和使用情况进行监督。完善社会监督机制，发挥新闻机构及社会公众、评估机构等方面的作用。健全慈善组织内部管理制度，推动建立行业自律机制，强化内部监管和行业监督。

社会捐助信息公示是一项新的工作内容，各级民政部门和慈善组织要具有慈善事业是“玻璃口袋”的意识，带头做好社会捐赠款物接收和管理使用情况的公示与反馈，并按照通知要求，督促有关社会捐助、社会福利和慈善组织主动公示相关信息，以良好的形象取信于社会和捐赠人。各地要及时总结社会捐助信息公示工作中的经验和做法，并将有关情况报部。我们将认真总结各地社会捐助信息公示经验，逐步完善社会捐助信息公示工作制度，促进慈善事业健康发展。

民政部 国家档案局关于印发《社会组织登记档案管理办法》的通知

（民发〔2010〕101号 2010年7月15日）

各省、自治区、直辖市民政厅（局）、档案局，计划单列市民政局、档案局，新疆生产建设兵团民政局、档案局：

为了加强社会组织登记档案的规范化管理，根据《中华人民共和国档案法》及《社会团体登记管理条例》、《民办非企业单位登记管理暂行条例》和《基金会管理条例》等有关法律、法规，民政部、国家档案局共同制定了《社会组织登记档案管理办法》。现印发给你们，请遵照执行。

社会组织登记档案管理办法

第一条 为加强社会组织登记档案的规范管理，充分发挥社会组织登记档案的作用，根据《中华人民共和国档案法》、《社会团体登记管理条例》、《民办非企业单位登记管理暂行条例》和《基金会管理条例》等有关规定，制定本办法。

第二条 本办法所称社会组织登记档案是指县级以上人民政府民政部门在依法为社会团体及其分支（代表）机构，基金会及其分支（代表）机构，境外基金会代表机构以及民办非企业单位办理申请筹备成立、成（设）立登记、变更登记、注销登记、备案、章程核准、年度检查和行政处罚等工作中形成的具有查考、利用价值的各种文件材料。

第三条 社会组织登记档案工作由县级以上人民政府民政部门分级负责，在业务上接受同级档案行政管理部门和上级民政部门的监督和指导。

第四条 县级以上人民政府民政部门档案管理机构应当对社会组织登记档案实行集中统一管理，指定专职（或兼职）人员负责社会组织登记档案管理工作，建立并完善社会组织登记档案的管理制度，确保社会组织登记档案的完整、准确、系统、安全和有效利用，并逐步实现社会组织登记档案的信息化管理和服务。

第五条 社会组织登记管理业务机构应当在行政许可、行政审批、行政处罚、监督管理相关事项办理完毕后30个工作日内完成归档工作。档案管理机构（人员）在接收归档的文件材料时，必须认真核对清点，检查文件材料是否齐全、完整，符合规定要求的，予以接收，并办理交接手续。（文件材料归档范围参见本办法附件）

第六条 社会组织登记档案按照一个社会组织一档的原则，归档文件材料以“件”为单位进行整理。一般以一份文件为一件，正文与附件为一件，传真件应当复印并与原件为一件，请示与批复各为一件，一次上报的多份表格，每份表格可为一件。

一个社会组织的所有文件材料按照形成的时间顺序排列，每份文件应当用无酸纸套或档案袋等以有利于保管和利用的方式加以固定，并按排列顺序依次装入档案盒保存。

第七条 社会组织登记档案分为社会团体类、民办非企业单位类、基金会类三类。

第八条 各类社会组织登记档案按照社会组织登记证号的顺序进行排列。

第九条 档案管理机构应当建立社会组织名录等检索工具。

第十条 社会组织登记档案要有专门的地点存放，要配备必要的保管装具，并设有防火、防盗、防渍、防有害生物等安全设施，确保档案的安全保管。档案管理机构要定期检查档案的保管状况，发现问题及时解决。

第十一条 社会组织登记档案保管期限定为永久。

第十二条 社会组织登记档案应当在社会组织注销之日起满10年后向同级国家综合档案馆移交。

第十三条 社会组织登记档案的利用应当按照下列规定执行：

（一）社会组织登记档案的形成单位因工作需要，履行有关手续后可以利用本单位形成的社会组织登记档案；

（二）人民法院、人民检察院、公安机关、国家安全机关等部门因工作需要，持单位介绍信可以利用相关的社会组织登记档案；

（三）社会组织业务主管单位因工作需要，持单位介绍信可以利用其主管的社会组织的登记档案；

（四）社会组织因工作需要，持单位介绍信可以利用本组织的登记档案；

（五）律师根据案情的需要，自行调查取证的，凭律师执业证书和律师事务所证明，可以利用与承办法律事务有关的社会组织登记档案；当事人和除律师以外的其他诉讼代理人根据案情的需要，持受理案件的法院出具的证明材料及本人有效证件，可以利用与诉讼事务有关的社会组织登记档案；

（六）其他单位、组织凭单位介绍信，公民凭个人有效身份证明可以查询公开的社会组织的登记事项；

（七）对涉密档案的利用，应当遵守国家有关规定，并按保密程序审批；

（八）档案管理机构应当根据档案所记载的内容，为利用者出具社会组织登记证明。

第十四条 档案管理机构应当配备计算机管理社会组织登记档案，实行社会组织登记纸质档案和电子档案的分别保管，提高档案利用效率，维护档案的完整与安全。

第十五条 使用电子计算机办理社会组织登记、备案、年检等工作所形成的电子文件的归档，参照《电子文件归档与管理规范》（GB/T18894-2002）要求进行整理归档。

第十六条 省级人民政府民政部门可以根据实际情况会同同级人民政府档案行政管理部门制定本办法实施细则。

第十七条 本办法自发布之日起施行。

附件：

社会组织登记文件材料归档范围

一、社会团体登记文件材料归档范围

（一）社会团体筹备成立文件材料：登记管理机关准予社会团体筹备成立的文件；筹备成立申请书；业务主管单位批准筹备成立的文件；章程草案；捐资文件；验资证明、住所使用权证明；发起人和拟任负责人基本情况材料、身份证明材料；其他材料。

（二）社会团体成立登记文件材料：登记管理机关准予社会团体成立的文件；社会团体成立登记申请书；业务主管单位审查同意的文件；社会团体法人登记申请表；社会团体法定代表人登记表；会员大会或会员代表大会通过并经业务主管单位审查同意的章程；社会团体章程核准表；住所使用权证明；会长（理事长）、副会长（副理事长）、秘书长备案表及其身份证明、理事会（常务理事会）名册、会员名册；其他材料。

（三）社会团体设立分支（代表）机构登记文件材料：登记管理机关准予社会团体设立分支（代表）机构登记的文件；社会团体分支（代表）机构登记申请表；设立社会团体分支（代表）机构与社会团体住所不在一地的，其设在地民政部门同意在当地设立的意见；申请登记专项基金管理机构所提交的捐赠协议书、理事会纪要及其专项基金管理办法；其他材料。

（四）社会团体变更名称登记文件材料：登记管理机关准予社会团体变更名称的文件；社会团体变更名称登记申请表；业务主管单位同意变更名称的文件；社会团体章程核准表；修订后的章程及其章程修订说明；其他材料。

（五）社会团体变更法定代表人登记文件材料：登记管理机关准予社会团体变更法定代表人的文件；社会团体变更法定代表人登记申请表；社会团体法定代表人登记表；前任法定代表人任职期间的财务审计报告；拟任法定代表人身份证明；其他材料。

（六）社会团体变更业务主管单位登记文件材料：登记管理机关准予社会团体变更业务主管单位的文件；社会团体变更业务主管单位登记申请表；原业务主管单位同意变更的文件；新业务主管单位同意作为该社会团体业务主

管单位的文件；其他材料。

（七）社会团体变更住所登记文件材料：登记管理机关准予社会团体变更住所的文件；社会团体变更住所登记申请表；新住所证明（房产单位出具的证明或买卖合同复印件或租赁合同复印件）；其他材料。

（八）社会团体变更活动资金文件材料：登记管理机关准予变更活动资金的文件；社会团体变更活动资金登记申请表；验资证明；其他材料。

（九）社会团体变更业务范围文件材料：登记管理机关准予社会团体变更业务范围的文件；社会团体变更业务范围申请表；其他材料。

（十）社会团体分支（代表）机构变更文件材料：登记管理机关准予社会团体分支（代表）机构变更的文件；社会团体分支（代表）机构变更申请表；住所变更到登记地以外地区的，其所在地民政部门出具的同意在当地设立的意见；其他材料。

（十一）社会团体及其分支（代表）机构备案文件材料：社会团体组织机构代码证书（复印件）；税务登记证书（复印件）；社会团体印章式样；银行开户证明（复印件）；社会团体办事机构备案表；社会团体办事机构注销备案表；社会团体负责人变动申请表、社会团体负责人备案表及其身份证明；社会团体分支（代表）机构负责人备案表；社会团体会费标准备案材料；其他材料。

（十二）社会团体章程修订及其核准文件材料：社会团体章程核准表；经核准的社会团体章程；章程修订说明；其他材料。

（十三）社会团体年检文件材料：社会团体年度工作报告书；其他材料。

（十四）社会团体注销登记文件材料：登记管理机关准予社会团体注销登记的文件；社会团体注销登记申请书；业务主管单位同意注销登记的文件；社会团体法人注销申请表；社会团体清算审计报告；社会团体清算报告书；其他材料。

（十五）社会团体分支（代表）机构注销登记文件材料：登记管理机关准予社会团体分支（代表）机构注销登记的文件；社会团体分支（代表）机构注销申请表；其他材料。

（十六）行政处罚文件材料：行政处罚决定书；行政复议决定书；行政诉讼判决（裁定）书；其他材料。

二、基金会登记文件材料归档范围

（一）基金会设立登记文件材料：登记管理机关准予基金会设立登记的文件；基金会设立登记申请书；业务主管单位同意设立登记的文件；基金会法人登记申请表；基金会法定代表人登记表；基金会章程及章程核准表；原始基金捐赠文件及验资证明；住所使用权证明；理事、监事备案表及其身份证明，基金会专职工作人员情况；其他材料。

（二）基金会设立分支（代表）机构文件材料：登记管理机关准予基金会设立分支（代表）机构的文件；基金会分支（代表）机构登记申请表；基金会分支（代表）机构负责人登记表；设立基金会分支（代表）机构与基金会住所不在一地的，其设在地民政部门同意在当地设立的意见；其他材料。

（三）基金会变更名称登记文件材料：登记管理机关准予基金会变更名称的文件；基金会变更名称登记申请表；业务主管单位同意变更名称的文件；修订后的章程；其他材料。

（四）基金会变更法定代表人登记文件材料：登记管理机关准予基金会变更法定代表人的文件；基金会变更法定代表人登记申请表；基金会法定代表人登记表；拟由外国人及香港、澳门、台湾居民担任的基金会法定代表人的公证、认证材料；前任法定代表人任职期间的财务审计报告；其他材料。

（五）基金会变更业务主管单位登记文件材料：登记管理机关准予基金会变更业务主管单位的文件；基金会变更业务主管单位登记申请表；原业务主管单位同意变更的文件；新业务主管单位同意作为该基金会业务主管单位的文件；其他材料。

（六）基金会变更类型登记文件材料：登记管理机关准予基金会变更类型的文件；基金会变更类型登记申请表；验资证明；其他材料。

（七）基金会变更住所文件材料：登记管理机关准予基金会变更住所的文件；基金会变更住所登记申请表；新住所证明（房产单位出具的证明或买卖合同复印件或租赁合同复印件）；其他材料。

（八）基金会变更原始基金数额文件材料：登记管理机关准予基金会变更原始基金数额的文件；基金会变更原始基金登记申请表；原始基金捐赠文件及验资证明；其他材料。

（九）基金会变更公益活动的业务范围文件材料：登记管理机关准予基金

会变更公益活动业务范围的文件；基金会变更公益活动业务范围登记申请表；其他材料。

（十）基金会分支（代表）机构变更文件材料：登记管理机关准予基金会分支（代表）机构变更的文件；基金会分支（代表）机构变更申请表；住所变更到外地的，其所在地民政部门出具的同意在当地设立的意见；其他材料。

（十一）基金会备案文件材料：基金会组织机构代码证书（复印件）；基金会税务登记证书（复印件）；基金会印章式样；基金会银行开户证明（复印件）；基金会理事、监事变动备案表及其身份证明；基金会办事机构备案表；基金会办事机构注销备案表；基金会银行账户、税务登记和组织机构代码的注销资料复印件；重大事项备案材料；其他材料。

（十二）基金会章程修订及其核准文件材料：基金会章程；基金会章程核准表；章程修订说明；其他材料。

（十三）基金会年检文件材料：基金会年度工作报告书；财务审计报告；其他材料。

（十四）基金会注销登记文件材料：登记管理机关准予基金会注销登记的文件；业务主管单位同意注销登记的（文件）；基金会法人注销申请表；基金会注销登记申请书；基金会清算报告书；基金会清算审计报告；其他材料。

（十五）基金会分支（代表）机构注销登记文件材料：登记管理机关准予基金会分支（代表）机构注销登记的文件；基金会分支（代表）机构注销申请表；其他材料。

（十六）行政处罚文件材料：行政处罚决定书；行政复议决定书；行政诉讼判决（裁定）书；其他材料。

三、境外基金会代表机构登记文件材料归档范围

（一）境外基金会代表机构设立登记文件材料：登记管理机关准予境外基金会代表机构设立的文件；境外基金会设立代表机构的申请报告；业务主管单位同意境外基金会设立代表机构的文件；境外基金会设立代表机构申请书；境外基金会代表机构登记事项表；其他材料。

（二）境外基金会代表机构变更名称文件材料：登记管理机关准予境外基金会代表机构变更名称的文件；境外基金会代表机构登记事项表；境外基金会代表机构变更名称申请书；其他材料。

（三）境外基金会代表机构变更负责人文件材料：登记管理机关准予境外基金会代表机构变更负责人的文件；境外基金会代表机构登记事项表；境外基金会代表机构变更负责人申请书；离任负责人任职期间的财务审计报告；境外基金会代表机构负责人的公证、认证材料；其他材料。

（四）境外基金会代表机构变更业务主管单位文件材料：登记管理机关准予境外基金会代表机构变更业务主管单位的文件；境外基金会代表机构登记事项表；境外基金会代表机构变更业务主管单位申请书；新业务主管单位同意作为该境外基金会代表机构业务主管单位的文件；其他材料。

（五）境外基金会代表机构变更住所文件材料：登记管理机关准予境外基金会代表机构变更住所的文件；境外基金会代表机构登记事项表；境外基金会代表机构变更住所申请书；其他材料。

（六）境外基金会代表机构变更业务范围文件材料：登记管理机关准予境外基金会代表机构变更业务范围的文件；境外基金会代表机构登记事项表；境外基金会代表机构变更业务范围申请书；境外基金会章程中有相应业务规定的证明材料；其他材料。

（七）境外基金会代表机构备案文件材料：境外基金会代表机构备案表；境外基金会代表机构组织机构代码证书（复印件）；税务登记证书（复印件）；印章式样；境外基金会银行开户证明（复印件）；境外基金会代表机构副代表备案书；境外基金会代表机构工作人员备案书；境外基金会代表机构章程变动备案书；其他材料。

（八）境外基金会代表机构年检文件材料：境外基金会代表机构年度工作报告书；其他材料。

（九）境外基金会代表机构注销登记文件材料：登记管理机关准予境外基金会代表机构注销登记的文件；境外基金会代表机构注销登记申请书；境外基金会代表机构清算报告；其他材料。

（十）行政处罚文件材料：行政处罚决定书；行政复议决定书；行政诉讼判决（裁定）书；其他材料。

四、民办非企业单位登记文件材料归档范围

（一）民办非企业单位成立登记文件材料：登记管理机关准予民办非企业单位成立登记的文件；民办非企业单位成立登记申请书；业务主管单位的批

准文件；住所使用权证明；验资证明；拟任法定代表人或单位负责人（理事会负责人、执行机构负责人）基本情况及其身份证明；民办非企业单位法人登记申请表；民办非企业单位法定代表人登记表；民办非企业单位章程及其核准表；其他材料。

（二）民办非企业单位变更名称登记文件材料：登记管理机关准予民办非企业单位变更名称的文件；民办非企业单位变更名称登记申请书；民办非企业单位变更名称登记申请表；业务主管单位同意变更名称的文件；其他材料。

（三）民办非企业单位变更法定代表人登记文件材料：登记管理机关准予民办非企业单位变更法定代表人的文件；民办非企业单位变更法定代表人登记申请表；民办非企业单位法定代表人登记表；前任法定代表人任职期间的财务审计报告；拟任法定代表人的基本情况和身份证明；其他材料。

（四）民办非企业单位变更业务主管单位登记文件材料：登记管理机关准予民办非企业单位变更业务主管单位的文件；民办非企业单位变更业务主管单位登记申请表；原业务主管单位同意变更的文件；新业务主管单位同意作为该民办非企业单位业务主管单位的文件；其他材料。

（五）民办非企业单位变更住所登记文件材料：登记管理机关准予民办非企业单位变更住所的文件；民办非企业单位变更住所登记申请表；新住所证明（房产单位出具的证明或买卖合同复印件或租赁合同复印件）；其他材料。

（六）民办非企业单位变更开办资金登记文件材料：登记管理机关准予民办非企业单位变更开办资金的文件；民办非企业单位变更开办资金登记申请表；验资证明；其他材料。

（七）民办非企业单位变更业务范围登记文件材料：登记管理机关准予民办非企业单位变更业务范围的文件；民办非企业单位变更业务范围申请报告；其他材料。

（八）民办非企业单位备案材料：民办非企业单位组织机构代码证书（复印件）；税务登记证书（复印件）；印章式样；银行开户证明（复印件）；民办非企业单位内设机构备案表；民办非企业单位内设机构注销备案表；民办非企业单位负责人变动申请表；民办非企业单位负责人备案表；其他材料。

（九）民办非企业单位章程或合伙协议修订及其核准文件材料：登记管理机关对民办非企业单位章程或合伙协议核准文件；民办非企业单位章程或合

伙协议；业务主管单位审查同意的文件；修订后的章程或合伙协议及其修订说明；其他材料。

（十）民办非企业单位年检文件材料：民办非企业单位年度工作报告书；财务审计报告；其他材料。

（十一）民办非企业单位注销登记文件材料：登记管理机关准予民办非企业单位注销登记的文件；注销登记申请书；业务主管单位同意注销登记的文件；民办非企业单位法人注销申请表；民办非企业单位清算报告书；会计师事务所出具的民办非企业单位清算报告；其他材料。

（十二）行政处罚文件材料：行政处罚决定书；行政复议决定书；行政诉讼判决（裁定）书；其他材料。

社会组织评估管理办法

（中华人民共和国民政部令第 39 号　2010 年 12 月 27 日）

第一章　总 则

第一条　为了规范社会组织评估工作，制定本办法。

第二条　本办法所称社会组织是指经各级人民政府民政部门登记注册的社会团体、基金会、民办非企业单位。

第三条　本办法所称社会组织评估，是指各级人民政府民政部门为依法实施社会组织监督管理职责，促进社会组织健康发展，依照规范的方法和程序，由评估机构根据评估标准，对社会组织进行客观、全面的评估，并作出评估等级结论。

第四条　社会组织评估工作应当坚持分级管理、分类评定、客观公正的原则，实行政府指导、社会参与、独立运作的工作机制。

第五条　各级人民政府民政部门按照登记管理权限，负责本级社会组织评估工作的领导，并对下一级人民政府民政部门社会组织评估工作进行指导。

第二章　评估对象和内容

第六条　申请参加评估的社会组织应当符合下列条件之一：

（一）取得社会团体、基金会或者民办非企业单位登记证书满两个年度，未参加过社会组织评估的；

（二）获得的评估等级满 5 年有效期的。

第七条　社会组织有下列情形之一的，评估机构不予评估：

（一）未参加上年度年度检查；

（二）上年度年度检查不合格或者连续 2 年基本合格；

（三）上年度受到有关政府部门行政处罚或者行政处罚尚未执行完毕；

（四）正在被有关政府部门或者司法机关立案调查；

（五）其他不符合评估条件的。

第八条 对社会组织评估，按照组织类型的不同，实行分类评估。

社会团体、基金会实行综合评估，评估内容包括基础条件、内部治理、工作绩效和社会评价。民办非企业单位实行规范化建设评估，评估内容包括基础条件、内部治理、业务活动和诚信建设、社会评价。

第三章 评估机构和职责

第九条 各级人民政府民政部门设立相应的社会组织评估委员会（以下简称评估委员会）和社会组织评估复核委员会（以下简称复核委员会），并负责对本级评估委员会和复核委员会的组织协调和监督管理。

第十条 评估委员会负责社会组织评估工作，负责制定评估实施方案、组建评估专家组、组织实施评估工作、作出评估等级结论并公示结果。

复核委员会负责社会组织评估的复核和对举报的裁定工作。

第十一条 评估委员会由 7 至 25 名委员组成，设主任 1 名、副主任若干名。复核委员会由 5 至 9 名委员组成，设主任 1 名、副主任 1 名。

评估委员会和复核委员会委员由有关政府部门、研究机构、社会组织、会计师事务所、律师事务所等单位推荐，民政部门聘任。

评估委员会和复核委员会委员聘任期 5 年。

第十二条 评估委员会和复核委员会委员应当具备下列条件：

（一）熟悉社会组织管理工作的法律法规和方针政策；

（二）在所从事的领域具有突出业绩和较高声誉；

（三）坚持原则，公正廉洁，忠于职守。

第十三条 评估委员会召开最终评估会议须有 2/3 以上委员出席。最终评估采取记名投票方式表决，评估结论须经全体委员半数以上通过。

第十四条 评估委员会可以下设办公室或者委托社会机构（以下简称评估办公室），负责评估委员会的日常工作。

第十五条 评估专家组负责对社会组织进行实地考察，并提出初步评估意见。

评估专家组由有关政府部门、研究机构、社会组织、会计师事务所、律师事务所等有关专业人员组成。

第四章　评估程序和方法

第十六条　社会组织评估工作依照下列程序进行：

（一）发布评估通知或者公告；

（二）审核社会组织参加评估资格；

（三）组织实地考察和提出初步评估意见；

（四）审核初步评估意见并确定评估等级；

（五）公示评估结果并向社会组织送达通知书；

（六）受理复核申请和举报；

（七）民政部门确认社会组织评估等级、发布公告，并向获得 3A 以上评估等级的社会组织颁发证书和牌匾。

第十七条　地方各级人民政府民政部门应当将获得 4A 以上评估等级的社会组织报上一级民政部门审核备案。省级人民政府民政部门应当在每年 12 月 31 日前，将本行政区域社会组织等级评估情况以及获得 5A 评估等级的社会组织名单上报民政部。

第十八条　评估期间，评估机构和评估专家有权要求参加评估的社会组织提供必要的文件和证明材料。参加评估的社会组织应当予以配合，如实提供有关情况和资料。

第五章　回避与复核

第十九条　评估委员会委员、复核委员会委员和评估专家有下列情形之一的，应当回避：

（一）与参加评估的社会组织有利害关系的；

（二）曾在参加评估的社会组织任职，离职不满 2 年的；

（三）与参加评估的社会组织有其他可能影响评估结果公正关系的。

参加评估的社会组织向评估办公室提出回避申请，评估办公室应当及时作出是否回避的决定。

第二十条　参加评估的社会组织对评估结果有异议的，可以在公示期内向评估办公室提出书面复核申请。

第二十一条 评估办公室对社会组织的复核申请和原始证明材料审核认定后，报复核委员会进行复核。

第二十二条 复核委员会应当充分听取评估专家代表的初步评估情况介绍和申请复核社会组织的陈述，确认复核材料，并以记名投票方式表决，复核结果须经全体委员半数以上通过。

第二十三条 复核委员会的复核决定，应当于作出决定之日起 15 日内，以书面形式通知申请复核的社会组织。

第二十四条 评估办公室受理举报后，应当认真核实，对情况属实的作出处理意见，报复核委员会裁定。裁定结果应当及时告知举报人，并通知有关社会组织。

第二十五条 评估委员会委员、复核委员会委员和评估专家应当实事求是、客观公正，遵守评估工作纪律。

第六章 评估等级管理

第二十六条 社会组织评估结果分为 5 个等级，由高至低依次为 5A 级（AAAAA）、4A 级（AAAA）、3A 级（AAA）、2A 级（AA）、1A 级（A）。

第二十七条 获得评估等级的社会组织在开展对外活动和宣传时，可以将评估等级证书作为信誉证明出示。评估等级牌匾应当悬挂在服务场所或者办公场所的明显位置，自觉接受社会监督。

第二十八条 社会组织评估等级有效期为 5 年。

获得 3A 以上评估等级的社会组织，可以优先接受政府职能转移，可以优先获得政府购买服务，可以优先获得政府奖励。

获得 3A 以上评估等级的基金会、慈善组织等公益性社会团体可以按照规定申请公益性捐赠税前扣除资格。

获得 4A 以上评估等级的社会组织在年度检查时，可以简化年度检查程序。

第二十九条 评估等级有效期满前 2 年，社会组织可以申请重新评估。

符合参加评估条件未申请参加评估或者评估等级有效期满后未再申请参加评估的社会组织，视为无评估等级。

第三十条 获得评估等级的社会组织有下列情形之一的，由民政部门作出降低评估等级的处理，情节严重的，作出取消评估等级的处理：

（一）评估中提供虚假情况和资料，或者与评估人员串通作弊，致使评估情况失实的；

（二）涂改、伪造、出租、出借评估等级证书，或者伪造、出租、出借评估等级牌匾的；

（三）连续2年年度检查基本合格的；

（四）上年度年度检查不合格或者上年度未参加年度检查的；

（五）受相关政府部门警告、罚款、没收非法所得、限期停止活动等行政处罚的；

（六）其他违反法律法规规定情形的。

第三十一条 被降低评估等级的社会组织在2年内不得提出评估申请，被取消评估等级的社会组织在3年内不得提出评估申请。

第三十二条 民政部门应当以书面形式将降低或者取消评估等级的决定，通知被处理的社会组织及其业务主管单位和政府相关部门，并向社会公告。

第三十三条 被取消评估等级的社会组织须在收到通知书之日起15日内将原评估等级证书、牌匾退回民政部门；被降低评估等级的社会组织须在收到通知书之日起15日内将评估等级证书、牌匾退回民政部门，换发相应的评估等级证书、牌匾。拒不退回（换）的，由民政部门公告作废。

第三十四条 评估委员会委员、复核委员会委员和评估专家在评估工作中未履行职责或者弄虚作假、徇私舞弊的，取消其委员或者专家资格。

第七章　附　则

第三十五条 社会组织评估经费从民政部门社会组织管理工作经费中列支。不得向评估对象收取评估费用。

第三十六条 社会组织评估标准和内容、评估等级证书牌匾式样由民政部统一制定。

第三十七条 本办法自2011年3月1日起施行。

民政部关于加强社会组织专职工作人员劳动合同管理的通知

（民发〔2011〕155号　2011年9月15日）

各省、自治区、直辖市民政厅（局），计划单列市民政局，新疆生产建设兵团民政局：

《中华人民共和国劳动合同法》（以下简称《劳动合同法》）自2008年1月1日实施以来，在调整社会组织劳动关系，增强劳动合同意识，提高劳动合同签订率和改善用工环境等方面取得了一定成效。但是，各级社会组织劳动用工管理过程中也存在着对法律认识不足，劳动合同履行率低，相关配套政策不完善等问题。为了更好地贯彻落实《劳动合同法》，加强劳动用工管理，维护社会组织专职工作人员的合法权益，促进劳动关系和谐稳定，现就有关要求通知如下：

一、本通知所称与社会组织签订《劳动合同》的专职工作人员，系指除兼职人员、劳务派遣人员、返聘的离退休人员和纳入行政事业编制人员以外的所有与社会组织建立劳动关系的人员。

二、充分认识在社会组织中贯彻落实《劳动合同法》的重要意义。《劳动合同法》是在社会主义市场经济体制下规范劳动关系的一部重要法律，牵涉到社会组织专职工作人员的切身利益，关系到社会组织发展与稳定的大局。各单位应从落实科学发展观、建设和谐社会组织的高度，给予足够的重视。

三、各级登记管理机关应大力抓好学习培训和宣传引导工作，监督社会组织依法完善劳动合同管理。要广泛宣传普及《劳动合同法》相关知识，通过组织各种形式的学习培训，使社会组织人事管理人员熟练掌握相关法律法规和操作规程，不断提升管理水平。学习中要注意结合实际，认真解决现实劳动关系中存在的问题，统筹协调各种利益关系，把《劳动合同法》的学习贯彻到实处。辅导社会组织依法修订和完善人事管理的有关规章制度，规范劳动合同。通过社会组织的日常登记管理、年检、评估等项工作协助各级劳动监察部门，监督社会组织做好劳动用工管理。

四、社会组织应依照《劳动合同法》的相关规定与专职工作人员订立、履行、变更、解除和终止劳动合同，并加强劳动合同的日常管理。社会组织应依法加强和完善社会组织劳动合同管理。按照《劳动合同法》有关劳动合同必备条款的规定，补充、完善现行劳动合同文本，与专职工作人员订立合法、有效的劳动合同，并依法履行、变更、解除和终止劳动合同。结合自身的特点，抓紧建立各项规章制度、劳动纪律及员工奖惩等配套措施，进一步规范劳动合同订立、变更、终止、解除程序，要加强劳动用工信息管理，认真收集整理、妥善保管专职工作人员的工资、休假、保险福利、奖惩、考核等各类资料，以实现劳动合同的精细化管理。

五、经人力资源和社会保障部同意，为了满足各级社会组织劳动用工管理的需要，我们依照《劳动合同法》的相关规定，制订《社会组织劳动合同范本》（见附件）供各级社会组织与专职工作人员签订劳动合同时使用。

社会组织评比达标表彰活动管理暂行规定

（国评组发〔2012〕2号　2012年3月12日）

第一条　为规范社会组织评比达标表彰活动，建立健全相关管理制度，提高社会组织公信力，促进社会组织健康有序发展，根据相关法律法规和中央有关规定，制定本规定。

第二条　本规定中评比达标表彰活动是指依法登记的社会团体、基金会、民办非企业单位等社会组织举办的下列活动：

（一）以行业、学科或专业领域内的集体或个人为评选对象的各类评比达标表彰活动；

（二）以产品、文艺作品、学术成果、服务、管理体系为评选对象的各类评比达标表彰活动；

（三）其他评比达标表彰活动。

属于业务活动性质的资质评定、等级评定、技术考核，以内设机构和工作人员为对象的社会组织内部考核评比，以及社会组织根据《国家科学技术奖励条例》设立的奖项，不适用本规定。

第三条　社会组织开展评比达标表彰活动应当遵守以下规定：

（一）符合社会组织章程规定的宗旨和业务范围，不得超出其活动地域和业务领域；

（二）坚持面向基层、注重实效，严格控制数量，防止过多过滥；

（三）坚持非营利性原则，不得向评选对象收取任何费用，不得在评选前后收取各种相关费用或者通过其他方式变相收费，不得以任何形式与营利性机构合作举办或者委托营利性机构举办；

（四）坚持公平、公正、公开原则，做到奖项设置合理，评选范围和规模适当，评选条件和程序严格公正，评选过程公开透明；

（五）评比达标表彰项目或奖项的名称前应当冠以社会组织名称，未经批准不得冠以“中国”、“全国”、“国际”、“世界”或其他类似字样。

第四条 社会组织开展评比达标表彰活动，应当按章程规定履行内部工作程序后，报业务主管单位审查。审查事项应当包括：项目名称、理由依据、评选范围、评选数量、奖项设置、评选条件、评选程序、奖励办法、活动周期和经费来源等。

第五条 全国性社会组织开展评比达标表彰活动，由业务主管单位按归口分别请示党中央、国务院。全国评比达标表彰工作协调小组征求民政部意见并进行审核后，按程序报请党中央、国务院审定，待批准后由民政部向社会公布审批结果。

第六条 全国评比达标表彰工作协调小组每年原则上对全国性社会组织申报的评比达标表彰项目进行一次集中审核。

第七条 地方性社会组织开展评比达标表彰活动，由社会组织业务主管单位按归口分别请示省（自治区、直辖市）党委、政府。省（自治区、直辖市）评比达标表彰工作协调机构征求民政部门意见并进行审核后，按程序报请省（自治区、直辖市）党委、政府批准，待批准后由省（自治区、直辖市）民政部门向社会公布审批结果。

第八条 已经批准设立的社会组织评比达标表彰项目，如需变更名称、评选范围、奖项设置、活动周期等内容，应当提出申请，按照原审批程序进行审查。

第九条 申请设立评比达标表彰项目的社会组织应当具备下列条件：

（一）遵纪守法、运作规范，组织机构健全、内部制度完善，最近三年未受到行政处罚；

（二）最近三次年度检查为合格，或者最近一次年度检查合格且社会组织评估结果为 3A 以上；

（三）执行《民间非营利组织会计制度》，实行独立会计核算，有开展评比达标表彰活动所必需的经费。

第十条 社会组织开展评比达标表彰活动，应当接受登记管理机关、业务主管单位、纪检监察部门和审计机关的监督检查，在年度工作报告中作为重大业务活动事项报告。

第十一条 业务主管单位应当切实履行管理职责，建立健全相关制度，加强对所属或本领域内社会组织举办评比达标表彰活动的审查和业务指导，配合有关部门及时制止、查处违法违规行为。

第十二条 登记管理机关将评比达标表彰活动情况纳入社会组织年度检查和社会组织评估的内容，与年检结论和评估结果挂钩。

第十三条 登记管理机关建立信息数据库，汇集社会组织设立评比达标表彰项目、开展评比达标表彰活动的情况，并通过互联网向社会公布，接受社会监督。

第十四条 登记管理机关通过群众举报、抽查审计等手段加强对社会组织开展评比达标表彰活动的监管，发现违法违规问题及时进行调查处理。

第十五条 社会组织开展评比达标表彰活动有违法违规情形的，以及社会组织未经批准擅自开展评比达标表彰活动的，由登记管理机关责令停止，并可视其情节给予行政处罚。

第十六条 社会组织有下列情形之一的，由登记管理机关责令停止评比达标表彰活动：

（一）申报评比达标表彰项目时弄虚作假的；

（二）不具备本规定第九条规定条件的；

（三）评比达标表彰项目对推动工作失去实际意义或者造成社会负面影响、群众反映比较强烈的。

第十七条 未经批准，社会组织不得与境外组织合作举办评比达标表彰活动。

第十八条 本规定由民政部负责解释。

第十九条 本规定自发布之日起实施。以前未经批准保留的社会组织评比达标表彰项目应当一律停止，确需开展的应当按照本规定提出申请。未提出申请或者申请未予批准的，一律不得继续开展评比达标表彰活动。

全国清理和规范庆典研讨会论坛活动工作领导小组 民政部关于印发《社会组织举办研讨会论坛活动管理办法》的通知

（民发〔2012〕57号 2012年3月23日）

各省（自治区、直辖市）、中央和国家机关各部委、各人民团体清理和规范庆典研讨会论坛活动工作领导小组，各省（自治区、直辖市）民政厅（局），各计划单列市民政局，新疆生产建设兵团民政局：

为进一步规范社会组织举办研讨会、论坛活动，建立健全相关管理制度，全国清理和规范庆典研讨会论坛活动工作领导小组和民政部根据相关法律法规和政策规定，制定了《社会组织举办研讨会论坛活动管理办法》。现印发你们，请遵照执行。

社会组织举办研讨会论坛活动管理办法

第一条 为规范社会组织举办研讨会、论坛活动，建立健全相关管理制度，提高社会组织公信力，促进社会组织健康有序发展，根据相关法律法规和政策规定，制定本办法。

第二条 本办法中的研讨会、论坛活动是指依法登记的社会团体、基金会、民办非企业单位等社会组织举办的各类业务研讨和学术交流活动。

第三条 社会组织举办研讨会、论坛活动应当遵守相关法律法规和政策规定，符合章程规定的宗旨和业务范围，以促进社会组织所在领域的业务研讨和学术交流为目的，做到任务明确、规模适度、数量适当、经费合理。

第四条 社会组织举办研讨会、论坛活动，应当按照章程规定，履行内部工作程序，并报业务主管单位备案，备案事项包括：活动名称、预期目标、内容、规模、参与范围、时间、地点、经费来源等。

第五条 社会组织应当建立健全举办研讨会、论坛活动的内部管理制度，规范相关的民主决策、活动管理、经费筹集、监督检查等事项，并把举办研讨会、论坛活动列入年度工作计划。

第六条 社会组织要加强对分支机构举办研讨会、论坛活动的管理，活动内容有交叉或者重复的应当予以调整或者合并。

第七条 社会组织举办研讨会、论坛活动的经费来源要符合国家法律法规和有关政策规定，对实际发生的经济业务事项，应当按照《中华人民共和国会计法》、《民间非营利组织会计制度》等规定，如实进行会计核算，全部收支纳入单位法定账册。

第八条 社会组织以“主办单位”、“协办单位”、“支持单位”、“指导单位”等方式合作开展研讨会论坛活动，要切实履行职责，对活动全过程和重要环节要予以把关，不得以挂名方式参与合作或者收取费用。

承办或协办单位是公司、企业等营利性组织的，社会组织应当对其的资质、能力、信用等进行甄别考察，慎重选择合作对象，保证活动依法有效开展。

第九条 社会组织举办研讨会、论坛活动：

（一）不得利用党政机关名义举办或与党政机关联合举办；

（二）主题和内容不得超出章程规定的业务范围；

（三）不得强制其他组织或者个人参加，不得强行收取相关费用；

（四）不得进行与收费挂钩的品牌推介、成果发布、论文发表等活动；

（五）不得借机变相公款消费、旅游，不得发放礼金、礼品、昂贵纪念品和各种有价证券、支付凭证。

第十条 社会组织不得邀请党政领导干部出席与本职工作无关的论坛、研讨会活动，不得对党政领导干部的出席情况进行虚假宣传。

第十一条 社会组织与境外的组织或者个人合作举办研讨会、论坛活动，以及邀请境外组织或者个人来中国内地参加研讨会、论坛活动，应当遵守有关法律法规和政策规定。邀请外国政要或前政要参加研讨会、论坛的，应报有关部门审批。

第十二条 社会组织举办研讨会、论坛活动，应当接受登记管理机关、业务主管单位、纪检监察部门和审计机关的监督检查，在年度工作报告中作为重大业务活动事项报告。

第十三条 业务主管单位切实履行管理职责，完善相关制度，加强对所主管的社会组织举办研讨会、论坛活动的业务指导，配合有关部门及时制止、查处违法违规行为。

第十四条 登记管理机关将研讨会、论坛活动情况纳入社会组织年度检查的内容。社会组织在接受年度检查时，应当向登记管理机关报告上一年度举办研讨会、论坛活动的情况，并接受审计机构的审计。

第十五条 登记管理机关通过群众举报、抽查审计等手段加强对社会组织举办研讨会、论坛活动的监管，发现违法违规问题及时进行调查处理。

第十六条 社会组织举办研讨会、论坛活动有违法违规情形，对推动工作失去实际意义或者造成社会负面影响、群众反映强烈的，登记管理机关视情节依法予以警告、罚款、没收违法所得、责令撤换直接负责的主管人员、限期停止活动、撤销登记等行政处罚。构成犯罪的，依法移交司法机关追究刑事责任。

第十七条 本办法自发布之日起执行。

民政部关于贯彻落实《社会组织评比达标表彰活动管理暂行规定》的通知

（民函〔2012〕125号　2012年4月18日）

各全国性社会组织业务主管单位，各省、自治区、直辖市民政厅（局），各计划单列市民政局，新疆生产建设兵团民政局：

近日，全国评比达标表彰工作协调小组下发《社会组织评比达标表彰活动管理暂行规定》（国评组发〔2012〕2号），对社会团体、基金会、民办非企业单位等社会组织开展评比达标表彰活动提出明确要求。为贯彻落实文件精神，现就有关问题通知如下：

一、充分认识规范社会组织评比达标表彰活动的重要意义。《民政部关于做好社团组织评比达标表彰活动清理工作的通知》（民函〔2007〕1号）下发以来，各地区、各业务主管部门认真贯彻文件精神，清理工作取得明显成效。但是，近几年来，社会组织举办评比达标表彰过多过滥的现象又有所抬头，个别社会组织乱评比、乱表彰，有的甚至借机非法敛财，社会负面影响很大。随着我国经济社会的快速发展，社会组织开展评比达标表彰活动的形式、对象和内容呈多样化趋势，清理和规范社会组织评比达标表彰活动工作面临新形势、新任务和新要求。为进一步规范管理社会组织评比达标表彰活动，全国评比达标表彰工作协调小组近日下发了《社会组织评比达标表彰活动管理暂行规定》，对社会组织评比达标表彰活动的行为准则、资质条件、申报程序和监督管理等事项提出明确要求，为进一步规范社会组织行为、提高社会组织公信力、促进社会组织健康发展创造了良好的政策环境。各地、各有关单位要深入领会文件精神，充分认识规范社会组织评比达标表彰活动的重要性、紧迫性，采取有力措施切实抓好文件的贯彻落实工作。要坚持标本兼治、综合治理，逐步建立健全规范评比达标表彰活动的长效机制，切实减轻基层、企业和群众的负担，为迎接党的十八大胜利召开营造和谐的社会氛围。

二、及时向社会组织传达《社会组织评比达标表彰活动管理暂行规定》的文件精神。各有关单位要采取适当方式，及时将文件的有关内容和具体要求通知到每一个所属的社会组织，确保不留遗漏，为文件的执行工作打好基础。要积极引导社会组织把清理、规范评比达标表彰活动作为近期工作的重要任务，做好自查自纠。对于经国务院批准保留、已向主办单位反馈且向社会公示的评比达标表彰项目，各社会组织要严格按照既定内容、范围、周期开展活动，不得擅自改变项目名称和周期，不得擅自扩大项目范围或擅自增设子项目。对于未列入保留范围的评比达标表彰项目，要坚决停止，不得通过变换项目名称和举办方式等途径继续举办，确需开展的应当按照文件规定的程序和条件提出申请。未提出申请或者申请未予批准的，一律不得继续开展评比达标表彰活动。要积极引导社会组织树立品牌意识，坚持公开、公平、公正的原则，增加项目的透明度和社会参与度，进一步提高保留项目质量。

三、业务主管单位要切实履行管理职责，逐步建立规范社会组织评比达标表彰活动的长效机制。要以此为契机，督促所属社会组织加强自身建设，完善内部治理结构，引导社会组织健康有序发展。要进一步加强对所属社会组织评比达标表彰活动的业务指导和日常监督检查，及时配合登记管理机关和有关部门制止、查处所属社会组织评比达标表彰活动中的违法违规行为。要建立健全相关管理制度，加强对所属或本领域内社会组织举办评比达标表彰活动的审查和监管。要从严控制社会组织新的评比达标表彰项目的设立，凡可用行业标准、技术标准和产品标准替代，或者可通过日常考核、资质资格认定等方式达到促进工作目的的，不再设立评比达标表彰项目，从源头上减少社会组织对评比达标表彰活动的需求。各业务主管单位应当在每年 3 月 31 日前将所属社会组织本年度新增和变更的评比达标表彰项目按归口上报。

四、民政部门要采取有效措施，改进管理方式，完善管理手段，进一步加强对社会组织评比达标表彰活动的监督管理。各级民政部门要把规范社会组织评比达标表彰活动作为今后管理工作的重要内容，做好与年检、评估、执法、信息化等管理手段的衔接。要将评比达标表彰活动纳入社会组织年度检查和社会组织评估的内容，与年检结论和评估结果挂钩。要建立并不断完善信息数据库，汇集社会组织设立评比达标表彰项目、开展评比达标表彰活动的情况，及时向社会进行公布，不断提高对社会组织评比达标表彰活动管理的信息化水平。各级民政部门要不断完善监管方式，强化执法手段，通过抽查审计、群众举报等手段加强对社会组织开展评比达标表彰活动的监管，发现违法违规问题要及时进行调查处理。重点查处在举办评比达标表彰活动中乱评比、乱收费等行为，对于不具备举办评比达标表彰活动条件的社会组织，或者对推动工作失去实际意义、造成社会负面影响、群众反映比较强烈的评比达标表彰项目，应责令停止，依法处置。要高度重视发挥社会各界和新闻媒体的监督作用，健全举报制度，畅通投诉渠道，完善举报查处机制。

各地民政部门、各业务主管单位可根据文件要求，结合本地、本部门实际，制定具体实施细则或管理办法。工作中遇到的新情况、新问题，请及时反馈民政部。

社会组织登记管理机关行政处罚程序规定

（2012年8月3日中华人民共和国民政部令第44号公布
自2012年10月1日起施行）

第一章 总 则

第一条 为了促进社会组织健康发展，规范对社会组织行政处罚程序，保护公民、法人和其他组织的合法权益，根据《中华人民共和国行政处罚法》、《中华人民共和国行政强制法》、《社会团体登记管理条例》、《基金会管理条例》、《民办非企业单位登记管理暂行条例》以及相关法律法规，制定本规定。

第二条 本规定所称社会组织，是指在各级民政部门登记管理机关（以下简称登记管理机关）登记的社会团体、基金会和民办非企业单位。

第三条 各级登记管理机关负责管辖在本机关登记的社会组织的行政处罚案件。

第四条 登记管理机关发现不属于本机关管辖的社会组织在本行政区域内有违法行为的，应当及时通报有管辖权的登记管理机关。

有管辖权的登记管理机关可以书面委托违法行为发生地的登记管理机关对社会组织违法案件进行调查。

有管辖权的登记管理机关跨行政区域调查社会组织违法案件的，有关登记管理机关应当积极配合，协助调查。

第五条 登记管理机关发现所调查的案件不属于本机关管辖的，应当将案件移送有管辖权的行政机关处理。

第二章 立案、调查取证

第六条 登记管理机关对同时符合以下条件的社会组织的违法行为，应当立案：

（一）有违反社会组织登记管理规定的违法事实；

（二）属于登记管理机关行政处罚的范围；

（三）属于本机关管辖。

第七条 立案应当填写立案审批表，报登记管理机关负责人审批，登记管理机关应当指定两名以上办案人员负责调查处理。

第八条 立案后，办案人员应当及时调查和收集证据。

办案人员调查和收集证据时，不得少于两人，应当主动出示执法证件。

当事人或者有关人员应当协助办案人员调查，不得拒绝、阻碍、隐瞒或者提供虚假情况。

第九条 办案人员调查和收集证据应当遵循全面、客观、公正原则。

办案人员对案件进行调查，应当收集以下证据：

（一）书证；

（二）物证；

（三）证人证言；

（四）视听资料、电子数据；

（五）当事人陈述；

（六）鉴定意见；

（七）勘验笔录和现场笔录。

上述证据，必须查证属实，才能作为认定事实的依据。

第十条 办案人员与当事人有直接利害关系的，应当回避。当事人有权申请办案人员回避，办案人员也可以自行提出回避。是否回避，由登记管理机关负责人决定。

第十一条 办案人员向当事人、证人或者其他有关人员调查了解情况时，应当进行单独询问，并制作询问笔录。

询问笔录应当交被询问人核对。询问笔录如有错误、遗漏的，应当允许被询问人更正或者补充。经核对无误后，由被询问人在询问笔录上签名或者盖章。被询问人没有阅读能力的，办案人员应当向其宣读。

办案人员应当在询问笔录上签名。

第十二条 办案人员可以要求当事人、证人或者其他有关人员提供证明材料，并要求其在提供的材料上签名或者盖章。

第十三条 办案人员应当收集、调取与案件有关的原件、原物作为书证、物证。收集、调取原件、原物确有困难的，应当收集与原件、原物核对无误的复印件、照片，标明“经核对与原件无误”和出处，并由出具人签名或者盖章。

第十四条 办案人员收集视听资料，应当注明制作方法、制作时间、制作人和证明对象等。

第十五条 登记管理机关在收集证据时，在证据可能灭失或者以后难以取得的情况下，经登记管理机关负责人批准，可以采取先行登记保存措施。

第十六条 先行登记保存有关证据，办案人员应当通知当事人到场，送达先行登记保存通知书，当场告知当事人采取行政强制措施的理由、依据以及当事人依法享有的权利、救济途径，听取当事人的陈述和申辩，并制作现场笔录。

现场笔录由当事人和办案人员签名或者盖章，当事人拒绝的，在笔录中予以注明。当事人不到场的，邀请见证人到场，由见证人和办案人员在现场笔录上签名或者盖章。

办案人员应当当场清点证据，加封登记管理机关先行登记保存封条，并开具证据清单，由当事人和办案人员签名或者盖章，交当事人留存一份，归档一份。

登记保存证据期间，当事人或者有关人员不得损坏、销毁或者转移证据。

第十七条 先行登记保存证据后，登记管理机关应当在 7 日内作出以下处理决定：

（一）对依法应予没收的物品，依照法定程序处理；

（二）对依法应当由有关部门处理的，移交有关部门；

（三）不需要继续登记保存的，解除登记保存，并根据情况及时对解除登记保存的证据采取记录、复制、拍照、录像等措施。

第十八条 办案人员应当围绕证据的关联性、合法性和真实性，针对有无证明效力对证据进行核实。

第十九条 对收集到的证据材料，办案人员应当制作证据目录，并对证据材料的来源、证明对象和内容作简要说明。

第三章　行政处罚的决定

第二十条　案件调查终结，办案人员应当制作案件调查终结报告。

案件调查终结报告的内容包括：社会组织的基本情况、调查过程、案件事实、法律依据、处理建议等。

办案人员应当将案卷交登记管理机关法制工作机构或者法制工作负责人进行书面审核。审核后，由办案人员将案卷及审核意见报登记管理机关负责人审批。

第二十一条　登记管理机关在作出行政处罚决定之前，应当制作行政处罚事先告知书，告知当事人拟作出行政处罚的事实、理由及依据，并告知当事人依法享有陈述、申辩的权利和其他权利。

当事人可以自收到行政处罚事先告知书之日起3个工作日内提出陈述和申辩。陈述和申辩可以书面或者口头形式提出。当事人口头提出的，办案人员应当制作陈述笔录，交由当事人核对无误后签字或者盖章。

第二十二条　登记管理机关作出限期停止活动、撤销登记以及较大数额罚款处罚的决定前，应当告知当事人有要求举行听证的权利。当事人要求听证的，应当在登记管理机关告知后3个工作日内提出。登记管理机关应当在听证的7日前，通知当事人举行听证的时间、地点。

第二十三条　当事人逾期未提出陈述、申辩或者要求组织听证的，视为放弃上述权利。

登记管理机关应当充分听取当事人的意见，对当事人提出的事实、理由和证据，应当进行复核。

第二十四条　登记管理机关负责人应当对案件调查结果进行审查，根据不同情况分别作出如下决定：

（一）确有应受行政处罚的违法行为的，根据情节轻重及具体情况，作出行政处罚决定；

（二）违法行为轻微，依法可以不予行政处罚的，不予行政处罚；

（三）违法事实不能成立的，不得给予行政处罚；

（四）违法行为涉嫌构成犯罪的，移送司法机关。

对案件情节复杂或者重大违法行为给予限期停止活动、撤销登记以及较大数额罚款等较重处罚的，登记管理机关的负责人应当集体讨论决定。

第二十五条 登记管理机关决定对社会组织给予行政处罚的，应当制作行政处罚决定书。行政处罚决定书应当载明下列事项：

（一）当事人的姓名或者名称、地址；

（二）违反法律、法规或者规章的事实和证据；

（三）行政处罚的种类和依据；

（四）行政处罚的履行方式和期限；

（五）不服行政处罚决定，申请行政复议或者提起行政诉讼的途径和期限；

（六）作出行政处罚决定的登记管理机关名称和作出决定的日期。

行政处罚决定书应当加盖作出行政处罚决定的登记管理机关的印章。

第二十六条 行政处罚决定书应当在宣告后当场交付当事人，由当事人在送达回证上记明收到日期，签名或者盖章。当事人不在场的，应当在 7 日内依照本规定将行政处罚决定书送达当事人。

第四章 行政处罚的执行

第二十七条 当事人对登记管理机关的行政处罚决定不服，申请行政复议或者提起行政诉讼的，行政处罚不停止执行，法律另有规定的除外。

第二十八条 登记管理机关对当事人作出罚款处罚的，应当严格执行罚款收缴分离制度。登记管理机关及办案人员不得自行收缴罚款。当事人应当自收到行政处罚决定书之日起 15 日内到指定银行缴纳罚款。

第二十九条 依法没收的非法财物，按照国家有关规定处理。

第三十条 社会组织被限期停止活动的，由登记管理机关封存登记证书（含正本、副本）、印章和财务凭证。停止活动的期间届满，社会组织应当向登记管理机关提交整改报告。

第三十一条 登记管理机关依法责令社会组织撤换直接负责的主管人员的，社会组织应当在登记管理机关规定的期限内执行。

第三十二条 登记管理机关对社会组织作出撤销登记决定的，应当收缴登记证书（含正本、副本）和印章。社会组织拒不缴回或者无法缴回的，登记管理机关可以公告作废。

第三十三条 当事人逾期不履行行政处罚决定的，登记管理机关可以采取下列措施：

（一）到期不缴纳罚款的，每日按罚款数额的百分之三加处罚款，加处罚款的标准应当告知当事人，加处罚款的数额不得超出原罚款数额；

（二）申请人民法院强制执行；

（三）法律规定的其他措施。

第五章　送　达

第三十四条　办案人员送达法律文书应当有送达回证，由受送达人在送达回证上记明收到日期，签名或者盖章。

受送达人在送达回证上的签收日期为送达日期。

第三十五条　送达法律文书，应当直接送达受送达人，由社会组织的法定代表人、主要负责人或者负责收件的人签收；受送达人有委托代理人的，可以送交其代理人签收；受送达人已向登记管理机关指定代收人的，送交代收人签收。

第三十六条　受送达人拒绝签收法律文书的，送达人应当邀请有关基层组织或者所在单位的代表到场，说明情况，在送达回证上记明拒绝签收事由和日期，由送达人、见证人签名或者盖章，把法律文书留在受送达人的住所，即视为送达。

有关基层组织或者所在单位的代表及其他见证人不愿在送达回证上签名或者盖章的，由送达人在送达回证上记明情况，把送达文书留在受送达人住所，即视为送达。

第三十七条　直接送达法律文书有困难的，有管辖权的登记管理机关可以委托其他登记管理机关代为送达，或者邮寄送达。邮寄送达的，以回执上注明的收件日期为送达日期。

第三十八条　本章规定的其他方式无法送达的，公告送达。自发出公告之日起，经过 60 日，即视为送达。采用公告送达方式的，应当在案卷中记明原因和经过。

第六章　结案、归档

第三十九条　有下列情形之一的，应予结案：

（一）行政处罚案件执行完毕的；

（二）作出不予行政处罚决定的；

（三）作出不得给予行政处罚决定的；

（四）作出移送司法机关决定的。

第四十条　结案后，登记管理机关应当按照下列要求及时将案件材料整理归档：

（一）案卷应当一案一卷，案卷可以分正卷、副卷；

（二）各类文书和证据材料齐全完整，不得损毁伪造；

（三）案卷材料书写时应当使用钢笔、毛笔或者签字笔。

第四十一条　卷内材料应当按照处罚决定书和送达回证在前、其余材料按照办案时间顺序排列的原则排列。

立案审批表等审批表和内部批件可以放入副卷。

卷内材料应当编制目录，并逐页标注页码。

第四十二条　案卷归档后，任何人不得私自增加或者抽取案卷材料。未经批准，任何单位和个人不得查阅案卷。

第七章　附　则

第四十三条　本规定有关期间的规定，除注明工作日外，按自然日计算。

期间开始的时和日不计算在内。期间不包括在途时间，期间届满的最后一日为法定节、假日的，以节、假日后的第一日为期间届满的日期。

第四十四条　本规定自 2012 年 10 月 1 日起施行。

民政部关于印发全国性公益类社团、联合类社团、职业类社团、学术类社团评估指标的通知

（民发〔2012〕192 号　2012 年 11 月 7 日）

各全国性社会组织业务主管单位，各省、自治区、直辖市民政厅（局），各计划单列市民政局，新疆生产建设兵团民政局：

为推进社会组织评估工作全面展开，根据《社会组织评估管理办法》关于分类评定的原则，民政部制定了全国性公益类社团、联合类社团和职业类社团的评估指标，并对全国性学术类社团评估指标进行了修订，现印发给你们。请各业务主管单位积极贯彻执行社会组织评估指标，加强对所主管社会组织评估工作的督导。各相关全国性社会组织应按照评估指标的要求，加强自身建设，积极参加评估。各省、自治区、直辖市民政部门要参照全国性评估指标，制定省级评估标准，并指导市、县两级制定具体标准和办法，推进社会组织评估工作的全面展开。

附件 1：全国性公益类社团评估指标（2012 年）；

附件 2：全国性联合类社团评估指标（2012 年）；

附件 3：全国性职业类社团评估指标（2012 年）；

附件 4：全国性学术类社团评估指标（2012 年）。

附件 1：

全国性公益类社团评估指标（2012 年）

一级指标	二级指标	三级指标	四级指标
基础条件（80 分）	法人资格（30 分）	法定代表人（5 分）	产生程序
		活动资金（10 分）	年末净资产
			银行账户
		名称（5 分）	名称牌匾
		办公条件（10 分）	办公用房
			办公设备
	章程（15 分）	制定程序（5 分）	章程制定或修改程序
		章程核准（10 分）	章程经登记管理机关核准情况
	登记备案（20 分）	变更登记（10 分）	名称、业务范围、住所、注册资金、法定代表人、业务主管单位等变更登记情况
		备案（10 分）	负责人、办事机构、印章、银行账户、会费标准等办理备案情况
	年度检查（15 分）	年检时间和结论（15 分）	参检时间
			年检结论
内部治理（370 分）	发展规划（20 分）	规划、计划和总结（20 分）	发展规划及落实情况
			年度工作计划和总结
	组织机构（90 分）	会员（代表）大会（15 分）	会员代表产生制度
			会员（代表）大会召开情况
			重大事项表决情况
		理事会、常务理事会（30 分）	换届和召开次数
			理事、常务理事情况
			民主决策
			履行职责
		办事机构（10 分）	管理制度、工作职责
			办事机构运行和工作人员配置
		分支机构、代表机构（20 分）	登记事项
			管理制度
			开展工作和发展会员情况
		党组织（15 分）	党组织建立及活动情况

（续表）

一级指标	二级指标	三级指标	四级指标
内部治理（370分）	人力资源（70分）	人事管理（45分）	聘用情况
			薪酬情况
			奖惩、任用情况
			人员培训
			劳动合同
			社会保险和住房公积金
		工作人员（25分）	工作人员数量
			工作人员年龄结构
			工作人员学历、职称
	领导班子（45分）	负责人（45分）	年龄、届次
			考核情况
			履职情况
			负责人影响力
			党政领导干部兼任情况
			秘书长产生方式
			秘书长专兼职情况
	财务资产（115分）	会计人员（8分）	会计人员配备
			会计人员岗位职责和会计机构负责人
		会计核算（22分）	执行《民间非营利组织会计制度》情况
			会计电算化管理
			会计档案管理
		财务管理（49分）	经费来源和资金使用
			财务管理制度建立及执行
			支出审批
			资产管理
			投资管理
			分支机构财务管理
			公益项目财务管理

（续表）

一级指标	二级指标	三级指标	四级指标
内部治理（370分）	财务资产（115分）	会费管理（10分）	会费标准制定和收取管理
			会费收据
		税务及票据管理（10分）	税务登记和纳税申报
			票据使用和管理
		财务报告和监督（16分）	财务报告
			财务审计
	档案、证章管理（30分）	档案管理（14分）	档案管理规定
			档案保管情况
		证书管理（10分）	证书管理规定
			证书保管情况
			登记证书正本
		印章管理（6分）	印章管理规定
			印章使用情况
工作绩效（450分）	公益支出（130分）	支出规模（20分）	公益活动支出总量
		支出比例（80分）	占年度总支出的比例
			占年度总收入的比例
		增长水平（30分）	公益活动支出增长额
			公益活动支出增长率
	公益项目（90分）	项目管理（40分）	项目管理制度
			项目管理合同化
			论证、计划
			监督、反馈
			总结、评估
		项目绩效（50分）	适当性
			持续性
			项目效果
			影响力

（续表）

一级指标	二级指标	三级指标	四级指标
工作绩效（450分）	公益服务（80分）	促进参与、开展培训（30分）	动员各界力量
			开展专业培训
		建议咨询（30分）	建言献策
			维护权益
			对接咨询
		国际交流与合作（20分）	国际合作
			引进成果
			国际影响
	公益推广（40分）	公益理念（20分）	理论研究
			宣传普及
		社会宣传（20分）	网站
			刊物和宣传资料
	信息公开（60分）	财务信息公开（35分）	信息公开制度
			接收捐赠
			捐赠使用
			年度工作报告
			接受查询
		项目信息公开（25分）	项目基本情况
			项目选择
			评估结果
	特色工作（50分）	创新与贡献（50分）	创新性强、业绩突出的工作
社会评价（100分）	内部评价（20分）	会员评价（10分）	对召开会员大会、民主办会、信息公开、维护行业利益、接受会员监督、会费管理等内容的评价
		理事评价（10分）	对领导班子、规范化管理、财务公开、创新能力的评价

（续表）

一级指标	二级指标	三级指标	四级指标
社会评价（100分）	外部评价（80分）	捐赠人评价（10分）	对社团公益性、项目效果满意度、社会影响力等方面的评价
		受助人评价（10分）	对社团总体印象、公正公开选定受助人、履行协议等方面的评价
		新闻媒体（10分）	媒体报道
		登记管理机关（20分）	对社团规范化建设、财务管理、信息公开、社会公信力等方面的评价
		业务主管单位（20分）	对社团规范化建设、领导班子建设、项目设计和执行能力等方面的评价
		有关部门（10分）	获得表彰奖励情况

附件 2：

全国性联合类社团评估指标（2012 年）

<table>
<tr><th>一级指标</th><th>二级指标</th><th>三级指标</th><th>四级指标</th></tr>
<tr><td rowspan="17">基础条件（80 分）</td><td rowspan="7">法人资格（30 分）</td><td>法定代表人（5 分）</td><td>产生程序</td></tr>
<tr><td rowspan="2">活动资金（10 分）</td><td>年末净资产</td></tr>
<tr><td>银行账户</td></tr>
<tr><td>名称（5 分）</td><td>名称牌匾</td></tr>
<tr><td rowspan="2">办公条件（10 分）</td><td>办公用房</td></tr>
<tr><td>办公设备</td></tr>
<tr style="display:none"></tr>
<tr><td rowspan="2">章程（15 分）</td><td>制定程序（5 分）</td><td>章程制定或修改程序</td></tr>
<tr><td>章程核准（10 分）</td><td>章程经登记管理机关核准情况</td></tr>
<tr><td rowspan="2">登记备案（20 分）</td><td>变更登记（10 分）</td><td>名称、业务范围、住所、注册资金、法定代表人、业务主管单位等变更登记情况</td></tr>
<tr><td>备案（10 分）</td><td>负责人、办事机构、印章、银行账户、会费标准等办理备案情况</td></tr>
<tr><td rowspan="2">年度检查（15 分）</td><td rowspan="2">年检时间和结论（15 分）</td><td>参检时间</td></tr>
<tr><td>年检结论</td></tr>
<tr style="display:none"></tr>
<tr style="display:none"></tr>
<tr style="display:none"></tr>
<tr style="display:none"></tr>
<tr><td rowspan="16">内部治理（370 分）</td><td rowspan="2">发展规划（20 分）</td><td rowspan="2">规划、计划和总结（20 分）</td><td>发展规划及落实情况</td></tr>
<tr><td>年度工作计划和总结</td></tr>
<tr><td rowspan="14">组织机构（90 分）</td><td rowspan="3">会员（代表）大会（15 分）</td><td>会员代表产生制度</td></tr>
<tr><td>会员（代表）大会召开情况</td></tr>
<tr><td>重大事项表决情况</td></tr>
<tr><td rowspan="4">理事会、常务理事会（30 分）</td><td>换届和召开次数</td></tr>
<tr><td>理事、常务理事情况</td></tr>
<tr><td>民主决策</td></tr>
<tr><td>履行职责</td></tr>
<tr><td rowspan="2">办事机构（10 分）</td><td>管理制度、工作职责</td></tr>
<tr><td>办事机构运行和工作人员配置</td></tr>
<tr><td rowspan="3">分支机构、代表机构（20 分）</td><td>登记事项</td></tr>
<tr><td>管理制度</td></tr>
<tr><td>开展工作和发展会员情况</td></tr>
<tr><td>党组织（15 分）</td><td>党组织建立及活动情况</td></tr>
</table>

（续表）

一级指标	二级指标	三级指标	四级指标
内部治理（370分）	人力资源（70分）	人事管理（45分）	聘用情况
			薪酬情况
			奖惩、任用情况
			人员培训
			劳动合同
			社会保险和住房公积金
		工作人员（25分）	工作人员数量
			工作人员年龄结构
			工作人员学历、职称
	领导班子（45分）	负责人（45分）	年龄、届次
			考核情况
			履职情况
			负责人影响力
			党政领导干部兼任情况
			秘书长产生方式
			秘书长专兼职情况
	财务资产（115分）	会计人员（8分）	会计人员配备
			会计人员岗位职责和会计机构负责人
		会计核算（22分）	执行《民间非营利组织会计制度》情况
			会计电算化管理
			会计档案管理
		财务管理（39分）	经费来源和资金使用
			财务管理制度建立及执行
			支出审批
			资产管理
			投资管理
			分支机构财务管理
		会费管理（20分）	会费标准
			会费收据
		税务及票据管理（10分）	税务登记和纳税申报
			票据使用和管理
		财务报告和监督（16分）	财务报告

（续表）

一级指标	二级指标	三级指标	四级指标
内部治理（370分）	财务资产（115分）	财务报告和监督（16分）	财务审计
	档案、证章管理（30分）	档案管理（14分）	档案管理规定
			档案保管情况
		证书管理（10分）	证书管理规定
			证书保管情况
			登记证书正本
		印章管理（6分）	印章管理规定
			印章使用情况
工作绩效（450分）	交流活动（95分）	业务交流（60分）	交流活动计划
			举办考察、研讨、联谊等交流活动
			交流活动次数
			交流活动影响力
		国际交流（35分）	国际会议
			国际合作项目
			考察、交流
	咨询研究（70分）	理论研究（35分）	开展调查研究
			参与课题研究
			研究成果
		建议咨询（35分）	建言献策
			咨询服务
			接受购买服务、委托项目
	会员工作（140分）	维护权益（25分）	反映会员诉求
			维护会员合法权益
		人才培养（35分）	人才培养规划
			培训活动
			表彰奖励
		互助合作（45分）	互助合作平台
			互助效果
			合作成果
		会员管理规范化（35分）	会员管理制度
			会员数据库
			会费收缴率

（续表）

一级指标	二级指标	三级指标	四级指标
工作绩效（450分）	宣传推广（95分）	社会责任（40分）	倡导会员履行社会责任
			开展公益活动
			公开接受和使用捐赠信息
		期刊书籍（30分）	期刊资料
			业务书籍
		信息平台（25分）	交流平台
			互动交流
	特色工作（50分）	创新与贡献（50分）	创新性强、业绩突出的工作
社会评价（100分）	内部评价（40分）	会员评价（15分）	对重大事项民主决策、信息公开、能力建设、创新能力、规范化管理、会费管理使用情况、人才培养工作的评价
		理事评价（15分）	对能力建设、队伍建设、创新能力、领导班子建设、重大事项民主决策的评价
		工作人员评价（10分）	对领导班子建设、薪酬待遇、规范化管理、发挥作用的评价
	外部评价（60分）	登记管理机关（20分）	对规范化建设、遵纪守法、社会影响力的评价
		业务主管单位（20分）	对领导班子、规范性、诚信度、凝聚力、发挥作用的评价
		有关部门（10分）	获得表彰奖励情况
		新闻媒体（10分）	媒体报道

附件 3：

全国性职业类社团评估指标（2012 年）

一级指标	二级指标	三级指标	四级指标
基础条件（80 分）	法人资格（30 分）	法定代表人（5 分）	产生程序
		活动资金（10 分）	年末净资产
			银行账户
		名称（5 分）	名称牌匾
		办公条件（10 分）	办公用房
			办公设备
	章程（15 分）	制定程序（5 分）	章程制定或修改程序
		章程核准（10 分）	章程经登记管理机关核准情况
	登记备案（20 分）	变更登记（10 分）	名称、业务范围、住所、注册资金、法定代表人、业务主管单位等变更登记情况
		备案（10 分）	负责人、办事机构、印章、银行账户、会费标准等办理备案情况
	年度检查（15 分）	年检时间和结论（15 分）	参检时间
			年检结论
内部治理（370 分）	发展规划（20 分）	规划、计划和总结（20 分）	发展规划和落实情况
			年度工作计划和总结
	组织机构（90 分）	会员（代表）大会（15 分）	会员代表产生制度
			会员（代表）大会召开情况
			重大事项表决情况
		理事会、常务理事会（30 分）	换届和召开次数
			理事、常务理事情况
			民主决策
			履行职责
		办事机构（10 分）	管理制度、工作职责
			办事机构运行和工作人员配置
		分支机构、代表机构（20 分）	登记事项
			管理制度
			开展工作和发展会员情况
		党组织（15 分）	党组织建立和活动情况

（续表）

一级指标	二级指标	三级指标	四级指标
内部治理（370分）	人力资源（70分）	人事管理（45分）	聘用情况
			薪酬情况
			奖惩、任用情况
			人员培训
			劳动合同
			社会保险和住房公积金
		工作人员（25分）	工作人员数量
			工作人员年龄结构
			工作人员学历、职称
	领导班子（45分）	负责人（45分）	年龄、届次
			考核情况
			履职情况
			负责人影响力
			党政领导干部兼任情况
			秘书长产生方式
			秘书长专兼职情况
	财务资产（115分）	会计人员（8分）	会计人员配备
			会计人员岗位职责和会计机构负责人
		会计核算（22分）	执行《民间非营利组织会计制度》情况
			会计电算化管理
			会计档案管理
		财务管理（39分）	经费来源和资金使用
			财务管理制度建立及执行
			支出审批
			资产管理
			投资管理
			分支机构财务管理
		会费管理（20分）	会费标准
			会费收据
		税务及票据管理（10分）	税务登记和纳税申报
			票据使用和管理
		财务报告和监督（16分）	财务报告
			财务审计

（续表）

一级指标	二级指标	三级指标	四级指标
内部治理（370分）	档案、证章管理（30分）	档案管理（14分）	档案管理规定
			档案保管情况
		证书管理（10分）	证书管理规定
			证书保管情况
			登记证书正本
		印章管理（6分）	印章管理规定
			印章使用情况
工作绩效（450分）	业务活动（145分）	专业活动（75分）	交流活动计划
			交流活动情况
			交流活动影响力
			行业调研
			专业咨询
			课题研究
			购买服务、委托项目
		建言献策（35分）	参与制定法律法规
			提出政策建议
			参与执业标准或行业发展规划制定
		国际交流（35分）	参加国际组织
			参与国际会议
			国际合作项目
	自律协调（95分）	行业自律（55分）	职业道德准则
			执业准则
			公开执业信息
			执业监督检查
			惩戒、处理
		调解维权（40分）	反映会员、行业诉求
			调解纠纷、维护会员权益
			维护公平竞争
	队伍建设（90分）	会员管理（25分）	会员管理制度
			会员管理信息化
			会费收缴率

（续表）

一级指标	二级指标	三级指标	四级指标
工作绩效（450分）	队伍建设（90分）	考核、认证（35分）	考核、认证制度
			考核、认证组织工作
			考核、认证信息化
		人才培养（30分）	人才培养规划
			培训及继续教育
			表彰、举荐
	宣传推广（70分）	社会责任（35分）	倡导会员服务社会
			政策宣贯、知识普及
			公益活动
		媒体宣传（35分）	专业期刊、内部资料
			专业书籍
			网站和网络交流
	特色工作（50分）	创新与贡献（50分）	创新性强、业绩突出的工作
社会评价（100分）	内部评价（40分）	会员评价（15分）	对召开会员（代表）大会、民主办会、信息公开、维护行业利益、接受会员监督、会费管理等内容的评价
		理事评价（15分）	对领导班子、规范化管理、财务公开、创新能力的评价
		工作人员评价（10分）	对领导班子建设、薪酬待遇、规范化建设、发挥作用的评价
	外部评价（60分）	登记管理机关（20分）	对规范化建设、遵纪守法、行业影响力的评价
		业务主管单位（20分）	对规范化建设、行业自律、领导班子建设等内容的评价
		有关部门（10分）	获得表彰奖励情况
		新闻媒体（10分）	媒体报道

附件 4：

全国性学术类社团评估指标（2012 年）

一级指标	二级指标	三级指标	四级指标
基础条件（80 分）	法人资格（30 分）	法定代表人（5 分）	产生程序
		活动资金（10 分）	年末净资产
			银行账户
		名称（5 分）	名称牌匾
		办公条件（10 分）	办公用房
			办公设备
	章程（15 分）	制定程序（5 分）	章程制定或修改程序
		章程核准（10 分）	章程经登记管理机关核准情况
	登记备案（20 分）	变更登记(10 分）	名称、业务范围、住所、注册资金、法定代表人、业务主管单位等变更登记情况
		备案（10 分）	负责人、办事机构、印章、银行账户、会费标准等办理备案情况
	年度检查（15 分）	年检时间和结论（15 分）	参检时间
			年检结论
内部治理（370 分）	发展规划（20 分）	规划、计划和总结（20 分）	发展规划及落实情况
			年度工作计划和总结
	组织机构（90 分）	会员（代表）大会（15 分）	会员代表产生制度
			会员（代表）大会召开情况
			重大事项表决情况
		理事会、常务理事会（30 分）	换届和召开次数
			理事、常务理事情况
			民主决策
			履行职责
		办事机构（10 分）	管理制度、工作职责
			办事机构运行和工作人员配置
		分支机构、代表机构（20 分）	登记事项
			管理制度
			开展工作和发展会员情况
		党组织（15 分）	党组织建立及活动情况

（续表）

一级指标	二级指标	三级指标	四级指标
内部治理（370分）	人力资源（70分）	人事管理（45分）	聘用情况
			薪酬情况
			奖惩、任用情况
			人员培训
			劳动合同
			社会保险和住房公积金
		工作人员（25分）	工作人员数量
			工作人员年龄结构
			工作人员学历、职称
	领导班子（45分）	负责人（45分）	年龄、届次
			考核情况
			履职情况
			负责人影响力
			党政领导干部兼任情况
			秘书长产生方式
			秘书长专兼职情况
	财务资产（115分）	会计人员（8分）	会计人员配备
			会计人员岗位职责和会计机构负责人
		会计核算（22分）	执行《民间非营利组织会计制度》情况
			会计电算化管理
			会计档案管理
		财务管理（44分）	经费来源和资金使用
			财务管理制度建立及执行
			支出审批
			资产管理
			投资管理
			分支机构财务管理
			业务活动支出比例

（续表）

一级指标	二级指标	三级指标	四级指标
内部治理（370分）	财务资产（115分）	会费管理（15分）	会费标准
			会费收据
		税务及票据管理（10分）	税务登记和纳税申报
			票据使用和管理
		财务报告和监督（16分）	财务报告
			财务审计
	档案、证章管理（30分）	档案管理（14分）	档案管理规定
			档案保管情况
		证书管理（10分）	证书管理规定
			证书保管情况
			登记证书正本
		印章管理（6分）	印章管理规定
			印章使用情况
工作绩效（450分）	学术活动（160分）	学术会议（60分）	主办国内学术会议次数
			出席学术会议人员情况
			学术会议交流论文情况
			主办国内学术会议的影响力
		学术书刊（50分）	专业期刊
			内部资料
			专业书籍
		学术研究（40分）	学术规划
			承担课题
			组织课题
		宣传报道（10分）	网络平台
	建议咨询（60分）	政策建议（20分）	参与制定法律法规或发展规划
			向政府提出政策建议
		咨询评估（40分）	专业咨询服务
			标准制定
			技能鉴定和职称评定
			学术成果评估

（续表）

一级指标	二级指标	三级指标	四级指标
工作绩效（450分）	科普公益（60分）	科普活动（50分）	科普活动次数
			科普活动方式
			科普活动影响力
		公益活动（10分）	慈善、救助、环保等公益活动
	人才建设（70分）	人才培养（40分）	继续教育及培训
			青年人才培养
			专业人才表彰与举荐
		会员管理（15分）	会员数据库
			会费收缴率
		学术自律（15分）	学术自律制度及实施
	国际交流与合作（50分）	国际交流（20分）	国际和港澳台学术会议次数和影响力
			学术考察
		国际合作（10分）	国际合作项目
		国际影响力（20分）	参加国际组织
			国际化程度
	特色工作（50分）	创新与贡献（50分）	创新性强、业绩突出的工作
社会评价（100分）	内部评价（40分）	会员评价（15分）	对重大事项民主决策、信息公开、能力建设、创新能力、规范化管理、会费管理使用情况、人才培养工作和推动学术发展的评价
		理事评价（15分）	对能力建设、队伍建设、创新能力、领导班子建设、重大事项民主决策和推动学术发展的评价
		工作人员评价（10分）	对领导班子建设、薪酬待遇、规范化管理、发挥作用的评价
	外部评价（60分）	登记管理机关（20分）	对规范化建设、遵纪守法、促进学术自律、社会影响力和推动学术发展的评价
		业务主管单位（20分）	对领导班子、规范性、诚信度、凝聚力、发挥作用的评价
		有关部门（10分）	获得表彰奖励情况
		新闻媒体（10分）	媒体报道

民政部关于开展创建全国社会组织建设创新示范区活动的通知

（民发〔2013〕40 号　2013 年 2 月 25 日）

各省、自治区、直辖市民政厅（局），各计划单列市民政局，新疆生产建设兵团民政局：

为深入贯彻落实党的十八大精神和国家“十二五”规划纲要要求，进一步推动社会组织建设与发展，更好地发挥社会组织积极作用，民政部决定开展创建全国社会组织建设创新示范区活动。现将有关事项通知如下：

一、指导思想

以邓小平理论、“三个代表”重要思想、科学发展观为指导，认真贯彻党的十八大精神，鼓励地方推进社会组织建设改革创新，发挥先进典型示范带动作用，加快形成政社分开、权责明确、依法自治的现代社会组织体制，引导社会组织健康有序发展，为全面建成小康社会作出积极贡献。

二、范围和数量

开展创建全国社会组织建设创新示范区活动，重点在设区市和县（市、区）两级进行。有隶属关系的设区市和县（市、区）可同时申请。首批创建数量控制在 70 个左右。每个省份和计划单列市推荐数量原则上不超过 2 个。

三、创建标准

“全国社会组织建设创新示范区”创建标准主要包括社会组织的发展环境、服务管理、能力建设、作用发挥四个方面内容。各地可依据《全国社会组织建设创新示范区创建标准》（以下简称《创建标准》，见附件 1），结合本地实际组织实施。

四、认定和管理

（一）工作机构。民政部负责创建全国社会组织建设创新示范区活动的组织领导，成立“全国社会组织建设创新示范区评审委员会”（以下简称评审委员会)。评审委员会负责制订评审方案，组建评审专家组，对各地推荐的全国社会组织建设创新示范区候选对象进行评审。评审委员会的办事机构设在民政部民间组织管理局。省级和计划单列市民政部门负责全国社会组织建设创新示范区的筛选、初审、推荐工作，并对民政部批准命名的全国社会组织建设创新示范区进行跟踪指导和后续管理。

(二)认定方式。全国社会组织建设创新示范区的认定，实行创建单位申请、省级和计划单列市民政部门初审推荐、评审委员会验收、民政部批准的方式：

1. 自查申报。本着自愿申报的原则，各创建单位依据《创建标准》，逐项进行对照自查，达到创建标准的可以填写《全国社会组织建设创新示范区申报表》(见附件 2)，报送至省级或计划单列市民政部门。

2. 初审推荐。各省级和计划单列市民政部门对申报单位进行严格初审，签署意见后推荐至民政部。

3. 评审验收。民政部委托评审委员会组建评审专家组，采取材料核查与实地考察相结合的方式，对推荐对象进行综合评审，提出初评意见，经评审委员会讨论通过后，提出终评意见。

4. 民政部批准。民政部根据评审委员会评审意见，对推荐对象进行审议后予以确认，授予“全国社会组织建设创新示范区”称号并授牌。

(三)后续管理。全国社会组织建设创新示范区采取动态管理，有效期为 4 年，期满后按程序重新申报和认定。在有效期内所属社会组织发生重大不良影响事件的地区，由民政部撤销其“全国社会组织建设创新示范区”称号。

五、工作要求

(一)高度重视，加强领导。开展创建全国社会组织建设创新示范区活动，是贯彻落实党的十八大精神、推进我国社会组织健康有序发展的重要举措。各级民政部门要切实加强领导，精心组织，真正将这项活动作为推动社会组织改革发展创新的一件大事，抓紧抓好。

(二)严格标准，确保质量。要坚持优中选优、宁缺毋滥。各地可参照《创建标准》，结合本地实际，细化内容，严格把关，真正树立起善于创新、示范性强、成果显著、具有引领意义、可学习、可复制的典型和标杆。

(三)立足创建，推动工作。要以开展创建全国社会组织建设创新示范区活动为契机，进一步更新发展理念，转变发展思路，优化发展环境，破解发展难题，不断提高社会组织建设水平和服务能力。

此次创建活动自2013年初启动，2013年底确认首批全国社会组织建设创新示范区。各地开展创建活动进展情况和工作中的好经验、好做法及时上报民政部。

附件：

1. 全国社会组织建设创新示范区创建标准

2. 全国社会组织建设创新示范区申报表（略）

附件 1

全国社会组织建设创新示范区创建标准

发展环境	1. 社会组织建设纳入当地经济社会发展总体规划
	2. 党委政府推进社会组织建设管理政策到位、措施有力
	3. 工作协调机制健全，相关部门各司其职、协调配合
	4. 社会组织党建工作领导体制完善、顺畅
	5. 登记管理体制改革有突破
	6. 政府向社会组织转移职能、购买服务推进力度大
	7. 社会组织税收优惠政策得到落实
	8. 社会组织服务平台（中心、孵化器）健全完善
	9. 社会组织工作人员在党代会、人代会、政协会议代表中占有一定比例，并尝试建立单独界别
	10. 改革创新举措至少有一项在全国或全省具有示范意义
服务管理	1. 分类发展、分类指导、分类管理思路清晰，效果明显
	2. 年检工作规范有序，年检率达到 100%
	3. 分类评估制度基本形成，评估率达到 80%
	4. 有 2 人以上的执法监察人员，执法工作规范、严格
	5. 城乡基层社会组织培育管理到位
	6. 登记管理工作有专门机构，人员配备强、经费有保障
	7. 信息化建设水平全省领先，行政效能和服务水平高
	8. 社会组织工作宣传力度大，社会影响好
能力建设	1. 社会组织布局合理，发展有序，每万人拥有社会组织数高于全省平均水平
	2. 社会组织党组织应建已建率达 100%，发挥作用好
	3. 政社分开稳步推进，行业协会与政府部门在人员、经费、办公场所、职能等方面脱钩基本到位
	4. 社会组织法人治理结构完善、内部管理制度健全、民主办会水平高
	5. 社会组织办公场所、设施设备整体良好，满足工作需要
	6. 社会组织工作人员稳定，专业化、职业化水平高，人力资源制度健全落实
	7. 社会组织财务制度健全，资产管理规范，保值增值安全
	8. 社会组织公信度高，无造成不良社会影响事件

（续表）

作用发挥	1. 有一批服务水平高、自身能力强、社会影响力大的品牌社会组织
	2. 城乡基层社会组织数量多、有活力，广大群众认可度高
	3. 社会组织增加值、吸纳就业人数对当地经济社会发展有贡献
	4. 行业协会、商会对推动经济发展方式转变，促进可持续发展作用突出
	5. 承接政府职能转移，参与社会管理和公共服务成效显著
	6. 扩大群众有序参与，增强社会自治，发挥桥梁纽带作用明显
	7. 推动公益慈善事业和文化繁荣发展，维护社会公平正义，促进社会和谐稳定取得积极成效
	8. 社会组织工作获得党政部门表彰和新闻媒体正面宣传较多

人力资源社会保障部　民政部
关于鼓励社会团体、基金会和民办非企业单位
建立企业年金有关问题的通知

（人社部发〔2013〕51号　2013年7月15日）

各省、自治区、直辖市及新疆生产建设兵团人力资源社会保障厅（局）、民政厅（局）：

近年来我国社会团体、基金会和民办非企业单位（以下简称社会组织）发展迅速，为提升社会管理和公共服务，促进文化繁荣发展发挥了积极的作用。为进一步推动社会组织健康发展，更好地保障社会组织工作人员退休后的生活，根据《企业年金试行办法》（劳动和社会保障部令第20号）、《企业年金基金管理办法》（人力资源和社会保障部令第11号）、《关于企业年金方案和基金管理合同备案有关问题的通知》（劳社部发〔2005〕35号）、《关于企业年金集合计划试点有关问题的通知》（人社部发〔2011〕58号）有关规定，现就社会组织建立企业年金有关问题通知如下：

一、已经依法参加企业职工基本养老保险并履行缴费义务的社会组织，可以建立企业年金。其中工作人员较少的社会组织可以参加企业年金集合计划。

二、社会组织建立企业年金，应当由社会组织与本单位工会或职工代表通过集体协商确定，并制定企业年金方案。企业年金方案草案应当提交职工大会或职工代表大会讨论通过，并由集体协商双方首席代表签字后，形成拟报备的企业年金方案。

三、社会组织建立企业年金所需费用由社会组织和工作人员共同缴纳。社会组织缴费每年不超过本单位上年度工作人员工资总额的十二分之一，列支渠道按国家有关规定执行。社会组织缴费和工作人员个人缴费合计一般不超过本单位上年度工作人员工资总额的六分之一，工作人员个人缴费可以由

社会组织从工作人员个人工资中代扣。

四、社会组织的企业年金方案应规定社会组织缴费记入工作人员企业年金个人账户的比例，可以综合考虑工作人员个人贡献、年龄等因素确定不同的记入比例，但差距不宜过大。

五、社会组织的企业年金方案应当报送所在地区县级以上地方人力资源社会保障行政部门备案。全国性社会组织的企业年金方案，报送人力资源社会保障部备案。社会组织参加企业年金集合计划可以由集合计划受托人报人力资源社会保障行政部门备案。

六、社会组织的企业年金基金，应当按照《企业年金基金管理办法》的规定，签订受托管理合同和委托管理合同，委托具有企业年金基金管理资格的机构，实行市场化投资运营。受托管理合同和委托管理合同，应当按有关规定报人力资源社会保障行政部门备案。

七、为规范管理，本通知发布前已经建立补充养老保险的社会组织，可按照本通知要求，对原有计划进行调整，逐步将原补充养老保险存量资金纳入企业年金管理。

八、各级人力资源社会保障行政部门要做好社会组织企业年金方案及管理合同备案工作，并负责对社会组织加入企业年金计划后的实施情况进行监督检查。各级民政部门可将企业年金实施情况作为社会组织评估工作的考量指标之一。

境外非政府组织驻华代表机构建立企业年金参照本通知执行。

国务院关于促进慈善事业健康发展的指导意见

（国发〔2014〕61号　2014年11月24日）

各省、自治区、直辖市人民政府，国务院各部委、各直属机构：

改革开放以来，我国慈善事业蓬勃兴起，以慈善组织为代表的各类慈善力量迅速发展壮大，社会慈善意识明显增强，各类慈善活动积极踊跃，在灾害救助、贫困救济、医疗救助、教育救助、扶老助残和其他公益事业领域发挥了积极作用。但是，我国慈善事业依然存在政策法规体系不够健全、监督管理措施不够完善、慈善活动不够规范、社会氛围不够浓厚、与社会救助工作衔接不够紧密等问题，影响了慈善事业的健康发展。根据党的十八大、十八届三中、四中全会精神和国务院决策部署，为进一步加强和改进慈善工作，统筹慈善和社会救助两方面资源，更好地保障和改善困难群众民生，现提出以下意见。

一、总体要求

（一）指导思想。以邓小平理论、“三个代表”重要思想、科学发展观为指导，坚持政府推动、社会实施、公众参与、专业运作，鼓励支持与强化监管并重，推动慈善事业健康发展，努力形成与社会救助工作紧密衔接，在扶贫济困、改善民生、弘扬中华民族传统美德和社会主义核心价值观等方面充分发挥作用的慈善事业发展新格局。

（二）基本原则。

突出扶贫济困。鼓励、支持和引导慈善组织和其他社会力量从帮助困难群众解决最直接、最现实、最紧迫的问题入手，在扶贫济困、为困难群众救急解难等领域广泛开展慈善帮扶，与政府的社会救助形成合力，有效发挥重要补充作用。

坚持改革创新。在慈善事业体制机制、运行方式、慈善事业与社会救助对接等方面大胆探索，畅通社会各方面参与慈善和社会救助的渠道，大力优化慈善事业发展环境，使各类慈善资源、社会救助资源充分发挥作用。

确保公开透明。慈善组织以及其他社会力量开展慈善活动，要充分尊重捐赠人意愿，依据有关规定及时充分公开慈善资源的募集、管理和使用情况。慈善组织要切实履行信息公开责任，接受行政监督、社会监督和舆论监督。

强化规范管理。加快完善相关法规政策，规范和引导慈善事业健康发展。依法依规对自然人、法人和其他组织开展的慈善活动进行监管，及时查处和纠正违法违规活动，确保慈善事业在法制化轨道上运行。

（三）发展目标。到2020年，慈善监管体系健全有效，扶持政策基本完善，体制机制协调顺畅，慈善行为规范有序，慈善活动公开透明，社会捐赠积极踊跃，志愿服务广泛开展，全社会支持慈善、参与慈善的氛围更加浓厚，慈善事业对社会救助体系形成有力补充，成为全面建成小康社会的重要力量。

二、鼓励和支持以扶贫济困为重点开展慈善活动

扶贫济困是慈善事业的重要领域，在政府保障困难群众基本生活的同时，鼓励和支持社会力量以扶贫济困为重点开展慈善活动，有利于更好地满足困难群众多样化、多层次的需求，帮助他们摆脱困境、改善生活，形成慈善事业与社会救助的有效衔接和功能互补，共同编密织牢社会生活安全网。

（一）鼓励社会各界开展慈善活动。

鼓励社会各界以各类社会救助对象为重点，广泛开展扶贫济困、赈灾救孤、扶老助残、助学助医等慈善活动。党政机关、事业单位要广泛动员干部职工积极参与各类慈善活动，发挥带头示范作用。工会、共青团、妇联等人民团体要充分发挥密切联系群众的优势，动员社会公众为慈善事业捐赠资金、物资和提供志愿服务等。各全国性社会团体在发挥自身优势、开展慈善活动时，要主动接受社会监督，在公开透明、规范管理、服务困难群众等方面作出表率。各类慈善组织要进一步面向困难群体开展符合其宗旨的慈善活动。倡导各类企业将慈善精神融入企业文化建设，把参与慈善作为履行社会责任的重要方面，通过捐赠、支持志愿服务、设立基金会等方式，开展形式多样的慈善活动，在更广泛的领域为社会作出贡献。鼓励有条件的宗教团体和宗教活动场所依法依规开展各类慈善活动。提倡在单位内部、城乡社区开展群众性互助互济活动。充分发挥家庭、个人、志愿者在慈善活动中的积极作用。

（二）鼓励开展形式多样的社会捐赠和志愿服务。

鼓励和支持社会公众通过捐款捐物、慈善消费和慈善义演、义拍、义卖、义展、义诊、义赛等方式为困难群众奉献爱心。探索捐赠知识产权收益、技术、股权、有价证券等新型捐赠方式，鼓励设立慈善信托，抓紧制定政策措施，积极推进有条件的地方开展试点。动员社会公众积极参与志愿服务，构建形式多样、内容丰富、机制健全、覆盖城乡的志愿服务体系。倡导社会力量兴办公益性医疗、教育、养老、残障康复、文化体育等方面的机构和设施，为慈善事业提供更多的资金支持和服务载体。加快出台有效措施，引导社会公众积极捐赠家庭闲置物品。广泛设立社会捐助站点，创新发展慈善超市，发挥网络捐赠技术优势，方便群众就近就便开展捐赠。

（三）健全社会救助和慈善资源信息对接机制。

要建立民政部门与其他社会救助管理部门之间的信息共享机制，同时建立和完善民政部门与慈善组织、社会服务机构之间的衔接机制，形成社会救助和慈善资源的信息有效对接。对于经过社会救助后仍需要帮扶的救助对象，民政部门要及时与慈善组织、社会服务机构协商，实现政府救助与社会帮扶有机结合，做到因情施救、各有侧重、互相补充。社会救助信息和慈善资源信息应同时向审计等政府有关部门开放。

（四）落实和完善减免税政策。

落实企业和个人公益性捐赠所得税税前扣除政策，企业发生的公益性捐赠支出，在年度利润总额 12% 以内的部分，准予在计算应纳税所得额时扣除；个人公益性捐赠额未超过纳税义务人申报的应纳税所得额 30% 的部分，可以从其应纳税所得额中扣除。研究完善慈善组织企业所得税优惠政策，切实惠及符合条件的慈善组织。对境外向我国境内依法设立的慈善组织无偿捐赠的直接用于慈善事业的物资，在有关法律及政策规定的范围内享受进口税收优惠。有关部门要大力宣传慈善捐赠减免税的资格和条件。

（五）加大社会支持力度。

鼓励企事业单位为慈善活动提供场所和便利条件、按规定给予优惠。倡导金融机构根据慈善事业的特点和需求创新金融产品和服务方式，积极探索金融资本支持慈善事业发展的政策渠道。支持慈善组织为慈善对象购买保险产品，鼓励商业保险公司捐助慈善事业。完善公益广告等平台的管理办法，鼓励新闻媒体为慈善组织的信息公开提供帮助支持和费用优惠。

三、培育和规范各类慈善组织

慈善组织是现代慈善事业的重要主体，大力发展各类慈善组织，规范慈善组织行为、确保慈善活动公开透明，是促进慈善事业健康发展的有效保证。

（一）鼓励兴办慈善组织。优先发展具有扶贫济困功能的各类慈善组织。积极探索培育网络慈善等新的慈善形态，引导和规范其健康发展。稳妥推进慈善组织直接登记，逐步下放符合条件的慈善组织登记管理权限。地方政府和社会力量可通过实施公益创投等多种方式，为初创期慈善组织提供资金支持和能力建设服务。要加快出台有关措施，以扶贫济困类项目为重点，加大政府财政资金向社会组织购买服务力度。

（二）切实加强慈善组织自我管理。慈善组织要建立健全内部治理结构，完善决策、执行、监督制度和决策机构议事规则，加强内部控制和内部审计，确保人员、财产、慈善活动按照组织章程有序运作。基金会工作人员工资福利和行政办公支出等管理成本不得超过当年总支出的10%，其他慈善组织的管理成本可参照基金会执行。列入管理成本的支出类别按民政部规定执行。捐赠协议约定从捐赠财产中列支管理成本的，可按照约定执行。

（三）依法依规开展募捐活动。引导慈善组织重点围绕扶贫济困开展募捐活动。具有公募资格的慈善组织，面向社会开展的募捐活动应与其宗旨、业务范围相一致；新闻媒体、企事业单位等和不具有公募资格的慈善组织，以慈善名义开展募捐活动的，必须联合具有公募资格的组织进行；广播、电视、报刊及互联网信息服务提供者、电信运营商，应当对利用其平台发起募捐活动的慈善组织的合法性进行验证，包括查验登记证书、募捐主体资格证明材料。慈善组织要加强对募捐活动的管理，向捐赠者开具捐赠票据，开展项目所需成本要按规定列支并向捐赠人说明。任何组织和个人不得以慈善名义敛财。

（四）严格规范使用捐赠款物。慈善组织应将募得款物按照协议或承诺，及时用于相关慈善项目，除不可抗力或捐赠人同意外，不得以任何理由延误。未经捐赠人同意，不得擅自更改款物用途。倡导募用分离，制定有关激励扶持政策，支持在款物募集方面有优势的慈善组织将募得款物用于资助有服务专长的慈善组织运作项目。慈善组织要科学设计慈善项目，优化实施流程，努力降低运行成本，提高慈善资源使用效益。

（五）强化慈善组织信息公开责任。

公开内容。慈善组织应向社会公开组织章程、组织机构代码、登记证书号码、负责人信息、年度工作报告、经审计的财务会计报告和开展募捐、接受捐赠、捐赠款物使用、慈善项目实施、资产保值增值等情况以及依法应当公开的其他信息。信息公开应当真实、准确、完整、及时，不得有虚假记载、误导性陈述或者重大遗漏。对于涉及国家安全、个人隐私等依法不予公开的信息和捐赠人或受益人与慈善组织协议约定不得公开的信息，不得公开。慈善组织不予公开的信息，应当接受政府有关部门的监督检查。

公开时限。慈善组织应及时公开款物募集情况，募捐周期大于6个月的，应当每3个月向社会公开一次，募捐活动结束后3个月内应全面公开；应及时公开慈善项目运作、受赠款物的使用情况，项目运行周期大于6个月的，应当每3个月向社会公开一次，项目结束后3个月内应全面公开。

公开途径。慈善组织应通过自身官方网站或批准其登记的民政部门认可的信息网站进行信息发布；应向社会公开联系方式，及时回应捐赠人及利益相关方的询问。慈善组织应对其公开信息和答复信息的真实性负责。

四、加强对慈善组织和慈善活动的监督管理

（一）加强政府有关部门的监督管理。

民政部门要严格执行慈善组织年检制度和评估制度。要围绕慈善组织募捐活动、财产管理和使用、信息公开等内容，建立健全并落实日常监督检查制度、重大慈善项目专项检查制度、慈善组织及其负责人信用记录制度，并依法对违法违规行为进行处罚。财政、税务部门要依法对慈善组织的财务会计、享受税收优惠和使用公益事业捐赠统一票据等情况进行监督管理。其他政府部门要在各自职责范围内对慈善组织和慈善活动进行监督管理。

（二）公开监督管理信息。民政部门要通过信息网站等途径向社会公开慈善事业发展和慈善组织、慈善活动相关信息，具体包括各类慈善组织名单及其设立、变更、评估、年检、注销、撤销登记信息和政府扶持鼓励政策措施、购买社会组织服务信息、受奖励及处罚信息、本行政区域慈善事业发展年度统计信息以及依法应当公开的其他信息。

（三）强化慈善行业自律。要推动建立慈善领域联合型、行业性组织，建立健全行业标准和行为准则，增强行业自我约束、自我管理、自我监督能力。

鼓励第三方专业机构根据民政部门委托，按照民政部门制定的评估规程和评估指标，对慈善组织开展评估。相关政府部门要将评估结果作为政府购买服务、评选表彰的参考依据。

（四）加强社会监督。畅通社会公众对慈善活动中不良行为的投诉举报渠道，任何单位或个人发现任何组织或个人在慈善活动中有违法违规行为的，可以向该组织或个人所属的慈善领域联合型、行业性组织投诉，或向民政部门及其他政府部门举报。相关行业性组织要依据行业自律规则，在职责范围内及时协调处理投诉事宜。相关政府部门要在各自职责范围内及时调查核实，情况属实的要依法查处。切实保障捐赠人对捐赠财产使用情况的监督权利，捐赠人对慈善组织、其他受赠主体和受益人使用捐赠财产持有异议的，除向有关方面投诉举报外，还可以依法向人民法院提起诉讼。支持新闻媒体对慈善组织、慈善活动进行监督，对违法违规及不良现象和行为进行曝光，充分发挥舆论监督作用。

（五）建立健全责任追究制度。民政部门作为慈善事业主管部门，要会同有关部门建立健全责任追究制度。对慈善组织按照“谁登记、谁管理”的原则，由批准登记的民政部门会同有关部门对其违规开展募捐活动、违反约定使用捐赠款物、拒不履行信息公开责任、资助或从事危害国家安全和公共利益活动等违法违规行为依法进行查处；对于慈善组织或其负责人的负面信用记录，要予以曝光。对其他社会组织和个人按照属地管辖的原则，由所在地的民政部门会同有关部门对其以慈善为名组织实施的违反法律法规、违背公序良俗的行为和无正当理由拒不兑现或不完全兑现捐赠承诺、以诽谤造谣等方式损害慈善组织及其从业人员声誉等其他违法违规行为依法及时查处。对政府有关部门及其工作人员滥用职权、徇私舞弊或者玩忽职守、敷衍塞责造成严重后果的，要依法追究责任。

五、加强对慈善工作的组织领导

（一）建立健全组织协调机制。各级政府要将发展慈善事业作为社会建设的重要内容，纳入国民经济和社会发展总体规划和相关专项规划，加强慈善与社会救助、社会福利、社会保险等社会保障制度的衔接。各有关部门要建立健全慈善工作组织协调机制，及时解决慈善事业发展中遇到的突出困难和问题。

（二）完善慈善表彰奖励制度。国家对为慈善事业发展作出突出贡献、社会影响较大的个人、法人或者组织予以表彰。民政部要根据慈善事业发展的实际情况，及时修订完善“中华慈善奖”评选表彰办法，组织实施好评选表彰工作，在全社会营造良好的慈善氛围。各省（区、市）人民政府可按国家有关规定建立慈善表彰奖励制度。要抓紧出台有关措施，完善公民志愿服务记录制度，按照国家有关规定建立完善志愿者嘉许和回馈制度，鼓励更多的人参加志愿服务活动。

（三）完善慈善人才培养政策。要加快培养慈善事业发展急需的理论研究、高级管理、项目实施、专业服务和宣传推广等人才。加强慈善从业人员劳动权益保护和职业教育培训，逐步建立健全以慈善从业人员职称评定、信用记录、社会保险等为主要内容的人力资源管理体系，合理确定慈善行业工作人员工资待遇水平。

（四）加大对慈善工作的宣传力度。要充分利用报刊、广播、电视等媒体和互联网，以群众喜闻乐见的方式，大力宣传各类慈行善举和正面典型，以及慈善事业在服务困难群众、促进社会文明进步等方面的积极贡献，引导社会公众关心慈善、支持慈善、参与慈善。要着力推动慈善文化进机关、进企业、进学校、进社区、进乡村，弘扬中华民族团结友爱、互助共济的传统美德，为慈善事业发展营造良好社会氛围。

各省（区、市）人民政府要根据本意见要求，结合实际，研究制定配套落实政策。国务院相关部门要根据本部门职责研究制定具体政策措施。民政部要会同有关部门加强对本意见执行情况的监督检查，及时向国务院报告。

民政部关于贯彻落实《国务院关于促进慈善事业健康发展的指导意见》的通知

（民函〔2014〕374号　2014年12月15日）

各省、自治区、直辖市民政厅（局）、新疆生产建设兵团民政局：

《国务院关于促进慈善事业健康发展的指导意见》（国发〔2014〕61号，以下简称《意见》）已于近日颁布。这是我国国家层面第一个专门规范慈善事业的文件，对于当前和今后一个时期慈善事业健康发展具有重大意义。为有效贯彻落实《意见》各项要求，现就有关事项通知如下：

一、充分认识《意见》的重要意义

改革开放以来特别是近年来，我国慈善事业蓬勃发展，在扶贫赈灾、扶老助残、恤幼济困、助学助医、生活帮扶、环境保护等领域发挥了积极作用，成为党和政府保障和改善民生不可或缺的重要补充。但从总体上讲，我国慈善事业发展仍处于初级阶段，面临参与渠道不够畅通、扶持措施不够系统、慈善活动不够规范、社会氛围不够浓厚、监管措施不够完善、与社会救助衔接不够紧密等问题。《意见》针对当前慈善事业发展面临的重点问题和关键环节，明确提出了促进慈善事业健康发展的总体要求、重点举措和保障机制，这是贯彻党的十八大、十八届三中全会和四中全会关于支持发展慈善事业、发挥慈善事业在扶贫济困中积极作用精神的重要举措，是落实国务院《社会救助暂行办法》的重要内容，更是促进我国慈善事业健康快速发展的重要保障。《意见》的出台，将有利于全面调动社会力量参与慈善事业，发挥慈善扶贫济困的积极作用；有利于促进慈善事业与社会救助有效衔接，增强社会力量参与社会救助的积极性；有利于有效解决慈善事业发展过程中存在的困难和问题，促进慈善事业健康发展；有利于进一步加强和改善慈善工作，为民政部门履行促进慈善事业发展职能提供重要工作抓手。各地民政部门要充分认识贯彻落实《意见》的重要意义，采取有效措施予以落实。

二、明确贯彻落实《意见》的主要任务

各地民政部门要认真学习、深刻领会《意见》精神，并根据《意见》要求，立足职责，结合实际，进一步完善政策措施，健全工作机制，强化监督管理，加强组织领导，确保《意见》的有关规定落到实处，不断推动慈善事业向前发展。

（一）积极引导社会各界投身慈善事业。通过加强政策创制、创新参与方式、拓展服务载体、健全工作机制，充分调动各类社会力量以扶贫济困为重点广泛开展慈善。密切配合党政机关组织开展各类慈善活动。有效指导企事业单位、工青妇等人民团体、各类社会组织依法依规行善助困。主动联系国资委、工商联、宗教局等部门，争取建立联合工作机制，大力发动国有企业、民营企业、宗教团体和宗教活动场所投身慈善。鼓励、支持城乡社区开展群众性互助互济活动，关爱他人、践行友善。

（二）探索和支持形式多样的社会捐赠。通过多种方式向社会公众告知社会捐赠的方式和渠道。会同有关部门有效管理慈善义演、义拍、义卖、义展、义诊、义赛等活动。为社会力量扶贫济困、兴办公益性医疗、教育、养老、残障康复等方面的机构和设施提供切实支持。对捐赠知识产权收益、技术、股权、有价证券等新型捐赠方式进行重点关注和深入分析，有效总结经验并上升为制度。鼓励有条件的地方依法积极开展慈善信托试点。

（三）大力发展社会捐助体系。在城乡社区广泛设立社会捐助站，方便居民经常性捐赠和捐赠废旧纺织品等家庭闲置物品。与企事业单位、慈善组织等开展合作，在学校、商场、服装门店等广泛设立社会捐助点，定期组织集中性捐赠活动。以社会化为方向，通过“邮善促民生”等战略合作项目，创新慈善超市发展。推进废旧纺织品再生技术研发和使用，建设捐赠物品调配信息平台，畅通废旧纺织品等捐赠物品的出口。

（四）健全社会救助与慈善资源信息对接机制。以低保信息化建设为基础，加快推进与医疗、教育、住房等救助信息的互联互通。建立和完善民政部门与慈善组织、社会服务机构之间的衔接机制，实现社会救助信息和慈善资源、社会服务信息的对接、共享和匹配。尊重困难群众个人意愿，及时将经过社会救助后仍有困难的救助对象，向慈善组织、社会服务机构推荐。通过广播电视、报纸刊物、互联网、手册、海报等载体，广泛宣传政府的社会救助政

策和慈善组织的慈善服务项目，便于有需要的社会公众进行求助。

（五）积极培育和发展慈善组织。在推进现代社会组织管理体制建设的过程中，优先发展具有扶贫济困功能的各类慈善组织。稳妥推进慈善组织直接登记，逐步下放符合条件的慈善组织登记管理权限。注重引导和规范通过网络发起、开展的慈善活动，充分发挥其积极作用。以扶贫济困类项目为重点，加大各级民政部门本级彩票公益金向社会组织购买服务力度，并积极争取财政部门专项资金的支持。

（六）指导慈善组织加强自我管理。指导慈善组织以组织章程为核心，建立健全内部治理结构，完善决策、执行、监督制度和决策机构议事规则，加强内部控制和内部审计，确保人员、财产、慈善活动按照法律法规和组织章程的要求有序运作。明确慈善组织支出管理成本的途径、比例，确保慈善组织按规定开支工资福利和行政办公支出等资金。

（七）推动慈善组织有效开展募捐。严格按照募捐权限的划分管理慈善组织募捐行为，明确具有公募资格的慈善组织和不具有公募资格的慈善组织的活动边界。确保具有公募资格慈善组织面向社会开展的募捐活动与其宗旨、业务范围相一致。对有公募需求的新闻媒体、企事业单位等和不具有公募资格的慈善组织，引导其与具备公募资格的组织联合开展募捐。会同有关部门，引导和规范网络募捐、手机短信募捐等新型募捐方式。指导慈善组织加强对募捐活动的管理，向捐赠者开具捐赠票据，按规定列支开展项目所需成本并向捐赠人说明。

（八）督导慈善组织规范使用捐赠款物。将慈善组织的募得款物使用情况作为重点检查内容，督导慈善组织按照协议或承诺，及时将募得款物用于相关慈善项目，且未经捐赠人同意，不得擅自更改款物用途。按照募用分离的思路，支持在款物募集方面有优势的慈善组织将募得款物用于资助有服务专长的慈善组织运作项目。指导慈善组织科学设计慈善项目，优化实施流程，努力降低运行成本，提高慈善资源使用效益。

（九）大力推动慈善组织公开透明。推动慈善组织树立信息公开的意识、强化信息公开的责任，并按照《意见》规定的内容、时限和方式，对慈善组织信息公开工作进行严格考核。进一步细化内容方面的要求，通过表格化、菜单化等方式，帮助慈善组织把握信息公开的具体任务。以《意见》规定的时限为最低要求，督促慈善组织将信息公开经常化、日常化。帮助慈善组织完善信息公开的途径，通过与报纸、刊物、网站等媒体的合作，为慈善组织信息公开提供更多平台。

（十）加快推进志愿服务。继续大力提倡志愿服务，逐步形成社会工作者带志愿者的服务机制，鼓励、支持更多的社会公众参加志愿服务活动。完善公民志愿服务记录制度，实现志愿服务的在线记录和网上查询，并由城乡社区、志愿服务组织、公益慈善组织、社会服务机构提供证明。指导、推动志愿者星级评定工作，逐步推动将公民参加志愿服务情况作为升学考核、选拔录用、给予奖励优惠的重要依据。

（十一）做好表彰奖励、人才培养、宣传倡导等工作。按照各地人民政府要求，积极开展有关慈善表彰奖励活动，对为慈善事业发展作出突出贡献、社会影响较大的个人、法人或者组织依据有关规定予以表彰。支持高等院校、慈善组织等开展慈善事业专业人才培养工作。大力宣传各类慈行善举和正面典型，为慈善事业发展营造良好社会氛围。

（十二）切实履行部门监督责任。严格执行慈善组织年检制度和评估制度。围绕慈善组织募捐活动、财产管理和使用、信息公开等内容，建立健全并落实日常监督检查制度、重大慈善项目专项检查制度、慈善组织及其负责人信用记录制度，并依法对违法违规行为进行处罚。委托会计师事务所等专业审计机构，每年抽取一定比例的慈善组织对其进行审计。

（十三）做好民政部门相关信息公开工作。民政部门通过门户网站等途径向社会公开慈善事业发展和慈善组织、慈善活动相关信息，具体包括各类慈善组织名单及其设立、变更、评估、年检、注销、撤销登记信息和政府扶持鼓励政策措施、购买社会组织服务信息、受奖励及处罚信息、本行政区域慈善事业发展年度统计信息以及依法应当公开的其他信息。

（十四）支持慈善领域行业自律。推动建立慈善领域联合型、行业性组织，建立健全行业标准和行为准则，增强行业自我约束、自我管理、自我监督能力。鼓励委托第三方专业机构按照民政部门制定的评估规程和评估指标，对慈善组织开展评估。将评估结果作为政府购买服务、评选表彰的参考依据。

（十五）建立社会监督受理机制。畅通社会公众对不良慈善行为的投诉举报渠道。对单位或个人举报的慈善活动中的违法违规行为，民政部门要在职责范围内及时调查核实，情况属实的要依法查处。支持捐赠人对捐赠财产使用情况进行监督。支持新闻媒体对慈善组织、慈善活动进行监督，对曝光的违法违规及不良现象和行为，民政部门要认真调查核实，及时妥善处理。

（十六）建立健全责任追究制度。民政部门作为慈善事业主管部门，要会同有关部门建立健全责任追究制度。对慈善组织按照“谁登记、谁管理”的原则，由批准登记的民政部门会同有关部门对其违规开展募捐活动、违反约定使用捐赠款物、拒不履行信息公开责任、资助或从事危害国家安全和公共利益活动等违法违规行为依法进行查处；对于慈善组织或其负责人的负面信用记录，要予以曝光。对其他社会组织和个人按照属地管辖的原则，由所在地的民政部门会同有关部门对以慈善为名组织实施的违反法律法规、违背公序良俗的行为和无正当理由拒不兑现或不完全兑现捐赠承诺、以诽谤造谣等方式损害慈善组织及其从业人员声誉等其他违法违规行为依法及时查处。对民政部门工作人员滥用职权、徇私舞弊或者玩忽职守、敷衍塞责、不履行职责造成严重后果的，要依法追究责任。

三、切实加强贯彻落实《意见》的组织领导

加强组织领导。各地要将贯彻落实《意见》列入重要议事日程，精心组织，全面部署，制定相关工作方案和工作计划，开列任务清单、责任清单，明确工作时限，狠抓贯彻落实。要切实保障促进慈善事业发展所需的机构、人员和经费，加强队伍建设，明确岗位职责。各省（自治区、直辖市）民政厅（局）要加快建立专门负责慈善工作的处室，着力推动慈善工作，有力促进事业发展。

加强政策宣传。各地要结合实际，多渠道、多形式地做好《意见》的学习宣传工作，积极运用报刊、广播、电视、网络、微博、微信等新闻媒体，采取专题讲座、研讨座谈、论文征集、制作宣传手册等形式，向政府部门、有关单位、社会组织和公众进行广泛、深入的宣传，将《意见》有关精神和内容切实落实到各项工作中，营造全社会关心、支持、参与慈善事业的良好氛围。

加强督促检查。各地要加强《意见》落实情况的督促检查和考核奖惩，定期、不定期开展督促检查，对落实工作做得好的地区或单位要表扬鼓励，对落实工作不到位的地区或单位，要有针对性地提供指导、帮助，提出整改措施，推动政策落实。民政部将会同有关部门组成联合检查组，对各地贯彻落实情况适时进行专项督查。

各地贯彻落实《意见》有关情况，请及时报告民政部。

最高人民法院 民政部 环境保护部
关于贯彻实施环境民事公益诉讼制度的通知

（法〔2014〕352号 2014年12月26日）

各省、自治区、直辖市高级人民法院、民政厅（局）、环境保护厅（局）、新疆维吾尔自治区高级人民法院生产建设兵团分院、民政局、环境保护局：

为正确实施《中华人民共和国民事诉讼法》《中华人民共和国环境保护法》《最高人民法院关于审理环境民事公益诉讼案件适用法律若干问题的解释》，现就贯彻实施环境民事公益诉讼制度有关事项通知如下：

一、人民法院受理和审理社会组织提起的环境民事公益诉讼，可根据案件需要向社会组织的登记管理机关查询或者核实社会组织的基本信息，包括名称、住所、成立时间、宗旨、业务范围、法定代表人或者负责人、存续状态、年检信息、从事业务活动的情况以及登记管理机关掌握的违法记录等，有关登记管理机关应及时将相关信息向人民法院反馈。

二、社会组织存在通过诉讼牟取经济利益情形的，人民法院应向其登记管理机关发送司法建议，由登记管理机关依法对其进行查处，查处结果应向社会公布并通报人民法院。

三、人民法院受理环境民事公益诉讼后，应当在十日内通报对被告行为负有监督管理职责的环境保护主管部门。环境保护主管部门收到人民法院受理环境民事公益诉讼案件线索后，可以根据案件线索开展核查；发现被告行为构成环境行政违法的，应当依法予以处理，并将处理结果通报人民法院。

四、人民法院因审理案件需要，向负有监督管理职责的环境保护主管部门调取涉及被告的环境影响评价文件及其批复、环境许可和监管、污染物排放情况、行政处罚及处罚依据等证据材料的，相关部门应及时向人民法院提交，法律法规规定不得对外提供的材料除外。

五、环境民事公益诉讼当事人达成调解协议或者自行达成和解协议的，人民法院应当将协议内容告知负有监督管理职责的环境保护主管部门。相关部门对协议约定的修复费用、修复方式等内容有意见和建议的，应及时向人民法院提出。

六、人民法院可以判决被告自行组织修复生态环境，可以委托第三方修复生态环境，必要时也可以商请负有监督管理职责的环境保护主管部门共同组织修复生态环境。对生态环境损害修复结果，人民法院可以委托具有环境损害评估等相关资质的鉴定机构进行鉴定，必要时可以商请负有监督管理职责的环境保护主管部门协助审查。

七、人民法院判决被告承担的生态环境修复费用、生态环境受到损害至恢复原状期间服务功能损失等款项，应当用于修复被损害的生态环境。提起环境民事公益诉讼的原告在诉讼中所需的调查取证、专家咨询、检验、鉴定等必要费用，可以酌情从上述款项中支付。

八、人民法院应将判决执行情况及时告知提起环境民事公益诉讼的社会组织。

各级人民法院、民政部门、环境保护部门应认真遵照执行。对于实施工作中存在的问题和建议，请分别及时报告最高人民法院、民政部、环境保护部。

最高人民法院关于审理环境民事公益诉讼案件适用法律若干问题的解释

（2014 年 12 月 8 日最高人民法院审判委员会第 1631 次会议通过　自 2015 年 1 月 7 日起施行　法释〔2015〕1 号）

为正确审理环境民事公益诉讼案件，根据《中华人民共和国民事诉讼法》《中华人民共和国侵权责任法》《中华人民共和国环境保护法》等法律的规定，结合审判实践，制定本解释。

第一条　法律规定的机关和有关组织依据民事诉讼法第五十五条、环境保护法第五十八条等法律的规定，对已经损害社会公共利益或者具有损害社会公共利益重大风险的污染环境、破坏生态的行为提起诉讼，符合民事诉讼法第一百一十九条第二项、第三项、第四项规定的，人民法院应予受理。

第二条　依照法律、法规的规定，在设区的市级以上人民政府民政部门登记的社会团体、民办非企业单位以及基金会等，可以认定为环境保护法第五十八条规定的社会组织。

第三条　设区的市，自治州、盟、地区，不设区的地级市，直辖市的区以上人民政府民政部门，可以认定为环境保护法第五十八条规定的“设区的市级以上人民政府民政部门”。

第四条　社会组织章程确定的宗旨和主要业务范围是维护社会公共利益，且从事环境保护公益活动的，可以认定为环境保护法第五十八条规定的“专门从事环境保护公益活动”。

社会组织提起的诉讼所涉及的社会公共利益，应与其宗旨和业务范围具有关联性。

第五条　社会组织在提起诉讼前五年内未因从事业务活动违反法律、法规的规定受过行政、刑事处罚的，可以认定为环境保护法第五十八条规定的

“无违法记录”。

第六条 第一审环境民事公益诉讼案件由污染环境、破坏生态行为发生地、损害结果地或者被告住所地的中级以上人民法院管辖。

中级人民法院认为确有必要的，可以在报请高级人民法院批准后，裁定将本院管辖的第一审环境民事公益诉讼案件交由基层人民法院审理。

同一原告或者不同原告对同一污染环境、破坏生态行为分别向两个以上有管辖权的人民法院提起环境民事公益诉讼的，由最先立案的人民法院管辖，必要时由共同上级人民法院指定管辖。

第七条 经最高人民法院批准，高级人民法院可以根据本辖区环境和生态保护的实际情况，在辖区内确定部分中级人民法院受理第一审环境民事公益诉讼案件。

中级人民法院管辖环境民事公益诉讼案件的区域由高级人民法院确定。

第八条 提起环境民事公益诉讼应当提交下列材料：

（一）符合民事诉讼法第一百二十一条规定的起诉状，并按照被告人数提出副本；

（二）被告的行为已经损害社会公共利益或者具有损害社会公共利益重大风险的初步证明材料；

（三）社会组织提起诉讼的，应当提交社会组织登记证书、章程、起诉前连续五年的年度工作报告书或者年检报告书，以及由其法定代表人或者负责人签字并加盖公章的无违法记录的声明。

第九条 人民法院认为原告提出的诉讼请求不足以保护社会公共利益的，可以向其释明变更或者增加停止侵害、恢复原状等诉讼请求。

第十条 人民法院受理环境民事公益诉讼后，应当在立案之日起五日内将起诉状副本发送被告，并公告案件受理情况。

有权提起诉讼的其他机关和社会组织在公告之日起三十日内申请参加诉讼，经审查符合法定条件的，人民法院应当将其列为共同原告；逾期申请的，不予准许。

公民、法人和其他组织以人身、财产受到损害为由申请参加诉讼的，告知其另行起诉。

第十一条 检察机关、负有环境保护监督管理职责的部门及其他机关、社会组织、企业事业单位依据民事诉讼法第十五条的规定，可以通过提供法律咨询、提交书面意见、协助调查取证等方式支持社会组织依法提起环境民事公益诉讼。

第十二条 人民法院受理环境民事公益诉讼后，应当在十日内告知对被告行为负有环境保护监督管理职责的部门。

第十三条 原告请求被告提供其排放的主要污染物名称、排放方式、排放浓度和总量、超标排放情况以及防治污染设施的建设和运行情况等环境信息，法律、法规、规章规定被告应当持有或者有证据证明被告持有而拒不提供，如果原告主张相关事实不利于被告的，人民法院可以推定该主张成立。

第十四条 对于审理环境民事公益诉讼案件需要的证据，人民法院认为必要的，应当调查收集。

对于应当由原告承担举证责任且为维护社会公共利益所必要的专门性问题，人民法院可以委托具备资格的鉴定人进行鉴定。

第十五条 当事人申请通知有专门知识的人出庭，就鉴定人作出的鉴定意见或者就因果关系、生态环境修复方式、生态环境修复费用以及生态环境受到损害至恢复原状期间服务功能的损失等专门性问题提出意见的，人民法院可以准许。

前款规定的专家意见经质证，可以作为认定事实的根据。

第十六条 原告在诉讼过程中承认的对己方不利的事实和认可的证据，人民法院认为损害社会公共利益的，应当不予确认。

第十七条 环境民事公益诉讼案件审理过程中，被告以反诉方式提出诉讼请求的，人民法院不予受理。

第十八条 对污染环境、破坏生态，已经损害社会公共利益或者具有损害社会公共利益重大风险的行为，原告可以请求被告承担停止侵害、排除妨碍、消除危险、恢复原状、赔偿损失、赔礼道歉等民事责任。

第十九条 原告为防止生态环境损害的发生和扩大，请求被告停止侵害、排除妨碍、消除危险的，人民法院可以依法予以支持。

原告为停止侵害、排除妨碍、消除危险采取合理预防、处置措施而发生的费用，请求被告承担的，人民法院可以依法予以支持。

第二十条 原告请求恢复原状的，人民法院可以依法判决被告将生态环境修复到损害发生之前的状态和功能。无法完全修复的，可以准许采用替代性修复方式。

人民法院可以在判决被告修复生态环境的同时，确定被告不履行修复义务时应承担的生态环境修复费用；也可以直接判决被告承担生态环境修复费用。

生态环境修复费用包括制定、实施修复方案的费用和监测、监管等费用。

第二十一条 原告请求被告赔偿生态环境受到损害至恢复原状期间服务功能损失的，人民法院可以依法予以支持。

第二十二条 原告请求被告承担检验、鉴定费用，合理的律师费以及为诉讼支出的其他合理费用的，人民法院可以依法予以支持。

第二十三条 生态环境修复费用难以确定或者确定具体数额所需鉴定费用明显过高的，人民法院可以结合污染环境、破坏生态的范围和程度、生态环境的稀缺性、生态环境恢复的难易程度、防治污染设备的运行成本、被告因侵害行为所获得的利益以及过错程度等因素，并可以参考负有环境保护监督管理职责的部门的意见、专家意见等，予以合理确定。

第二十四条 人民法院判决被告承担的生态环境修复费用、生态环境受到损害至恢复原状期间服务功能损失等款项，应当用于修复被损害的生态环境。

其他环境民事公益诉讼中败诉原告所需承担的调查取证、专家咨询、检验、鉴定等必要费用，可以酌情从上述款项中支付。

第二十五条 环境民事公益诉讼当事人达成调解协议或者自行达成和解协议后，人民法院应当将协议内容公告，公告期间不少于三十日。

公告期满后，人民法院审查认为调解协议或者和解协议的内容不损害社会公共利益的，应当出具调解书。当事人以达成和解协议为由申请撤诉的，不予准许。

调解书应当写明诉讼请求、案件的基本事实和协议内容，并应当公开。

第二十六条 负有环境保护监督管理职责的部门依法履行监管职责而使原告诉讼请求全部实现，原告申请撤诉的，人民法院应予准许。

第二十七条 法庭辩论终结后，原告申请撤诉的，人民法院不予准许，但本解释第二十六条规定的情形除外。

第二十八条 环境民事公益诉讼案件的裁判生效后，有权提起诉讼的其他机关和社会组织就同一污染环境、破坏生态行为另行起诉，有下列情形之一的，人民法院应予受理：

（一）前案原告的起诉被裁定驳回的；

（二）前案原告申请撤诉被裁定准许的，但本解释第二十六条规定的情形除外。

环境民事公益诉讼案件的裁判生效后，有证据证明存在前案审理时未发现的损害，有权提起诉讼的机关和社会组织另行起诉的，人民法院应予受理。

第二十九条 法律规定的机关和社会组织提起环境民事公益诉讼的，不影响因同一污染环境、破坏生态行为受到人身、财产损害的公民、法人和其他组织依据民事诉讼法第一百一十九条的规定提起诉讼。

第三十条 已为环境民事公益诉讼生效裁判认定的事实，因同一污染环境、破坏生态行为依据民事诉讼法第一百一十九条规定提起诉讼的原告、被告均无须举证证明，但原告对该事实有异议并有相反证据足以推翻的除外。

对于环境民事公益诉讼生效裁判就被告是否存在法律规定的不承担责任或者减轻责任的情形、行为与损害之间是否存在因果关系、被告承担责任的大小等所作的认定，因同一污染环境、破坏生态行为依据民事诉讼法第一百一十九条规定提起诉讼的原告主张适用的，人民法院应予支持，但被告有相反证据足以推翻的除外。被告主张直接适用对其有利的认定的，人民法院不予支持，被告仍应举证证明。

第三十一条 被告因污染环境、破坏生态在环境民事公益诉讼和其他民事诉讼中均承担责任，其财产不足以履行全部义务的，应当先履行其他民事诉讼生效裁判所确定的义务，但法律另有规定的除外。

第三十二条 发生法律效力的环境民事公益诉讼案件的裁判，需要采取强制执行措施的，应当移送执行。

第三十三条 原告交纳诉讼费用确有困难，依法申请缓交的，人民法院应予准许。

败诉或者部分败诉的原告申请减交或者免交诉讼费用的，人民法院应当依照《诉讼费用交纳办法》的规定，视原告的经济状况和案件的审理情况决定是否准许。

第三十四条 社会组织有通过诉讼违法收受财物等牟取经济利益行为的，人民法院可以根据情节轻重依法收缴其非法所得、予以罚款；涉嫌犯罪的，依法移送有关机关处理。

社会组织通过诉讼牟取经济利益的，人民法院应当向登记管理机关或者有关机关发送司法建议，由其依法处理。

第三十五条 本解释施行前最高人民法院发布的司法解释和规范性文件，与本解释不一致的，以本解释为准。